家庭教育学

覃洁莹 曾玲娟 主编

Family Education

上海交通大学出版社
SHANGHAI JIAO TONG UNIVERSITY PRESS

内容提要

　　本书结合我国家庭教育实际,内容涵盖家庭教育基础理论知识,针对各阶段儿童和青少年的家庭教育科学方法、家校共育、构建覆盖城乡的家庭教育指导体系等内容,从理论与实践结合的角度对家庭教育的规律和方法进行探讨,力求体现科学性、通识性、实用性和时代性的特点。

图书在版编目(CIP)数据

　　家庭教育学/ 覃洁莹,曾玲娟主编. —上海: 上海交通大学出版社,2023.4
　　ISBN 978-7-313-28393-1

　　Ⅰ.①家… Ⅱ.①覃… ②曾… Ⅲ.①家庭教育-教育学-高等学校-教材 Ⅳ.①G78

　　中国国家版本馆 CIP 数据核字(2023)第 047440 号

家庭教育学

JIATING JIAOYUXUE

主　　编:覃洁莹　　曾玲娟
出版发行:上海交通大学出版社　　　　　　　地　　址:上海市番禺路 951 号
邮政编码:200030　　　　　　　　　　　　　电　　话:021-64071208
印　　制:上海景条印刷有限公司　　　　　　经　　销:全国新华书店
开　　本:710 mm×1000 mm　1/16　　　　　印　　张:18.75
字　　数:303 千字
版　　次:2023 年 4 月第 1 版　　　　　　　　印　　次:2023 年 4 月第 1 次印刷
书　　号:ISBN 978-7-313-28393-1
定　　价:58.00 元

前　言

中华民族自古以来有重视家庭教育的传统。党的十八大以来,我国愈加注重家庭家教家风建设,党和政府多次提出家庭的前途命运同国家和民族的前途命运紧密相连。2021年10月23日,第十三届全国人民代表大会常务委员会第三十一次会议通过了我国首部《中华人民共和国家庭教育促进法》(简称《家庭教育促进法》)。这部法律最重要的意义,是明确了父母在家庭教育中的主体责任、国家支持家庭教育的责任和家校社协同育人的责任。

具有跨时代意义的是,《家庭教育促进法》还明确规定各级学校要将家庭教育指导纳入学校计划的要求,鼓励开展家庭教育研究,鼓励高等学校开设家庭教育专业课程,支持师范院校和有条件的高等学校加强家庭教育学科建设,培养家庭教育服务专业人才。《家庭教育促进法》的颁布从法律层面为高校开设"家庭教育学"通识课程、"家庭教育学"特色专业、培养未来的家庭教育人才以及家庭教育专家提供了保障。高质量的家庭教育专业课程建设和家庭教育人才培养,离不开具有科学性、实用性、时代性的家庭教育教材建设。《家庭教育学》教材的撰写,正是对十八大以来我国家庭教育发展的新问题、新趋势和新需求的回应。

本教材注重结合我国家庭教育实际,内容涵盖家庭教育基础理论知识、家庭教育发展历史、各阶段家庭教育内容和方法等,从理论与实践结合的角度对家庭教育的规律和方法进行探讨,兼顾科学性与通识性、理论性与实用性,力求增加本书的可读性。同时,教材注重在思想上和内容上与时俱进,尤其是与十八大以来我国的家庭教育导向、家庭教育政策法规的要求保持一致,如,习近平总书记关于家庭家教家风的有关论述、《中华人民共和国家庭教育促进法》对家庭教育的相关要求、家校共育、覆盖城乡的家庭教育指导体系构建的相关内容等。

本教材的出版，一方面可为开设家庭教育课程的高校提供家庭教育学教材；另一方面，书中提出了针对婴幼儿、儿童、青少年和青年的家庭教育方法，可为培养家庭教育服务专业人才、家庭教育培训人员提升家庭教育指导专业素养提供支持，也可为家庭教育改革与发展的理论建设与实践探索做出贡献。

本书由南宁师范大学的覃洁莹、曾玲娟主编。全书共十三章，各章的具体分工如下：

第一章　覃洁莹

第二章　文进荣、杨进红

第三章　杨超兵

第四章　覃洁莹、周秋伶、熊孝梅

第五章　熊孝梅

第六章　陈芝蓉

第七章　李新园、张媛

第八章　李静、蒙海莎

第九章　虎技能

第十章　李同凯、曾玲娟

第十一章　马小兰、朱霖丽

第十二章　覃洁莹、刘莉

第十三章　杨素萍

鉴于编者水平和能力所限，书中恐有错误与不当之处，希望读者和专家指正。此外，在编写本教材过程中参阅了大量文献，参考和引用了前人的一些研究成果，编写者已尽可能注明所引用文献资料的出处，但恐有疏漏，在此一并诚挚地表示感谢！

编者

2022 年 11 月

目　录

第 一 章
绪 论

    家庭是人最初的生活环境,绝大多数人在出生之后即在家庭中成长。2016年12月12日,习近平总书记在会见第一届全国文明家庭代表时指出:"家庭是人生的第一个课堂,父母是孩子的第一任老师。孩子们从牙牙学语起就开始接受家教,有什么样的家教,就有什么样的人。家庭教育涉及很多方面,但最重要的是品德教育,是如何做人的教育。也就是古人说的'爱子,教之以义方','爱之不以道,适所以害之也'。青少年是家庭的未来和希望,更是国家的未来和希望。古人都知道,养不教,父之过。家长应该担负起教育后代的责任。家长特别是父母对子女的影响很大,往往可以影响一个人的一生。"①家庭教育会对人的性格特征、人格发展、品德修养、言行举止、兴趣爱好甚至审美情趣等产生全方位的影响和熏陶。家庭教育是影响人一生发展的源头,是一切教育的基础。但是,家长毕竟不是专职教师,家庭也终究不是专业化学校。家庭教育有着和学校教育不一样的教育过程,遵循着和学校教育不一样的特殊规律,只有理解这些规律,掌握科学的教育方法,家长才能顺利开展家庭教育,培养出身心健康、全面发展的孩子。

    学习和研究家庭教育学,首先要理解什么是家庭,什么是家庭教育,什么是家庭教育学。这是《家庭教育学》最基本的几个问题,本章作为全书的第一章,将对以上基本问题展开阐释和分析。

---

① 中共中央党史和文献研究院.习近平关于注重家庭家教家风建设论述摘编[M].北京:中央文献出版社,2021:18.

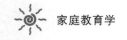

第一节　家庭概述

家庭是人诞生和成长的地方,家庭也是人类社会中最古老最基本的社会群体。无论社会如何发展变迁,个人生存、家族绵延、社会维系都要以家庭为基础。本节将对家庭的起源与发展、家庭的含义和功能展开讨论。

❤ 家庭的起源与发展

家庭是一种社会现象,也是一个历史范畴。家庭的起源和发展是随着社会的进化逐步由低级形式向较高级形式演化的。现代社会一夫一妻制的婚姻家庭形式是社会发展到一定历史阶段的产物。家庭的演变和发展过程可以区分为血缘家庭、普那路亚家庭、对偶制家庭和专偶制家庭四种形式。

（一）血缘家庭

人类社会历史上的第一种家庭形式是血缘家庭,产生于原始社会的旧石器时代。在血缘家庭中,婚姻关系通过辈分进行划分,禁止长辈和晚辈之间的通婚,允许兄弟姐妹通婚,对近亲通婚不加限制,实行群婚制,血缘家庭是群婚制的低级形式。血缘家庭中的婚姻关系是同辈之间所有男性和女性互为夫妻,夫妻之间有共同的血缘关系,家庭中的孩子只知其母不知其父,由大家庭中的长辈共同养育。

（二）普那路亚家庭

普那路亚(Punalua)家庭产生于旧石器时代中晚期。相比于血缘家庭,普那路亚家庭是群婚的最高发展阶段。当时,人们逐渐认识到同母所生子女之间不应该有性关系,于是在家庭内部,根据母亲所属的级别,将亲属关系分为四个不同的级别,禁止相同级别的亲属通婚。通过这种"婚姻禁令",有效排除家庭内兄弟姐妹间的婚姻关系,转而实行两族之间的群婚。这些明确且严格的婚姻规定的发展,为家庭形式从群婚制向个体婚制过渡提供了条件。

（三）对偶制家庭

对偶制家庭产生于原始社会母系氏族公社时期。随着婚姻规定的发展以及杂乱性交对后代健康的危害为人们所认识，越来越多的近亲通婚被禁止，许多部落开始摆脱群婚状态，实行对偶婚制。对偶制家庭是由一个相对固定的男性和一个相对固定的女性共同生活，这个相对固定的伴侣就是他的"主妻"或她的"主夫"，此外，他们依然可以有其他不固定的性伴侣，婚姻关系并不稳定，子女出生后仍然像以前的家庭形式一样，属于母亲所有。

（四）专偶制家庭

专偶制家庭也称为个体婚制，即一夫一妻制家庭，是生产力发展的必然结果。在氏族社会中晚期，土地已有了公有、私有之分，随着生产力水平的提高，土地的产出越来越多，相应的土地产出也有了公、私归属的划分。但是，氏族中成年男性的劳动成果依然由全氏族共享，而不是分给自己的妻子儿女。马克思认为："导向一夫一妻制的动力是财富的增加和想把财富转交给子女，即合法的继承人，由婚配的对偶而生的真正的后裔。"[①]为了将自己的财产分享给子女，建立一夫一妻制家庭成为必然，人们进入了"既知其母也知其父"的时代。专偶制家庭的产生为父权社会的来临、私有制的产生提供了条件，也为人类历史上第一个阶级社会的诞生奠定了基础。

恩格斯认为，个体婚制家庭"是文明社会的细胞形态"，专偶制家庭取代对偶制家庭是"文明时代开始的标志之一"[②]。将家庭比作"社会的细胞"时，是包含了"社会的缩影"的含义在内的，家庭的放大即是社会，家庭内部人与人之间的关系与社会中人与人之间的关系同质。这就是人们常说的，家庭是"社会的细胞"的由来。从家庭产生和发展的过程可知，人类家庭演化的形式与人类历史的发展阶段基本相适应：血缘家庭和普那路亚家庭实行群婚制，对应蒙昧时代；对偶家庭实行对偶婚制，对应野蛮时代；这两种形式的家庭是公共家庭，夫妻关系极不稳定，人们把大家庭中的孩子都看成自己的子女，所有孩子归大家庭共同教养；随着生产力的发展，对应文明时代的专偶制家庭出现了，这种家庭形式下的

---

① 马克思.摩尔根《古代社会》一书摘要[M].北京：人民出版社，1965：39-40.
② 马克思，恩格斯.马克思恩格斯全集：第4卷[M].北京：人民出版社，2009：15-16.

婚姻关系比前三种家庭形式要稳固得多,父母子女得以相互确认。此后,父母为了家业和财富传承,按照自己的需要和意志教养子女。这时,才产生真正意义上的家庭教育。

二 家庭的概念

对"家庭"这个学术概念,多年来学者们从不同的学科背景或认识角度出发给予不同的诠释。

《社会学简明辞典》将家庭定义为:"以一定的婚姻关系、血缘关系或收养关系组合起来的社会生活的基本单位,在通常情况下,又体现为一种经济的团体。婚姻构成最初的家庭关系,这就是夫妻之间,父母和子女之间的关系。"[①]

《家庭教育辞典》对家庭的定义是:"以婚姻关系为基础,以及由血缘或收养关系组成共同生活的社会细胞(即社会组织单元)。"[②]

《婚姻家庭大辞典》将家庭释义为"以婚姻、血缘和收养关系为基础的一种社会生活组织形式"[③]。

美国社会学家库利认为家庭是典型的初级社会群体,是人类社会生活中最基本的社会群体形式。家庭具备初级社会群体的典型特征:一是规模较小;二是人际关系亲密;三是成员间互动方式持续、直接且全面;四是初级社会群体用习惯、道德及群体意识等指导和规范成员的行为。库利强调,家庭是培养人的品德的土壤,也是培育人与人之间的合作、友爱、同情心的园地,在人类生活中具有基础性地位。[④] 持有类似观点的还有我国学者王思斌、李强、李培林等,他们认为家庭是最典型的初级社会群体,并且还是"最富有感情色彩的初级社会群体"[⑤]。

综上,关于"家庭"的释义可以做如下解读:首先,婚姻关系、血缘关系或收养关系是产生家庭的基础;第二,家庭是一个社会初级群体,是人类社会最原始的社会结合形式;第三,家庭是社会这个复杂有机体的基本组成部分,即社会的细胞。

---

① 上海社会科学院社会学研究所.社会学简明辞典[M].兰州:甘肃人民出版社,1984:394.
② 王兆先等.家庭教育辞典[M].南京:南京大学出版社,1992:1.
③ 彭立荣.婚姻家庭大辞典[M].上海:上海社会科学院出版社,1998:152.
④ 王思斌.社会学教程(第三版)[M].北京:北京大学出版社,2010:101-103.
⑤ 马克思主义理论研究和建设工程咨询委员会《社会学概论》编写组.社会学概论[M].北京:人民出版社,2011:136.

基于以上分析,本教材将"家庭"界定为:家庭是以婚姻、血缘或收养关系为基础形成的亲属组成的社会生活基本单位,是初级社会群体、社会的细胞,也是个体与社会联系的桥梁。

三　家庭的功能

家庭的功能指家庭在社会生活中所起的作用,包括对社会的作用和对个体的作用。家庭之所以具有强大的生命力,正是因为它具备了满足社会发展和个体发展需要的多种功能,对人终生的发展起着深刻而持久的影响。因此,了解家庭的功能极为必要。

(一)生物功能

家庭的生物功能包括生育和性生活的满足。专偶制家庭取代对偶制家庭以后,固定配偶间的性生活建立在合法的基础之上。性生活和生育密切相关,社会通过法律与道德的约束和规范,使家庭成为满足两性生活需求和生育的基本单位,保障了人类种族的繁衍绵延。

(二)经济功能

家庭的经济功能包括生产和消费功能。它是家庭其他功能的物质基础。传统社会中的家庭是基本的生产单位,通过组织生产满足家庭成员的物质需求,自给自足。但在现代社会中,除了从事农业劳动的家庭,城市家庭的生产功能基本上已经逐步减弱甚至消失,家庭的生产功能外移,家庭最主要的经济功能转变为消费功能。

(三)教育功能

家庭是对未成年人进行教育的重要场所,家庭的教育功能是家庭内在的基本功能之一。家庭要完成两个"再生产",一个是人口的自然再生产,即传宗接代,繁衍下一代;另一个是人口的社会再生产,即对下一代进行教育,使之适应社会。涂尔干认为:"教育在于使年轻一代系统地社会化。"[①]社会学研究把婴儿期

---

① 张人杰.国外教育社会学基本文选[M].上海:华东师范大学出版社,1989:9.

到青年期的社会化称为基本社会化,这一阶段是个体由生物人变为社会人的主要时期。孩子诞生以后,只是一个生物人,从穿衣吃饭到说话行走,直到成为合格的社会成员,都需要家长的教导,都与家庭教育分不开。家长若能认识到家庭教育的重要性,教导子女必要的生活技能、基本的社会规范、恰当的言行举止,帮助其树立生活目标,将会对孩子基本社会化的发展产生积极影响。

（四）抚育赡养功能

家庭有抚育赡养功能,具体表现为家庭中上一代和下一代之间双向的责任与义务,即父母有抚养培育未成年子女的责任,子女成年后有赡养帮助年迈父母的义务。家庭的抚育和赡养功能在宪法和《中华人民共和国未成年人保护法》中都有相关规定,是法定的家庭功能。

（五）情感交流功能

家庭是一种面对面交往的初级社会群体,初级社会群体的基本特征之一就是群体成员间关系亲密,和谐的家庭关系主要通过成员间的情感交流与互动维系。因此,家庭的情感交流功能是家庭精神生活的组成部分,家庭成员间感情交流的密切程度可以作为衡量家庭关系是否和谐、家庭是否生活幸福的指标之一。此外,家庭成员之间密切而持久的情感交流也有助于儿童早期与主要抚养人之间建立依恋关系,而依恋关系的建立对孩子的身心健康和家庭教育的成败具有重要影响。

（六）休息娱乐功能

家庭是人们休息的主要场所,尽管社会环境日益改善,可供人们休闲的设施日渐增多,但是家庭依然是人们休息的港湾。同时,家用电脑的普及、信息技术的发展,使人们在家庭中也可以浏览资讯、交友和游戏,家庭的娱乐功能日益增强。

家庭的功能与一定的生产方式相适应,并且受到一定的社会生产力和社会条件的制约。因此,家庭的功能会随着社会环境的变化而发生变化,包括某些家庭功能的替代、功能的外移、功能的减弱甚至消失等。例如,在工业化社会,随着学校教育的普及和专业化发展,家庭的抚育功能和教育功能产生了部分外移。

这种功能的外移在为家庭提供便利的同时,也会导致部分家长忽视家庭教育的重要性,误认为"教育是学校的事",减少承担甚至不再承担家庭教育的责任。2022年1月1日正式开始实施的《中华人民共和国家庭教育促进法》以法律形式规定了未成年人家长的家庭教育主体责任,强调家庭具有不可推卸的教育职能。可见,家庭的教育功能是法定的家庭功能。无论时代如何变化,经济社会如何发展,学校的专业化程度如何提升,家庭的教育功能可以部分转移,却永不能被替代。

第二节 家庭教育概述

家庭教育是人类社会最初的教育形态,也是教育的一种基本形态,与学校教育、社会教育共同构成国家教育体系,对未成年人的德、智、体、美、劳等方面发展,发挥着不可替代的重要作用。相对于学校教育和社会教育,家庭教育具有独特的内涵与特征。

❤ 一 家庭教育的概念

准确把握家庭教育的概念和核心要义,是做好家庭教育工作的关键。家庭教育的定义问题不仅是基础性的理论问题,也是家庭教育实践中的关键问题。一直以来,学术界对家庭教育的界定有广义和狭义之分。

《教育大辞典》对家庭教育的解释是:"家庭成员之间的相互教育,通常多指父母或其他年长者对儿女辈进行的教育。"①

《教育大百科全书》把家庭教育界定为"父母或其他年长者在家庭内自觉地、有意识地对子女进行的教育"。②

《中华人民共和国家庭教育促进法》总则第二条是这样界定家庭教育的:"父母或者其他监护人为促进未成年人全面健康成长,对其实施的道德品质、身体素质、生活技能、文化修养、行为习惯等方面的培育、引导和影响。"③

① 顾明远.教育大辞典[M].上海:上海教育出版社,1990:11.
② 中国大百科全书编委会.中国大百科全书·教育[M].北京:中国大百科全书出版社,1985:140-141.
③ 中华人民共和国家庭教育促进法[M].北京:中国法制出版社,2021:2-3.

以上定义都把家庭教育界定为父母长辈对儿女辈进行的教育、培育和影响，是狭义的家庭教育。

广义的家庭教育是家庭成员之间相互实施的一种教育，正如《教育大百科全书》中的释义，凡是"健全个人身心发展，营造幸福家庭，以建立和谐社会，而透过各种教育形式以增进个人家庭生活所需之知识、态度与能力的教育活动"[①]，都是家庭教育。这意味着，广义的家庭教育不仅指父母长辈教育子女晚辈，也包括子女教育和影响父母，以及同辈之间的互相教育和影响。

本书对家庭教育采用狭义的界定：家庭教育指父母或其他监护人对儿女辈在家庭中自觉地、有意识地、有层次地进行的教育、培养和影响。家庭教育涵盖身体素质、行为习惯、道德品质、心理健康、生活技能、文化修养、社会交往等方面，依据个体在婴儿期、幼儿期、童年期、青少年期、青年期各阶段的身心发展规律和特征，围绕不同侧重点展开。

二　家庭教育的特点

前文提到，工业化社会的家庭教育功能产生了外移，学校承担家庭教育的部分功能。但是，这并不意味着学校教育可以替代家庭教育。家庭教育的独特个性使其区别于学校教育，成为一种不可取代的特殊教育形式。了解家庭教育的特点，尤其是它的优越性和局限性，是正确把握家庭教育规律、科学实施家庭教育的前提。

（一）家庭教育的优越性

1. 家庭教育具有亲子中心性的特点

家庭教育主要发生在父母与孩子之间，家庭教育活动以亲子为中心，离不开亲子之间的互动。亲子互动不是家长简单地对孩子讲道理发指令，而是家长运用丰富的阅历和生活经验，对孩子进行有意识的陪伴、倾听、引导、感化、陶冶和启发，为孩子提供社会学习资源、物质支持和心理支持，成为孩子的互动性重要他人和偶像性重要他人。从这个意义上说，家庭教育是以亲子为中心的教育活动，教育孩子的过程也是家长的学习过程，是父母与孩子共同成长的过程。

---

① 中国大百科全书编委会.中国大百科全书·教育[M].北京：中国大百科全书出版社,1985：140-141.

2. 家庭教育具有内容全面性的特点

家庭教育内容和学校教育一样,涵盖我国教育方针提出的德、智、体、美、劳全面发展的相关领域。除此之外,还涵盖学校教育不一定能涉及的领域,包括基本的生活技能、良好的行为习惯、积极的心理状态、良好的社会适应、为人处事的能力等。这些内容在课堂上和书本中未必能学到,但是却可以在家庭教育中习得,并且对个体一生的事业发展、家庭幸福、人生际遇产生深远影响。可以说,家庭教育是一种全人的教育,家庭教育的广泛性和全面性是其他教育形式无法比拟的。

3. 家庭教育具有情感感染性的特点

家庭是一个初级社会群体,家庭成员之间的交往极其密切,情感交流和亲子互动非常频繁,父母子女间存在着亲密而浓厚的亲情。因此,家长通过亲子间情感上的联系,运用情感陶冶、感染、感化和引导子女,是家庭教育有别于学校教育的突出特点。在开展家庭教育的过程中,父母首先要建立的不是家长的权威,而是先建立起亲子之间的情感链接和信任关系,运用情感作为无声的语言,对子女"动之以情",以情动人,再对子女"晓之以理",潜移默化地影响子女的行为方式、道德品行、生活态度,达到以理服人的教育效果。

4. 家庭教育具有终身持久性的特点

家庭教育从孩子出生就开始了,并且贯穿其生命周期的各个阶段。孩子出生之后,从形成行为习惯、理想信念,到选择专业、职业、恋人配偶,均受到父母施与的家庭教育的影响。家庭教育不仅对未成年人产生影响,使人在尚未独立前获益匪浅,甚至在个体身心成熟、成家立业、为人父母后,依然持续发生作用。检验家庭教育的效果不完全在当下,也没有固定的指标。家庭教育在孩子年幼时打下的基础,尤其是人的生存能力、价值观、行为习惯等,往往会在孩子长大成人之后体现出来。从这个意义上说,家庭教育是一种终身教育,教育效果深刻而持久。

5. 家庭教育具有灵活随机性的特点

家庭教育与学校教育的明显区别在于,家庭教育分散于家庭生活的各个环节,家长更容易在日常生活中了解孩子,有的放矢、灵活随机地教育孩子。家庭教育可以不受课程表的限制,不必遵循预定的"教学进度",无需固定上课时间和地点,无论是在游戏、娱乐、家务劳动时,还是在客厅、卧室、厨房里,家长都可以

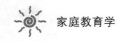

因地、因时制宜,在家庭生活的实践中相机而教,随时随地开展教育活动。家庭教育的模式、手段、方法也比学校教育更加灵活多样,既可以在家庭生活中唤醒孩子的成长意识,亦可在良好的家庭文化氛围里由外而内地浸润孩子的心灵。

(二)家庭教育的局限性

1. 家庭教育具有私密封闭性的特点

从家庭教育的性质来看,"家庭教育是一种私人教育"[①],"家庭则首先是私生活的据点"[②]。由于家庭是私密场所,家庭教育通常发生在家庭内部,发生在父母子女之间,家庭教育常常被认为是"私事""家事"。家长为什么教?教什么?怎么教?把子女培养成什么样?主要取决于家长的个人意愿、素质能力、家庭文化等。因此,即便有的家长重智轻德、重智轻能、养而不教、教而无方、教而不当、教而不适,对未成年人产生了负面影响,也难以被及时察觉。即便被察觉,外部力量亦难以介入,对家长的不当行为进行及时有效的监督、约束和干预。

2. 家庭教育具有主观随意性的特点

由于家长对家庭教育的重视程度不同,对家庭教育的理论和方法了解程度不同,家庭教育的能力水平不同,导致家长具有教育子女的天赋权力,却未必具有教育子女的能力,常常扮演着"非专业"的家庭教育者角色。在开展家庭教育时,有的家长因缺乏家庭教育相关理论素养和知识技能,无视子女身心发展规律,或对子女实施超前教育或放任自流,呈现出一定的主观随意性,给子女的身心健康发展带来隐患。

总之,家长在开展家庭教育时,一方面应该尽可能地发挥家庭教育具有而其他教育载体所不具备的优势,另一方面也要积极提升自身教育素质、拓宽教育视野,规避家庭教育的局限性。

三 家庭教育的意义

探讨家庭教育的意义,其实就是回答为什么要重视家庭教育的问题。我们从三个维度来回答这个问题:一是家庭教育对国家和民族发展的意义,二是家庭教育在国民教育体系中的地位和作用,三是家庭教育对个体发展的意义。

---

① 赵忠心.家庭教育学(第三版)[M].北京:人民教育出版社,2017:5.
② [日]筑波大学教育学研究会.现代教育学基础[M],钟启泉,译.上海:上海教育出版社,1986:148.

（一）家庭教育是国家发展和民族进步的内在要求

中国历来有"家国同构"的理念,重视家庭教育是中华民族的优良传统。战国时著名的思想家、教育家孟子曾以"天下之本在国,国之本在家,家之本在身"阐明过家国天下的关系,强调家庭的前途命运同国家和民族的前途命运紧密相连。十八大以来,习近平总书记反复强调"我们都要重视家庭建设、注重家庭、注重家教、注重家风","千家万户都好,国家才能好,民族才能好","家庭和睦则社会安定,家庭幸福则社会祥和,家庭文明则社会文明",深刻阐明了家国两相依的辩证关系和家庭教育的意义。家庭教育不仅仅是家事、私事,而是关乎国家和民族命运的大事、国事。少年强则国强,孩子是社会未来的主人翁,他们的品德修养、智力发展、体质水平、格局情怀,决定着他们对建设国家的态度,也决定着他们对社会发展所发挥的作用。从这个意义上讲,家长教育子女,对子女实施科学的家庭教育,绝不仅仅局限于为家庭培养下一代,更是为中华民族培养下一代,要坚持"为家教子"与"为国教子"的有机统一,为国家建设和民族振兴培养和输送生力军及后备力量。

（二）家庭教育是学校教育和社会教育的重要基点

家庭教育、学校教育和社会教育是三种不同的教育形式。家庭是人成长生存、延续家风的首要场所,学校是培养人才、传承文化的主要平台,社会是人谋生进步、发展交往的基本环境,三者不可或缺,共同构成完整的国民教育体系。如果把教育比作一棵树,可以说,家庭教育是树根,学校教育是树干,社会教育是树冠,根深才能叶茂。因此,早期的家庭教育不仅对人的一生成长起着奠基的作用,也是人们接受学校教育的基础和开端。国民教育要发挥真正的作用和威力,取得良好的育人效果,必须充分认识和发挥家庭教育的基础性作用,协同家庭教育、学校教育与社会教育,凝聚共识,同频共振,形成"三位一体"的教育合力,达成立德树人的根本教育目的。

（三）家庭教育是年轻一代顺利社会化的基本保障

家庭是以血缘关系和经济关系为基础的面对面的生活群体。对于个体而言,原生家庭具有不可选择性,是终生不可能摆脱的生存环境。个体出生后进入

的第一个社会群体就是家庭,家庭中的年长一辈对年幼的新成员负有养育、保护、教育甚至控制的责任。家庭是最初的学校,也是最重要的社会化机构。无论在什么时代,在什么国度,将家庭中的年轻一代培养成为适应社会的合格成员都是家庭教育责无旁贷的责任。社会学认为,婴儿-青年期是基本社会化时期。家长在基本社会化时期,通过高频率的亲子互动、全方位的亲子接触,对个体产生先主性的、生活化的、聚合性的影响,潜移默化地把各种知识经验传授给子女,使其具备基本的生活技能、了解社会规范、树立生活目标、具备良好的社会适应能力、形成健康独立的人格。同时,个体在漫长的基本社会化时期,由于生活上和经济上对于家庭的依赖,也必须通过学习、模仿等方式,汲取着家中父母长辈的学习经验、社会经验及生活经验,为成为合格的"社会人"做准备。因此,成功的家庭教育是个体健康成长,成为一名合格的社会成员的基本保障。

第三节　家庭教育学概述

作为一门独立的学科,家庭教育学必然有其特定的研究对象、学科性质和研究任务。同时,这门学科也因其研究对象和研究任务与其他学科存在差异,而在科学体系中占有特定位置。

一　家庭教育学的研究对象

关于家庭教育学的研究对象是什么,从 20 世纪 90 年代以来,学者们进行了广泛的探讨,下面介绍几种比较有代表性的观点。

(一)家庭教育学的研究对象是"家庭教育的现象、特点与规律"

持此观点的学者认为,家庭教育学的研究对象是家庭教育的现象、现状、问题和规律。比较有代表性的学者陶春芳、段火梅认为家庭教育学是"以研究家庭教育特点和规律为对象的一门学科"[1]。倪文杰等指出,家庭教育学"是对家庭

---

[1] 陶春芳、段火梅.简明妇女学辞典[M].北京:大地出版社,1990:366.

现象和问题的研究,去揭示家庭教育规律,以指导人们更自觉地、更有计划地进行家庭教育活动的一门学科"①。陈佑兰、焦健等认为家庭教育学是"研究家庭教育现象,揭示家庭教育规律的科学"②。吴奇程、袁元等认为家庭教育学是"通过对家庭教育现象和问题的研究,去揭示家庭教育的规律,以指导人们更有效地进行家庭教育活动的一门学科"③。

(二)家庭教育学的研究对象是"家庭教育活动及其规律"

支持此观点的代表性学者是杨宝忠和赵忠心,他们认为教育是社会活动中的一种,是以培养人为目的的社会活动,这一点与学校教育和社会教育是一致的。但是,三者的区别在于,学校教育是在学校范围内实施的;社会教育是在社会生活中实施的;家庭教育是家长在家庭范围内,自觉地、有意识地对子女实施一定教育影响的社会活动。基于此,赵忠心认为家庭教育学的研究对象是"在家庭范围内实施的教育活动"④。杨宝忠认为家庭教育学不仅研究家庭教育活动,而且是"以系统地探索家庭教育活动规律为主旨的学科"⑤。

(三)家庭教育学的研究对象是"父母与子女及其他成员间相互影响的互动现象"

单志艳等认为,家庭教育学的研究对象是"现代家庭中具有血亲关系(包含拟血亲关系)的父母与子女及其他成员之间的相互影响的互动现象,从而揭示其运动发展的规律"⑥。

综上所述,学界对家庭教育学的研究对象既达成了共识,也存在一定分歧。学者们大多把研究家庭教育的规律作为家庭教育学的研究对象,区别在于有的学者关注家庭教育的现象和特点,有的学者更关注家庭教育活动,有的学者更关注家庭教育的微观层面,如家庭成员之间的相互影响和亲子互动等。

---

① 倪文杰等.现代交叉学科大辞库[M].北京:海洋出版社,1993:208－209.
② 陈佑兰、焦健.当代家庭教育学[M].北京:科学普及出版社,1994:1.
③ 吴奇程、袁元.家庭教育学[M].广州:广东高等教育出版社,2002:1.
④ 赵忠心.家庭教育学(第三版)[M].北京:人民教育出版社,2017:8.
⑤ 杨宝忠.大教育视野中的家庭教育[M].北京:社会科学文献出版社,2003.1.
⑥ 单志艳.家庭教育学[M].桂林:广西师范大学出版社,2021:3.

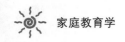

二 家庭教育学的学科性质

（一）综合学科

家庭教育学是一门综合学科。社会学、心理学、生态学等都是研究家庭教育必须涉及的领域。从社会学的视角出发，教育作为社会的子系统，受社会背景的制约和影响，家庭教育也不例外。从宏观上看，社会变迁、社会结构、社会分层与社会流动等，都对家庭教育的功能、目标、内容、方法的变迁、特点与走向产生直接影响；从微观上看，亲子关系、夫妻关系、家庭互动、家庭生活方式等与变化运动中的家庭教育规律、家庭教育的实施策略等有着直接联系。从心理学的视角出发，心理学是研究人的心理活动规律的科学，在家庭教育过程中，如何根据不同年龄段和不同个性特点的儿童，提供合理适当的家庭教育内容，采取恰当的家庭教育方法；如何及时发现儿童的品德、心智上存在的问题或缺陷，有针对性地及时帮助、矫正等都需要运用心理学的理论性知识和实践性知识。从生态学视角出发，生态环境的平衡是生物生存、进化和发展的必要条件，失衡的生态系统对生物的生存发展构成威胁。据此可知，运用生态学的视角和原理，探索家庭生态环境的构建，保持和优化家庭教育环境，为家庭成员提供物质环境和精神营养，是家庭教育学与生态学之间"科际整合的地带"①。

（二）交叉学科

家庭教育学是一门交叉学科。从教育学的角度出发，教育分为学校教育、社会教育和家庭教育，教育学对应分为学校教育学、社会教育学和家庭教育学。因此，家庭教育学是教育学的一个分支。从家庭社会学的角度出发，家庭有生育、经济、赡养、教育、情感交流、休闲娱乐等功能，家庭功能学分为家庭经济学、家庭政治学、家庭生活学和家庭教育学等。因此，家庭教育学也是家庭社会学的一个分支。

（三）理论与实践统一的学科

家庭教育学是一门理论性与实践性统一的学科。家庭教育学研究家庭教育

---

① 吴奇程，袁元.家庭教育学［M］.广州：广东高等教育出版社，2002：39.

中的各种现象、问题,分析家庭教育的各种规律,探索解决家庭教育问题的方法与策略。因此,家庭教育学是一门兼具家庭教育学的理论建构与家庭教育的实践指导的应用型学科。

三 家庭教育学的研究任务

明确家庭教育学的研究任务对家庭教育学的学科建设有着重要指导意义。具体而言,家庭教育学的学科研究任务主要有以下几方面。

(一)揭示家庭教育的一般规律

规律指事物之间内在的必然联系。这种联系并非偶然出现,而是在某些特定条件下不断重复出现,对事物的发展方向和发展趋势起决定性作用。家庭教育学,就是通过开展科学研究,分析家庭教育现状、发现家庭教育存在的问题,揭示家庭教育过程中有关主体、有关事物之间的内在联系,探索影响家庭教育的各种因素是如何与家庭教育过程发生联系,以及如何对家庭教育过程产生影响和制约作用,如何利用这些要素,优化各要素之间的联系,为改善家庭教育质量,提高家庭教育效率,实现家庭教育科学化发挥积极作用。

(二)总结家庭教育的经验教训

世界上许多国家都有重视家庭教育的优良传统,从古至今开展了形式多样的家庭教育实践,积累了极其丰富的家庭教育经验,也总结了不少家庭教育的教训。这些宝贵的实践经验和教训可以作为我国当前开展家庭教育研究的基础和借鉴。因此,对中外家庭历代累积的家庭教育经验教训进行搜集整理和总结提炼,取其精华、去其糟粕,是家庭教育学的重要任务之一。

(三)建立家庭教育的理论体系

习近平总书记在纪念马克思诞辰 200 周年大会上的讲话中明确指出:"恩格斯说过:'一个民族要想站在科学的最高峰,就一刻也不能没有理论思维。'中华民族要实现伟大复兴,也同样一刻不能没有理论思维。"[①]家庭教育学作为一门

---

① 习近平.在纪念马克思诞辰 200 周年大会上的讲话[M].北京:人民出版社,2018:15.

独立学科必须进行学科理论体系的构建。进入 21 世纪以来,我国的家庭教育理论体系总体上还处于引进、学习和诠释阶段,导致家庭教育知识缺乏科学的学理基础、权威的本土理论和成功的实践性知识。① 传统的家庭教育思想和引进的外国家庭教育理论对于我国当前的家庭教育发展新趋势已经不完全适用。因此,对本国传统的家庭教育思想进行文化传承,对国外的家庭教育理论进行扬弃和创新,建立本土化、现代化的家庭教育理论体系是我国家庭教育理论发展和知识发展的重要使命。

---

① 高书国.论我国家庭教育知识体系的构建[J].南京师大学报(社会科学版),2022(01).

第二章
我国家庭教育的历史发展

我国的家庭教育已有几千年的历史,在各个不同的历史时期形成了自身特色,而如何从我国家庭教育发展的历史中继承优秀传统、摒弃其中的消极因素,则是我国家庭教育当代发展的重要议题。本章对我国古代、近代家庭教育发展概况和实践经验进行梳理与归纳,并对我国当代家庭教育在政策演变、教育体系和具体实践等方面的发展与变革进行分析。通过了解不同阶段我国家庭教育的历史经验、积极探索、锐意改革的发展道路,探寻家庭教育不断完善的发展历程和实践路径。

第一节 我国古代家庭教育的经验

先秦时期是我国家庭教育的形成和初步发展时期,秦汉时期是我国封建家庭教育框架定型时期,魏晋南北朝则是我国家庭教育发展的第一个高峰,唐宋时期我国家庭教育发展平稳,而明清时期是我国古代家庭教育繁荣并趋向衰落的时期。在下面的论述中,我们将首先介绍各历史时期我国家庭教育发展的概况,进而根据各朝代的发展,选取该时期有代表性的家庭教育理论或实践经验进行介绍。

❤ 一 先秦时期的家庭教育

先秦时期(距今约 5 000 年的原始社会中后期)至公元前 221 年秦始皇统一

中国的家庭教育是我国家庭教育的形成和初步发展时期。奴隶制达到鼎盛的西周,原始的家业世传逐渐发展为比较系统的家庭教育,不仅形成了上至帝王将相、下至平民百姓的各层次家庭教育,而且家庭教育内容涉及胎教、儿童教育、为政教育、德育、智育以及劳动教育等诸多方面,奠定了我国古代家庭教育的基础。

春秋战国时期是中国历史上大分裂的时期,也是从奴隶社会向封建社会过渡的大变革时期。经济的发展、阶级关系和政治制度的转变,促进了科学、文化、社会思想和教育的进步。家庭教育逐渐从以王室、贵族为主,逐渐转向以士阶层为主,而士阶层的杰出代表——诸子的家庭教育思想勃兴,形成"百家争鸣"的格局。各派对家庭教育的观点虽然各异,但大多重视环境影响、重视家长以身作则、重视道德教育,并由此形成我国传统家庭教育思想的基本特征,为我国家庭教育的发展奠定了基础。

(一)周公的家教

周公,姓姬名旦,谥文公,是周文王第四子。周公不仅对西周政权的建立和巩固有杰出贡献,而且,他对西周礼乐文化的形成有重大建树。周公制定礼乐的根本目的是为了巩固周王朝的统治,维护"亲亲"与"尊尊"的宗法制及等级制。同时,周公在总结历史经验教训的基础上,提出了"敬德保民"的思想,主张通过教育来实现德治,通过德育培养和造就贵族统治阶级的接班人。周公把道德教育视为关系社稷千秋大业的首要事务。他曾为成王太师,并请召为成王太保,同心协力辅弼教导成王。他继承了前代师、傅、保之教的制度,而且根据礼乐与敬德保民思想,提出了系统的贵族子弟的家庭教育内容。这些内容除了礼、乐、射、御、书、数等"六艺"之外,主要有如下几个方面:

1. 体恤下民,力戒贪逸

他说:"厥父母勤劳稼穑,厥子乃不知稼穑之艰难,乃逸乃谚,既诞。否则侮厥父母,曰:'昔之人无闻知!'"[1]《尚书·无逸》意思是说,有些做父母的人终日勤劳耕作,可孩子们却不知劳作之苦,一味追求享乐,结果变得傲慢无礼,不听父母教诲,甚至反唇相讥说:"你们这些过了时的人,懂得什么呢!"[2]周公认为,家教在于使子弟在艰辛劳苦中懂得创业的艰难,然后知道关心民苦,免于贪逸之

---

① 毕诚.中国古代家庭教育[M].北京:商务印书馆,1997:16.
② 毕诚.中国古代家庭教育[M].北京:商务印书馆,1997:16.

灾。周公告诫成王说："后世国君是否不忘先王创业和守成的艰难，是否体察民隐和具备不图安逸的品德，直接关系到国家的存亡。"

2. 勤勉从政，谨言慎行

周公在实施王室家教时，经常以纣王淫逸无度，荒于政事和文王服田力穑、勤政忘食的正反例子作为教育内容，教训成王，以培养他端庄恭谨，谨言慎行，要求他"明德慎罚"、以身作则。为了搞好这一教育，周公建立了为王太子祭祀的文、武庙，在祭祀活动中进行"王风"教育。这一做法为后代历代皇室所效法，并形成一种制度。

3. 知人善任，勤于求贤

周公素有知人善任、求贤若渴的为政风范，史称"周公吐哺，天下归心"。周公为了维护周王室的统治，不仅自己身体力行，礼贤下士，勤勉谦逊，还把勤于求贤和知人善任作为牧官之法来训练统治阶级贵族子弟，使他们从政后具有辨识官吏的能力。

总之，周公的家教特点是强调王室子弟的道德修养，并把道德修养看作成就未来君王的头等大事。由周公建立的师、傅、保制度，一直延续到清朝末年，它对于帝王之家的教育影响深远。周公不仅在教育成王的实践上花了大量心血，而且他为了建立天子之家的家教制度，亲自制订了《世子法》。《世子法》是我国古代文献记载中的第一个专门以世子（太子）为对象的法令性教育文件。它具体规定了天子之家的家教制度、教育内容、方法和原则、教育目的等，对以后 2 000 多年的宫廷保傅教育影响极大。所以，人们历来将《世子法》视作我国古代皇家家教的经典。

（二）诸侯的家教

春秋战国时期，周天子的国有制遭到破坏，政治上名存实亡。各国诸侯由于相互兼并，弱小的诸侯国陆续被纳入实力强大的诸侯国中，到战国时期逐渐形成了秦、齐、韩、燕、赵、魏、楚等七大诸侯国。

在西周时期，中央王室设立了国学，诸侯子弟在接受家庭教育的基础上，可以进入国学接受正规教育。所以，实际上的"学在官府"是"学在王室"。虽然，历史上也有诸侯立"泮宫"的记载，但在西周时期诸侯建泮宫学校的事例是罕见的。春秋战国时期，天子失宫，学在四夷，诸侯因政治上的强大而要求其子弟在教育上享有特权,一方面大力加强家庭教育,另一方面蓄养文士,创办诸侯宫廷学校,从而把西周时期家庭教育与学校教育相结合的形式发展到一个新的历史阶段,进一步促进了奴隶主上层贵族的学校教育向封建社会的学校教育过渡。

诸侯重视家庭教育的事例很多,在古籍《国语》《左传》《毛诗》《战国策》《吕氏春秋》等书中有大量的记载。如公元前 573 年,晋悼公即位,他召集当时的有识之士,如荀家、荀会、韩无忌等为公族大夫,使他们教训"卿之子弟恭俭孝悌"(《左传·成公十八年》)。这种教育,据有关史学家分析,可能是在泮宫中进行的。后来,晋悼公听说羊舌肸(xī)对《春秋》很有造诣,于是召他入宫,让他当太子彪的傅。傅就是家庭教师。又如,《国语·楚语上》记载,楚庄王(前 613~前 591 年)也是十分重视太子的家教的,他不仅聘请学识渊博的人当太子的家庭教师,而且还虚心向申叔时请教如何教太子的方法。申叔时回答:"教之《春秋》,而为之耸善而抑恶焉。"①《春秋》是历史书,主要讲国家和国君政治的经验教训。学习它,有助于统治者对"修己治人"之道的修养。申叔时还向楚庄王介绍了《礼》《乐》《诗》《国语》等书,认为这些都可以作为太子的家庭教学内容。可见,春秋时期的诸侯家庭教育已被视为有关国家兴亡和争霸诸侯的有力措施之一。到战国时期,不仅诸侯的家庭教育得到发展,而且诸侯大夫之家,也在养士的同时,大量聘用德才兼备的士作为家庭教师。

(三)四民家教

春秋战国时期,随着井田制和宗法家族制的崩溃,社会制度发生剧烈变化,社会分工把统治阶级以下的社会成员分为士、农、工、商四大类型,他们的家庭教育各有特色。

士的家教,包括文士和武士,他们注重文化知识和做官素养的训练,因而"六艺"是主要的教育内容。此外,还有一种以某一技艺谋生的士,即历史上称为"畴"的知识分子,其家教值得介绍。"畴官",本是周王室掌握科学技术以服务于贵族的官吏,他们子就父学,世业家传。但在西周末年由于王室衰微,财力不足,不能养活众官,于是畴官及其子弟分散民间,成为依靠家传技艺谋生的士。这些士与那些著书立说的文士不同,他们身怀绝技,如对器械制造、天文、历算、医学、

---

① 毕诚.中国古代家庭教育[M].北京:商务印书馆,1997:31.

冶金、御车、农学等技术有较深的造诣。凭着自己所掌握的技术,他们既可以用以谋生,又可以步入仕途。因此,这类士人的家庭教育主要是技艺的传授,教育方式主要是师徒制。一般说来,这类士人的家庭教育,具有相当的保密性,传子不传女,甚至有些绝技只授予长子,不授次子,一旦后继无人,家业中断,就会造成绝技失传。

农民的家教,其教育内容主要是农业生产技术和生产经验。如审时耕种、制作农具、利用土地、识别苗莠、种植的疏密、适时施肥,以及适时收货和贮藏等。除了生产技术之外,农民的家教还很注重观察四时季节的变化与种植的规律,同时也重视对其子弟的劳动态度的教育,"少而习焉,其心安焉",①故农家的子弟质朴勤劳。

工民之家的家教,各依其所从事的职业而定,主要是做工技术的传授。父子之间,"相语以事,相示以巧,相陈以功",②从而使世业家传。

商民之家,其家教内容主要是市井商贾之事。包括对凶饥、国变和四时的了解,对商品产地和市面行情的观察,以及对商品的购买和出售的规律的认识等。商民之家以营利为目的,父子之教,"相语以利,相示以时,相陈以知贾"③,旨在使其子弟掌握经商之本领。

(四) 孔子论家教

孔子(前551~前479年),名丘,字仲尼,鲁国陬邑(今山东曲阜)人,伟大的教育家和思想家,儒家学派的创始人。作为我国古代最伟大的教育家,他不仅首创私学,祖述宪章文武之道,删订六经,而且对我国古代家庭教育也有卓越的理论贡献。

孔子所处的时代,正值奴隶制向封建制的变革初期,宗族家长制走向崩溃。个体家庭随着士、农、工、商的社会分工的形成而迅速发展。孔子认为,政治的基础是伦理道德秩序的建立,而伦理是建立在父母子女间血缘关系之上的,因此家庭的伦理道德的教育就是对国家政治的保障。在孔子看来,家庭伦理教育是一种情谊教育。因为,因情而有礼义。父义当慈,子义当孝,兄之义友,弟之义恭,

---

① 毕诚.中国古代家庭教育[M].北京:商务印书馆,1997:28.
② 毕诚.中国古代家庭教育[M].北京:商务印书馆,1997:28.
③ 毕诚.中国古代家庭教育[M].北京:商务印书馆,1997:28.

夫妇乃至与家庭一脉相关的人,随其亲疏、厚薄,莫不自然互有应尽之义。

在家庭教育上,孔子重视早期教育,他认为小时候形成的习性根深蒂固,对人的一生影响深远。同时,孔子还十分注重家庭教育的环境。他说:"里仁为美。"认为子女的成长与周围的文化道德环境有关,所以父母应当注意"居必择邻",同时对孩子交友也应予以指导,要留心自己的孩子不要被不良的朋友带坏。

总之,孔子的家庭教育理论主要是针对士阶层的,同时也普遍适用于不同阶层的家庭。他强调的家教,核心内容是以"孝悌"为本的伦理情谊的培养,其目的在于通过家庭教育手段,来巩固家庭及家庭成员的伦理关系,完善家庭等级,使"父父""子子",从而移孝作忠,将家庭伦理关系外延到社会人家关系和转化为政治道德领域,使国在家的基础上建立统治秩序。

(五) 孟子论家教

孟子(约前 372～前 289 年),名轲,字子舆,战国中期邹(今山东省邹县)人,孔子学说的主要继承者,有"亚圣"之称。与孔子一样,孟子也非常重视家庭教育,并将其与国家治理联系起来,形成了他的"家国同构"的思想。"人恒有言,皆曰'天下国家',天下之本在国,国之本在家",①孟子这一思想是此后《大学》著名的"修、齐、治、平"理论的雏形,也为我国上至统治者下至平民百姓重视家庭教育和修身教育奠定了基础。在家庭教育的内容上,与其"明人伦"的教育目的相一致,孟子强调"五伦"教育,即父子有亲,君臣有义,夫妇有别,长幼有序,朋友有信。在"五伦"中,其尤重父子——"孝"和兄弟——"悌"这两种关系,因为"不得乎亲,不可以为人"②。这种"明人伦"的重视道德教育的传统对我国家庭教育的内容与实施产生了深远的影响。"身不行道,不行于妻子;使人不以道,不能行于妻子"③,在家庭教育的方法上,孟子强调家长必须以身作则,只有这样才能树立教育子女的威信。

❤ 二 秦汉时期的家庭教育

秦朝是我国历史上第一个封建中央集权制国家,也是我国封建家庭教育框

---

① 黄河清.家庭教育学[M].上海.华东师范大学出版社,2014:26.
② 黄河清.家庭教育学[M].上海.华东师范大学出版社,2014:26.
③ 黄河清.家庭教育学[M].上海.华东师范大学出版社,2014:26.

架的定型时期。秦朝建立了大一统的封建王朝,创建了一套促进统一的制度,影响深远。同时秦朝统治者以法家思想统治人民,表现在家庭教育方面,就是用强制手段推行其主张和秩序,秦朝是封建社会长期实行的父母送惩权(家长将不孝或不听从教育的子弟送官惩处)的始作俑者,对后世的影响较大。

汉朝吸取了秦亡的教训,采取休养生息、放宽控制的政策,使生产恢复、社会安定、学术文化发展,武帝时期进入全盛时代。汉朝的家庭教育较之前涉及面更广,内容也更深入,对象从皇帝到士大夫到平民、手工业者,内容涉及胎教、学前早期教育、蒙学、女子教育、家传学业、家教劝诫等各方面,形式也更多样化。

(一)秦朝的家教

秦始皇推行"以法为教""以吏为师"的文教政策,认为所有国内臣民不需要接受任何道德教育,也不需要任何宗教、信仰及价值观,他们一生只需要保持人出生时的本性,并详细知晓跟他有关的国家法令就可以了。

秦朝的家庭教育政策受商鞅变法的影响,家庭教育也为"重农抑商、奖励耕战"的目的服务。通过统一教化内容,摒弃仁义道德,专崇耕战,造成社会和家庭的崇战心态。家庭教育要教子弟勇敢战斗,服从命令听指挥:"强国之民,父遗其子,兄遗其弟,妻遗其夫,皆曰:'不得,无返。'又曰:'失法离令,若死我死。'"[1]通过实行连坐法,促使家庭普遍教子听从军令、死不旋踵。这种以法令推行家教政策的思想和主张,被后期的秦朝完全继承,例如颁布"行同伦"的法令,强制推行家庭教育伦理,强制子弟服从家教,实行父母送惩权制度,这对后世影响深远。

(二)汉代的胎教理论

我国的胎教始于西周,至汉代,贾谊、刘向、王充等人总结前人胎教经验,形成了丰富的胎教理论。

贾谊(前200~前168年),洛阳(今河南洛阳)人,西汉初年杰出的政治评论家、文学家,曾任梁怀王和长沙王太傅。贾谊在总结前人经验和思想的基础上,主张人的教育应从胎教开始,并作了专门论述。他认为胎儿是人生的初始时期,是生命的起点,其发育是否良好,素质如何将决定他未来的发展前途,固应该"慎

---

① 赵忠心,周雪敏.中国家庭教育发展史[M].南昌:江西高校出版社,2020:52.

始",否则"失之毫厘"则"差以千里"。他的胎教思想包含以下内容:慎选婚配对象。贾谊认为,先辈尤其是母亲的遗传与品德对子女会产生直接影响。基于此,为了后代的素质着想,他认为子女的婚配对象应选择"孝悌世世有行义者"。同时,他还强调优化胎儿的发育环境。胎儿的发育环境,一方面指母体本身的环境,另一方面指母体周围的外界环境。对于前者,贾谊主张怀孕的妇女保持身体的自然姿势和情绪的稳定。由于母体的周围环境也会对胎儿产生间接的影响,贾谊以西周胎教为例,主张孕妇不应居住在嘈杂的居室环境中,不听怪诞的音乐,不吃过于刺激的食物。由上可知,贾谊的胎教思想已包含现代优生优育的内容,具有一定的科学性。

汉代胎教为我国古代胎教理论的发展奠定了基础,其中蕴含的重视母亲素质和外部环境的影响,主张少生优育等优生优育思想具有一定的科学性,至今仍具有指导作用。

（三）汉代的女子家庭教育理论

汉朝的女子教育主要是家庭教育,分为宫廷女子教育和普通家庭女子教育。前者为皇家教育,后者主要是仕宦之家教育。一个后宫就是一所女子学校,皇后的教师就是班昭,其女子教育思想具有很强的代表性。

班昭(约49~约120年),名姬,字惠班,扶风安陵(今陕西咸阳东北)人,东汉史学家班彪之女、班固之妹。博学多才,著有《女诫》,此书是我国封建时期女子教育的重要著作,后世的女教理论大都以此为蓝本。《女诫》分为卑弱、夫妇、敬慎、妇行、专心、曲从、和叔妹七篇,该书站在封建礼教的立场上,集中论述了女子的地位及其应遵守的行为规范。在女子的地位上,班昭从阴阳两性出发,认为男为阳,女为阴,女子必须以卑弱为根本原则,"以夫为天",这样女子就成为男子尤其是丈夫的附属品,处于从属地位。从以上原则出发,班昭提出了包括"妇德""妇言""妇容""妇功"在内的女子行为规范,形成了较系统的女子修身大纲。女子除了"以夫为天"、提升自我素质外,还应处理好和公婆以及叔妹的关系,屈从公婆,顺从叔妹。总之,班昭的《女诫》向女子描述了完整的行为标准,女子在其中地位低下,受到诸多束缚,是封建礼教对女子压迫的重要表现,对后世女子教育影响深远。

而汉朝仕宦之家的女子教育,由子师或保姆、母亲承担,也有一部分由父亲承担,汉朝对女子的家庭教育同对男子一样重视,尤其是早期教育。如东汉末年的蔡邕对女儿蔡文姬进行严格的教育,作《女训》要求女儿外表仪容和内心和谐统一。蔡文姬不负众望,在诗文辞赋、书法音律方面取得很高的造诣,成为中国历史上著名的才女。汉朝也因为对女子家庭教育的重视,涌现出了不少女文学家,如唐山夫人、班婕妤、班昭、卓文君、王昭君、蔡文姬等。可见,家庭教育和家学、家风的熏陶对女子成长的影响。

汉朝关于女子教育的内容比较突出,出现了一些专门介绍知名女子的传记和训诫女子的家训,比较有名的如刘向的《列女传》,班昭的《女诫》,荀爽的《女诫》,蔡邕的《女训》《女诫》等。

三 魏晋南北朝时期的家庭教育

魏晋南北朝是中国历史上大分裂大动荡的时代,政权更迭频繁。由于政局动荡,官学时有兴废,家学的重要性日益凸显出来。如何在乱世中建设家族文化,增强家族凝聚力就显得尤为必要和迫切。人们在保全门户观念的影响下,自觉地对子女进行家庭教育。这个时期,家庭教育方面的名篇不断问世,被誉为"古今家训之祖"的颜之推的《颜氏家训》也在这时诞生。

颜之推(531～约590年),字介,祖籍琅琊临沂(今山东临沂)人,于梁武帝中大通三年生于建业(今江苏南京)。他为学勤敏,博览群书,经历数朝的政权更替,史评其为著名的历史学家、文学音韵学家、教育思想家。其所著的《颜氏家训》第一次系统地对家庭教育理论做了论述,是我国现存最早的家庭教育专著。颜之推的家庭教育思想至今仍被奉为家庭教育的瑰宝,具有很高的理论价值和实践意义。《颜氏家训》中包含丰富的家庭教育思想,下面将从三个方面对其进行概述。

(一)颜氏家庭教育的目标和特殊性

颜之推把培养"国之用材"作为家庭教育的目标,同时论述了家庭教育的特殊作用。他明确指出,在家庭内由家长对子女进行教育,这就明确了家庭教育的类型、教育对象和特殊性,以示和学校教育的区别。对于家长教育子女,"夫同言而信,信其所亲;同命而行,行其所服"。[①] 同样一句话,人们总是相信亲近的人;

---

① 赵忠心,周雪敏.中国家庭教育发展史[M].南昌:江西高校出版社,2020:124.

同样一个命令，人们总是听从所佩服的人。父母与子女有着最亲的血缘关系，又共同生活，他们对子女的教导比其他人更有信服力和效果。这种特殊性是家庭教育比学校、社会教化有效的优势，同时也会成为骄纵、溺爱子女的难点。在我国家庭教育思想发展史上，这是第一次从父母子女的角度论述家庭教育的特殊作用。

（二）颜氏家庭教育的原则

1. "固须早教"

颜之推认为，家庭教育抓得越早越好，甚至要从十月怀胎开始。如果普通家庭不能从胎教开始，那么也应该从婴幼儿就开始进行教育。因为孩子在婴幼儿时期比较容易受到影响，而且可塑性大，所以早期教育的效果是最好的。在孩子刚刚懂得看人的脸色，识别喜怒的时候，就加以教诲，那么让他做他就做，不让他做他就不做。他说："人生小幼，精神专利，长成已后，思虑散逸，固需早教，勿失机也。"①

2. "威严而有慈"

颜之推认为，父母在教育子女时，态度应该是既威严又慈爱，二者不可偏废，要做到严慈结合。他说："父母威严而有慈，则子女畏慎而生孝矣。"②意思是说父母对子女态度严明慈爱，子女才会言行谨慎，听从父母教诲。

3. 不要娇惯溺爱

颜之推从日常生活观察中认识到，在家庭中由父母亲自教育自己的子女，最容易出现的、也是最普遍存在的问题是娇惯溺爱。他发现许多父母对子女只知道爱而不知道教，任其为所欲为。该批评的，反而给予奖赏；本应斥责的，却表示赞赏。这样是非颠倒，久而久之，孩子就会误以非为是，以恶为善，很难纠正过来。

4. 一视同仁，不要偏爱

在多子女家庭里，父母对子女一般做不到一视同仁，这是古今中外家庭教育中常见的问题，也是造成家庭教育失败的重要原因之一。颜之推注意到了这一家庭教育的弊端，他告诫父母，对于有德行、才智的子女，父母自然应当赞赏、爱

---

① 赵忠心.中外家庭教育思想简史［M］.北京：中国妇女出版社，2021：27.
② 赵忠心.中外家庭教育思想简史［M］.北京：中国妇女出版社，2021：28.

戴,对于德行、才智不太好的子女,父母同样应当加以同情、怜惜。有的家长偏爱某个子女,其用心是为了孩子好,但结果却是害了他。颜之推的这种观点是很有道理的,被父母偏爱的孩子,往往容易形成骄横放任的毛病,因为偏爱已超过了有益的爱的限度,就成为不理性的爱,也就是溺爱。

5. 以身作则,树立良好家风

颜之推认为,在家庭教育中,长辈不能只是说教,更重要的是要以身作则,这有利于良好的家风的建立,而且这也会影响到家庭教育能否取得成功。他指出:"夫风化者,自上而行于下者也,自先而施于后者也。是以父不慈则子不孝,兄不友则弟不恭。"①也就是长辈要给晚辈做好榜样。

6. 重视环境和师友的影响

颜之推重视环境对子女的影响,他认为子女也一定要谨慎地结交师友,以防误入歧途。他认为,子女生活在什么样的环境中或者是和什么样的人交往,那么他们就会变成什么样的人。所以他说:"人在少年,神情未定,所与款狎,熏渍陶染,言笑举动,无心于学,潜移暗化,自然似之……是以与善人居,如入芝兰之室,久而自芳也;与恶人居,如入鲍鱼之肆,久而自臭也。墨子悲于染丝,是之谓矣。君子必慎交游焉。"②

(三) 颜氏家庭教育内容

颜之推所主张的家庭教育内容丰富而全面,具体包括以下几个方面:

1. 勤学

颜之推认为,无论是农、工、商、学,都必须勤学,以求得进步。他告诫子弟,与其不学无术,一生愧辱,不如数年勤学。他列举了中国古代许多勤学苦读的故事,勉励子弟要像古人那样勤学。

2. 自立

他要求子弟要学习一技之长,以自立之本,反对依赖父母。他严肃地指出,"父兄不可常依,乡国不可常保,一旦流离,无人庇荫,当自求诸身耳。"③颜之推一生历仕四朝,饱尝离乱之苦,却能以一介儒生,保持家业不坠,始终以其才学立

---

① 赵忠心.中外家庭教育思想简史[M].北京:中国妇女出版社,2021:30.
② 赵忠心.中外家庭教育思想简史[M].北京:中国妇女出版社,2021:33.
③ 赵忠心.中外家庭教育思想简史[M].北京:中国妇女出版社,2021:34.

世,同时,他目睹很多士大夫子弟依仗家中权势不学无术、游手好闲,最后政权更迭,落得流离失所的悲惨下场。他深感只有依靠自己的真才实学,才能求生存和发展。他也常以自己的亲身体会,让子女明白积财千万,不如薄技在身的道理。

3. 务实

颜之推认为,读书的唯一目的就在于"利行"。他尖锐地批评了当时社会上的某些读书人,书读得不少,满腹经纶,却只会夸夸其谈,不做实事,光说不练。他告诫子弟将读书所掌握的学问,用来解决实际问题,不能只会空谈。

4. 节操

颜之推在北齐主持文林馆时,多培植汉族人士,因此遭到鲜卑贵族的嫉恨。当时,不少汉人学鲜卑语,以之为入仕的捷径。颜之推在《教子》篇里讲到这样一个故事,一位士大夫要求儿子学鲜卑语,弹琵琶,目的是服务于异族鲜卑统治者,他对此非常反感。他正气凛然地说,即便是能当上宰相,也绝不允许自己的子孙卖国求荣。这个故事体现了颜之推非常重视子孙的节操教育。

5. 重农事

他说:"古人欲知稼穑之艰难,斯盖贵谷务本之道也。夫食为民天,民非食不生矣。三日不粒,父子不能相存,耕种之、莳锄之、刈获之、载积之、打拂之、簸扬之,凡几涉手而入仓廪,安可轻农事而贵末业哉!"[1]在"劳心者治人,劳力者治于人"的轻体力劳动的世俗观念占统治地位的封建社会,颜之推认为"贵谷"是"务本之道",教育子孙不要轻农事,这是十分可贵的。

6. 勤俭而不吝啬

颜之推反对奢侈浪费,主张俭朴。他教导子弟要分清俭朴与吝啬的界限,对自己生活节省,是俭朴;对穷人不抚恤,是吝啬。他要求子弟做到"俭而不吝"。这是中华民族的传统美德,今天也应该继承和发扬。

7. 婚姻勿贪势家

颜之推继承了祖上的规矩,教育子弟对待婚嫁,门当户对即可,万不可贪图钱财。他指出"近世嫁娶,遂有卖女纳财,买妇输绢,比量父祖,计较锱铢"[2],这样讨价还价,和商人做买卖一样。他严肃告诫子弟:"贪荣求利,反招羞耻,可不

① 赵忠心.中外家庭教育思想简史[M].北京:中国妇女出版社,2021:36.
② 赵忠心.中外家庭教育思想简史[M].北京:中国妇女出版社,2021:36.

慎欤！"①

四　唐宋时期的家庭教育

隋朝在结束南北朝分裂局面之后，开始出现了全国大一统和文化繁荣的景象，但隋朝的国运不长。唐朝继隋朝之后，在文化上有很多开拓和创新，如完成自汉以来的儒家经学的总结，大力发展学校教育，推行以科举考试取士的选士制度等，从而促进了整个社会重视教育的风气形成，一批又一批的庶族地主通过教育和科举的途径登上了政治舞台，出现了"读书做官热"。宋代沿袭隋唐的科举取士制度，而且特别注重文化与教育，由此在这个社会自皇室宗亲贵族阶级至官僚阶层和广大平民之家，都把家庭教育作为政治活动和家庭生活中的一件大事。

（一）唐宋时期家庭教育的特点

概括来说，唐宋时期的家庭教育有以下几个明显的特点：

1. 开始形成独立而完整的学校体系

从皇家的家教来看，开始形成独立而完整的学校体系。如隋朝最早在东宫设置"门下坊"和"典书坊"。门下坊设左庶子、内舍人和录事诸官，典书坊也设庶子、舍人、洗马诸官，这些官员主要从事皇太子的文化与道德教育。唐代除三公三少外，还设有太子宾客，并设置詹事府统管东宫政教，詹事府内设左右谕德官专门讽喻规谏皇太子。唐朝将隋朝的门下坊改为左春坊，典书坊改为右春坊，在贞观年间又专为皇太子设置崇文馆，设学士官，并建有东宫图书馆，所藏大量图书为"秘书"，专供皇室子弟教育使用。

宋朝为了加强皇太子的教育，增设詹事讲读官、太子侍读、太子侍讲官等，并设置资善堂为皇太子及其他诸王子的肄业之所。南宋初期还在东宫门内建有书院。

2. 家庭教育与科举考试紧密结合

由于科举制度的推行，激发了广大庶族地主阶层和少数平民之家的读书兴趣，使得家庭教育越来越与科举考试紧密结合，"望子成龙"成为家庭教育的动机和目的。

---

① 赵忠心.中外家庭教育思想简史［M］.北京：中国妇女出版社，2021：37.

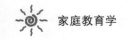

3. 封建纲常的礼教占有重要位置

礼教不仅有成套的理论和实践要求,而且随着家庭教育的学校化,日渐渗透到家庭教育的实际活动中。在唐代和宋代,《家范》《家规》《治家格言》之类的礼教内容,开始丰富和完善起来,它对封建社会后期家风的形成也很有影响。

(二)唐宋时期的蒙学教材

我国历来重视家庭教育尤其是早期教育,所谓"蒙以养正,圣功也"。在我国封建社会时期,一般是 8 至 15 岁儿童的"小学"教育阶段,称为"蒙养"教育阶段。由于家庭教育要以识字启蒙教育为基础,所以编写蒙学教材成为人们普遍关心的一件大事。

我国古代一直重视蒙学教材的编写,概括来说,唐宋以前被保存下来的蒙学教材有秦朝李斯的《仓颉篇》,汉朝史游的《急就篇》和蔡邕的《劝学》,梁朝周兴嗣的《千字文》,其中《急就篇》和《千字文》对后世影响深远。唐宋时期的蒙学教材,继承和发展了前人的经验,突破以往单一的识字课本类型,开始出现按专题编写的现象,主要包括以下几类:

1. 识字教学的教材

如《开蒙要训》《百家姓》《三字经》等。这些教材的主要目的是对儿童进行识字教育,同时也辅助性地介绍一些基础知识。《开蒙要训》流传于唐朝五代,全书1 400 字,多为生活常用字,用四言韵语的格式依次介绍自然名物、社会名物、身体疾病、器物工具等内容。《百家姓》相传为宋初所编,作者佚名,全书集各种姓氏编为每句四字的韵语,便于诵读,共 400 多字。《三字经》相传为宋末王应麟所编,全书共有 356 句,每句三个字,句句成韵,叙述了教育的重要性、三纲五常十义、五谷六畜、四书五经、历朝史事等。《百家姓》和《三字经》是我国古代最著名的蒙学教材,与《千字文》合称为"三、百、千"。

2. 伦理道德的教材

如宋吕本中的《童蒙训》,吕祖谦的《少仪外传》,程端蒙的《性理字训》等。我国历来极其重视对子女的道德教育,以往的《孝经》《论语》中包含大量此类教育,唐宋时期的蒙学教材开始分专题对此进行编写。此类教材侧重于向儿童传授伦理道德知识(包括"三纲五常""三从四德""礼义廉耻"等)以及为人处世、待人接物的准则。

3. 历史教学的教材

如唐李翰的《蒙求》,宋王令的《十七史蒙求》,胡寅的《叙古千文》和黄继善的《史学提要》。这类教材有的叙述历史的发展,有的选编历史故事或历史人物的名言善行,在介绍历史知识的同时渗透思想教育。

此外,唐宋是我国诗歌发展的顶峰,为了对儿童进行文辞和美感教育,当时也编写了大量有关诗歌教学的教材。如朱熹的《训蒙诗》、陈淳的《小学诗礼》及谢枋得重订的《千家诗》等。唐宋时期的蒙学教材开始分类按专题编写,丰富了其内容和形式;且蒙学教材遵循儿童的心理特点,采用韵语形式,便于记诵,并力求把识字教育、基础知识教育和伦理道德教育结合起来。

五　元明清时期的家庭教育

元明清诸朝,是我国封建社会走向衰落的时期。封建统治阶级为了加强思想控制,在推行残暴的专制统治和经济剥削政策时,大力加强社会基层组织如保甲、村社等建设,加强家族权对家庭成员的言行管教,按照宋明理学家的"齐家""治国"思想,把以"修身"为手段的"齐家"家教与国家政治秩序及社会伦理道德秩序的巩固紧密联系起来,形成了元明清时期以"存天理、灭人欲"为核心的禁欲主义家庭教育特色。

元朝的统治时间较短,家庭教育成果较少,但也有独特的成就,如耶律楚材的家庭教育,为祖国大家庭民族文化的交融做出了贡献,也为我国家庭教育宝库增添了新的内容。明清是我国封建社会的发展由盛转衰时期,也是我国古代家庭教育由繁荣逐步走向衰弱的时期。明朝确立了"治国以教化为先,教化以学校为本"[①]的文教政策,统治者一方面竭力强化皇权,另一方面大兴文教。重文政策促进了文化教育的恢复与发展,学校教育、科举比前代更为兴盛,读书人受到特殊的尊重,在这种情况下,教子读书做官被许多人视为振兴门户的必经之路,家庭教育由此兴盛起来,并达到了繁荣和鼎盛阶段,表现为:家训著作急剧增多,层出不穷,数量之多远远超过了以前各个阶段家训著作的总和。据《中国丛书综录》记载,中国古代家训类书籍总共有 114 种,其中明代 28 种,清代 62 种,两项总计占古代家训总数 78% 以上。其中有些还对后世影响深远,如朱柏庐的

---

① 黄河清.家庭教育学[M].上海.华东师范大学出版社,2014:34.

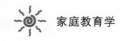

《治家格言》。

为了加强思想控制,明清实行文化专制统治,竭力推崇程朱理学,屡兴文字狱,科举制也逐步沦为八股取士。文化专制尤其是程朱理学对我国的家庭教育也产生了一定影响,如在家庭教育中,父权制家长作风盛行,重视从严治家,注意家风、家纪的教导和灌输,重视伦理道德的说教。虽然明清时期我国家训著作较多,但大部分家训内容大同小异,新意不多,表明我国明清家庭在繁荣的同时,也呈现出了衰弱的迹象。这说明中国古代家庭教育到此已接近尾声,它必将随着时代的步伐,走向一个新的阶段。

第二节　我国近代家庭教育的发展

本节中的中国近代特指从 1840 年鸦片战争开始到 1949 年新中国成立的这一段时期。1840 年的鸦片战争,英国用坚船利炮打开了中国的大门,我国开始了近一个多世纪的屈辱的近代史。鸦片战争后,家庭教育思想进入演变与转折的历史时期。一系列不平等条约的签订使中国逐渐丧失了独立国的地位,改变落后现状、争取国家富强成为国人的首要任务,无数仁人志士开始了艰苦地探索。"师夷长技以制夷"开启近代中国人学习西方的大门,"中学为体、西学为用"的口号掀开洋务派学习西方先进科学技术的序幕。甲午战争后,外交政治的沉重失败引起先进知识分子对传统思想文化的反思,加快了向西方学习先进思想的步伐,以康有为、梁启超为代表的维新派吸收国外先进的思想文化与教育,积极改革封建政治体制,从而将这一学习运动推到最高层次,"在这变革和学习西方的浪潮中,传统思想观念和教育体系受到猛烈冲击,逐渐坍塌,新文化与新式学堂迅速崛起,逐渐占领文教阵地。家庭教育作为教育的一个组成部分,也自然受到大环境的影响,开始了转折与变革的历程"[1]。

近代中国社会的变革并不是我国原有封建制度自然衍变和发展的结果,而是在外国资本主义的入侵和压力下进行的。同样,我国近代家庭教育的发展一方面继承了古代家庭教育的传统,另一方面也顺应了时代的变迁,反映了近代中

---

[1]　马镛.中国家庭教育史[M].长沙：湖南教育出版社,1997：610.

国社会政治经济制度的变革,尤其是"西学东渐"的影响。因此在整个百年家庭教育近代史中,始终呈现出历史与现实、传统与现代、民族性与世界性的双重矛盾和双重关注。

一　对我国古代家庭教育的继承

任何一种文化形态,一经形成便具有一定的延续性和稳定性。虽然随着社会的变迁尤其是西方教育思想的引进,我国近代家庭教育发生了很大的变化,传统家庭教育受到了很大的冲击,但我国古代传统家庭教育的精华显示出了强大的生命力,不仅没有被批判,反而得到了众多思想家和教育家的继承和发展。

(一)"德育"至上

传统的家庭教育,均把子女的品德教育、行为习惯放在重要位置。传统的道德观念认为良好的思想品德是做人、立世的根本,培养孩子成为一个有良知、懂孝道、有责任心的人是家庭教育的重要任务。传统"德育"的观念比较宽泛,总结来说,主要包括"孝""俭""爱"等基本内容。到了近代,道德教育依然是家庭教育的重要内容。

(二)崇尚身教

中国的家庭教育历来重视家庭环境与家庭风气,它对子女产生的潜移默化的影响不可小觑。良好的家庭氛围、风气与父母等长辈的示范作用又有着不可分割的关系。父母等长辈若以身作则,时时刻刻注重自身形象,就会为孩子的成长提供良好的基础,有利于家庭教育的顺利实施。

近代的教育家也同样推崇积极的榜样作用。陈鹤琴先生明确提出:做父母的一定要以身作则。父母要想得到子女的敬畏,仅仅依靠对子女严厉是不可的。需要在行为举动上使子女佩服你,尊敬你,那么子女就会不约而同地敬畏你了。如果做父母的行为乖张,举止轻狂,引起做子女的轻视之心,那么即使你天天打他们,骂他们,他们也不会敬畏你的。

近代的教育家与优生学家潘光旦极其看重榜样的原则。他觉得品格教育在全部教育里虽说是最难的,但也很容易。它不需多说话,不用许多的书本,更不用什么仪器材料,它只需要一个榜样。如果家长的一言一行,无论在人前还是人

后,都能一贯地遵守相当的道德标准,这就是品格教育。儿童是最能模仿的动物,不教而自教的效果自然而然就会收到。

（三）注重胎教

我国胎教思想始于西周,至汉代,思想家贾谊、刘向及王充等人开始总结前代胎教经验,具有民族特色的胎教理论逐渐形成。胎教的价值在近代家庭教育思想中也同样得以体现。如康有为在其《大同书》里对胎教进行了详尽的论述,虽然他勾勒的大同社会是理想的产物,在当时的社会条件下难以实现,但他的胎教思想以近代医学为指导,并将个别家庭的活动上升为大众的活动,准确地把胎教定位于产前的保养与美感的熏陶,这在我国的传统胎教理念的基础上前进了一大步。

（四）注重培养社会责任

几千年封建社会形成的宗族、门第观念要求子女的命运与家庭甚至整个家族的未来息息相关。家庭教育的成功与否,成为整个家族能否在国家和社会政治生活中占有一席之地的重要大事。家庭教育,对于治国安邦具有基础性的作用,"家之正则国之定"。《礼记·大学》里谈到"修身""齐家""治国""平天下"的关系时,认为"齐家"是"治国""平天下"的前提条件,告诫人们"齐家"在社会生活中的重要作用。"齐家"即"治家",治家的关键又在于家庭教育。这个理论一直是指导中国历代家庭教育生活的准则。由于近代复杂的国际国内形势,家庭教育的功用也不仅仅局限于自己的小家,而是与"民族前途"与"国家救亡"紧密结合起来。[1]

针对近代"爱国救亡"的时代主题,家庭教育也衍生出新的施教方针及内容:"尚武精神""合作精神"与"爱国精神"。近代知识分子对家庭教育的"救亡"任务抱有极大的期待,希望通过清明开通的家庭教育能为国家培养一代又一代的可以担当重任的人才。

当然,除了上述几个方面外,我国近代家庭教育对古代家庭教育的继承还有很多,例如重视立志教育和环境教育、主张严慈相济等。

---

[1] 田璇.近代中国家庭教育思想研究[D].硕士学位论文.郑州:郑州大学,2010.

我国近代家庭教育的发展变化

虽然我国近代家庭教育保留了一些古代的优良传统,但由于受社会变迁尤其是西方教育思想的冲击,我国近代家庭教育发生了很大的变化,主要表现在以下几方面:

(一)家庭教育的制度化

家庭教育的最大特点是长期分散到各家各户进行,具有相当强的独立性和特殊性,因而在中国古代史上,家庭教育向来是"家长"自发进行的,从来没有纳入国家的教育体系之中。在近代,随着向西方学习的不断深入,法律制度的建立及不断完善促进了我国家庭教育制度化的发展,其最主要的表现则是政府颁布的关于家庭教育的一系列法令。

1903年,张之洞、张百熙和荣庆拟定了《奏定学堂章程》,后经皇帝批准在全国范围内推行,这就是历史上著名的"癸卯学制"。在这一学制中,清政府规定了新的学校教育制度,从蒙养院到大学毕业共计30年,分三段七级。其中,针对蒙养院的四年教育则专门通过了另一部《蒙养院及家庭教育法》。《蒙养院及家庭教育法》是我国近代第一个家庭教育法令,也是中国教育史上第一个有关家庭教育的法令。在这一法令中,政府第一次对家庭教育的作用、教育目的、教育对象、教育内容和方法等做了全面的规定,虽然由于清政府的腐败无能,致使其成了一纸空文,但其标志着家庭教育第一次被纳入整个国家的教育体系之中,具有划时代的意义,成为我国家庭教育制度化的开端。国民政府则在1938~1945年间颁布了以下六部关于家庭教育的法令:《中等以下学校推行家庭教育办法》《推行家庭教育办法》《家庭教育讲习班暂行办法》《家庭教育委员会暂行组织通则》和《家庭教育实验区设施办法》。

由此可见,我国民国时期形成了较为完备的家庭教育法令体系。除了对家庭教育的目的、对象、内容等一般问题进行探讨外,还对推行家庭教育的实施组织(由早期的"家庭教育会"发展为"家庭教育班",后为"家庭教育讲习班"、专门管理机构及推行主体由最初单纯的"中等以下学校"扩展到大专院校及其他社会教育机关,最后以"家庭教育实验区"进行试点)进行了规定,这些措施有效地指导了家庭教育的实施。

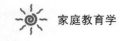

（二）家庭教育的科学化

与自给自足的小农经济相对应，我国古代家庭教育呈现出强烈的经验性，注重的是长辈对晚辈人生经验的传递与教诲。流传下来的对于家庭教育的论述也是相关经验的总结，缺乏理论依据和科学基础。近代以来，尤其是进入20世纪后，随着西方教育理论的传入，尤其是对福禄贝尔、蒙台梭利、杜威等幼儿教育思想的吸收，我国家庭教育开始逐步走上科学化的道路。其中，康有为、梁启超、鲁迅、陈鹤琴、陶行知、郑晓沧、张宗麟等一批先进的知识分子都对我国近代家庭教育尤其是幼儿教育的理论进行了革新。而我国近代著名的家庭教育家陈鹤琴则认为家庭教育必须建立在家长对儿童身心发展特点和规律的了解以及对儿童尊重的基础上。"家庭教育必须根据儿童的心理始能行之得当。若不明儿童的心理而妄施以教育，那教育必定是没有成效可言的。"[1]他把心理学作为其家庭教育思想的理论基础，并以此对其家庭教育的原则和方法进行论述。而其1925年出版的《家庭教育》一书也可视为我国家庭教育系统化和科学化的重要标志。

（三）家庭教育的民主化

在我国古代，"父为子纲"的封建家长制使得父母对子女享有绝对的权威，父母往往将子女视为自己的私有物品，子女毫无自由、平等可言。近代以来，随着封建专制制度的逐步瓦解，尤其是西方自由、民主、平等思想的传入，我国传统的儿童观受到强烈冲击，家庭教育开始朝着民主化方向发展。著名学者鲁迅一针见血地指出了我国传统家庭教育的弊端，"所有小孩，只是他父母福气的材料，并非将来的'人'的萌芽"[2]，正因如此，鲁迅呼吁"救救孩子"，要求父母对于子女"应该健全的产生，尽力的教育，完全的解放"，以此改革家庭教育的实施。

著名家庭教育家陈鹤琴主张民主、平等的儿童观与教子观，他认为"儿童与成人一样的，儿童的各种本性本能同成人一色的，所分别的就是儿童的身体比较成人的小些罢了"，因而他在家庭教育的原则和方法上提出："做父母的不可常常

---

① 黄河清.家庭教育学[M].上海：华东师范大学出版社，2014：43.
② 黄河清.家庭教育学[M].上海：华东师范大学出版社，2014：43.

用命令式的语气去指挥他们的小孩子""做父母的应当同小孩子做伴侣""做父母的不要常常去骂他们的小孩子".①

(四) 家庭教育的开放性

在古代,封闭的自给自足的自然经济占统治地位,与此相对应,我国古代的家庭教育也具有强烈的封闭性。在教育内容上,重视行为习惯的培养和伦理道德的灌输,内容相对狭窄。在教育形式上,各自以家为政,交流较少。进入近代后,"西学"的传入丰富了我国家庭教育的内容,其由传统的道德型教育逐步过渡到知识型教育。除了传统家庭教育的基本内容外,西文、西艺、西方的政治、经济、军事、历史、地理等知识也逐渐加入我国家庭教育,大大促进了其发展。"西学"的引入使我国近代家庭教育内容呈现出开放性和知识性的特征。在教育形式上,清末尤其是 20 世纪以后,许多家长都送孩子出国留学,国际间的教育交流逐步增多,家庭教育打破了其原有的藩篱,家长开始用一种新的家庭教育形式来实现让孩子接受新式教育的愿望。

我国近代家庭教育在向西方文化取经的同时,也结合当时中国的现实情况对传统的家庭教育思想进行了适度改造与适当吸收,因此近代中国家庭教育始终保持了浓厚的民族性。近代中国的家庭教育思想是特定历史时期的一个矛盾的结合体,它的微妙、敏感、多元化同它所处的时代一样是独一无二的,是其他任何时代无法复制的,同时,我们也看到,近代中国的家庭教育思想不可避免地具有一定的局限性:由于社会变革的深度与广度有限,当时的家庭教育思想与真正意义上的现代家庭教育相比还是相当稚嫩的,而且迫于当时紧急的社会现状,很多知识分子在对传统的家庭教育思想进行审视的过程中,难免缺乏相对的客观性,很多传统的家庭教育思想被赋予了较低的价值,而对很多西方家庭教育观念又推崇过高,缺乏一定的客观平等性。尽管如此,近代中国家庭教育思想的演变所给我们带来的启示与重大意义是不容忽视的,我们无论身处何种历史时代,家庭教育的关键作用都是要牢牢记住的,家庭教育思想要主动迎接各种变化和挑战,只有这样,我们传统的文化精华才能更好地得到延续,造福后人!

---

① 黄河清.家庭教育学[M].上海:华东师范大学出版社,2014:43.

三 我国近代的家庭教育思想

(一) 曾国藩的家庭教育思想

曾国藩(1811～1872年),初名子城,字伯涵,号涤生,宗圣曾子七十世孙。中国近代政治家、战略家、理学家、文学家,湘军的创立者和统帅。曾国藩出身于普通耕读家庭,自幼勤奋好学,6岁入塾读书,8岁能读四书、诵五经,14岁能读《周礼》《史记》文选。道光十八年(1838年)中进士,入翰林院,为军机大臣穆彰阿门生。累迁内阁学士,礼部侍郎,署兵、工、刑、吏部侍郎。曾国藩与李鸿章、左宗棠、张之洞并称为"晚清中兴四大名臣"。曾国藩在教育上的贡献主要体现在家庭教育方面,其家庭教育思想受当时的儒、墨、道家等传统文化的影响,渗透着浓厚的中国传统伦理思想。

1. 修身为人之道

曾国藩深受儒家思想的影响,非常注重修身养性,以此来完善自身的品德修养。具体从"孝悌仁爱""勤劳节俭""虔敬诚实""立志自强"四个方面进行教育,把家中子弟培养成品德高尚的人。在他看来,修身养性必须具备以下诸要素:慎独、主敬、刚毅、有恒、谦谨、平实等。这些要素的实现,就可以体现一个人的品德、心态、价值观和思想境界的高尚。

2. 读书治学的思想教育

曾氏家族提倡半耕半读,非常强调读书的重要性。曾国藩提出了读书可以改变气质的观点,勉励诸弟及子侄奋发读书,愿他们为"读书明理之君子"。他的家书中多次提出自己的读书观:只要自己肯发奋、下功夫,什么地方都可以学。

3. 勤俭持家的思想教育

曾国藩深受封建传统文化熏陶,对于勤和俭的理解是非常深刻的:一个家族能够保持兴盛发达,一个最简单的道理要学会勤俭。这也是他家庭教育思想的核心部分。他苦口婆心地教导两个儿子,越是官宦人家的子弟越要勤俭自律,只有这样,将来才能成大器。更为难能可贵的是,处于清末社会的曾国藩有很多超越时代的远见卓识。比如他就明明白白地对子女说:"余将来不积银钱留与儿孙。"他解释自己的苦心:"儿女有出息,给钱有何用? 儿女没出息,给钱又有何用?"[1]

---

① 刘丛.从《曾国藩家书》看曾国藩的家庭教育思想[J].兰台世界,2012,(09):45-46.

4. 交友处世之道

曾国藩在家庭教育中,注重协调处理好多方面的关系,把握家庭教育的系统性。他的教育思想和视野,并没有仅仅局限于自己的家庭内部,也关注家庭之外。曾国藩提出要慎重妥善地处理好各方面的关系,各方面的关系包括邻里关系、结交朋友、与人交往等,这体现了家庭教育的系统性,也在实践上保证了家庭教育的整体优化。首先,曾国藩教育兄弟子侄处理好邻里之间的关系。他深知一个家庭如果不能与亲族邻里很好相处,这个家庭一定会招抱怨和仇恨,终究要带来衰败。因此,他很重视教育家人善待邻里。其次,在总结自己的心得基础上,他很重视教育子弟选择和结交朋友。他认为,选择交什么朋友是第一要事,告诫子弟要交志趣远大的朋友。再次,曾国藩还教育子弟要处理好与人交往的关系,尤其提出了戒傲气,举止要重厚的基本原则。

在中国近代史上,曾国藩是最受关注同时也是最具争议性的人物之一,人们对他的评价也是毁誉各异,但他的家庭教育思想却得到了充分的肯定。在长达六十多年的一生中,曾国藩写了 1 000 多封家书和大量的日记,字字句句都包含了他对家人的教育、关心以及对左邻右舍的谦让、照顾,可以说,曾国藩的家书、家训、家规对后世影响巨大。

(二) 朱庆澜的家庭教育思想

朱庆澜(1874～1941 年),字子桥,浙江绍兴人,我国近代著名的爱国将领。民国初年,出任广东省省长,其间撰写了一部名为《家庭教育》的著作,于 1917 年公开出版,并分发给广东全省的家家户户。朱庆澜行伍出身,肩负一省的行政重任,为何要亲自撰写家庭教育著作呢? 朱庆澜在《家庭教育》一书的"前言"中对此有所交代:"中国本是极大极强的国,因何变成这样全无出色地位? 并非国不好,实在是人不好。天生人人都是好的,所以不好的缘故,都由于自小未曾受过好的教育。照此看来,要把中国变强,非把中国的小孩好好教育起来,否则中国永无翻身的日子。我做广东的省长,就是广东一家的家长,家家的小孩,做省长都应该帮着教育。只是地方太大,功夫来不及。因此,编写了一本《家庭教育》的'白话'(文),由我捐献印刷出来,分与大众。大众看了这本书,就同对着省长说家常话一样。人人能照这本书教育子弟,能替国家养成好人民,是国家的大福

气,能在家里教成好儿子,就是各家的大福气了。"①

1. 家庭教育的原则

1) 父母要给孩子做个样子

朱庆澜认为,家庭教育的根本道理是父母的以身作则。他通过学校教育和家庭教育的对比,指出家长的以身作则尤为重要。朱庆澜注意到家庭教育的一个重要特点是:父母和子女天天朝夕相处,父母每时每刻都在接受子女的"监督",其言行举止难以完全回避子女。因此,朱庆澜告诫父母要处处、时时、事事以身作则,他认为,这是家庭教育的"根本法",非常重要,决定家庭教育工作的成败。朱庆澜的这种说法是很深刻的。

2) 教育定要跟着小孩的程度

现代心理学告诉我们,不同年龄阶段的儿童,其心理特点不同,知识水平和接受能力不同。要教育好儿童,必须使教育工作符合儿童的年龄特征。朱庆澜提出的"教育定要跟着小孩的程度",就是这个意思。他形象地比喻说:教人的(即教育者),不跟着教的人(即受教育者)的程度走,好似主人请个吃素的客,却是预备了一桌荤菜烧烤,主人只管费了事,客却没有地方下箸。这个比喻十分贴切。教育孩子,脱离实际,徒劳无益。

3) 注意"家庭气象的教育"

所谓"家庭气象的教育",就是指家庭环境、风气的影响。他说:"气象就是样子,家里是个什么样子,小孩一定变成什么样子。家庭气象,好比立个木头,小孩好比木头的影子。木是直的,影一定直;木是弯的,影一定弯曲,一点不会差的。"②针对当时中国多数家庭是大家庭、成员序列多、构成复杂这一实际,朱庆澜提出,要搞好儿童的家庭教育,必须首先把整个家庭治理好,他说:"家庭教育的担子,不单在做父母的身上。做父母的想教成个小孩子,先要把一家子的弟兄姊妹人人都劝好教好,完完全全做成个好家庭的样子,小孩才会好的。说到此处,就要知道治家是第一层功夫,教儿子还是第二层功夫呢。"③良好的家风,不但对出生以后的儿童来说是重要的,哪怕是在儿童出生以前也是十分必要的。

① 赵忠心.中外家庭教育思想简史[M].北京:中国妇女出版社,2021:233.
② 赵忠心.中外家庭教育思想简史[M].北京:中国妇女出版社,2021:239.
③ 赵忠心.中外家庭教育思想简史[M].北京:中国妇女出版社,2021:239.

4）父母要共同教育子女

朱庆澜提出：父母要分担教育，不要叫小孩分个亲疏轻重。父母共同承担教育子女的责任。他之所以提出这样一个教育原则，是有针对性的。他说："人家里的小孩，多半亲热母亲，疏远父亲，看重父亲，看轻母亲。"①为什么会出现这种情况呢？他认为都是做父亲的，单管教儿子，所以叫儿子看重父亲，一面却生个怕父亲的意思，不知不觉同父亲疏远起来。而做母亲的，单管养儿子，所以叫儿子亲热母亲，一面却生个撒娇的意思，不知不觉看轻了母亲。

朱庆澜特别指出家庭教育中常常出现的两种错误做法及其后果：一是母亲只养不教，父亲只教不养。这就会让小孩觉得爱他的只有母亲，自然同父亲疏远起来。二是母亲和父亲在教育孩子过程中互相拆台。父母这样教法，一定会把一个好孩子教成一个极胆大、既不孝父又不孝母的人。为了避免出现子女对父母态度轻重亲疏的问题，做到互相配合，共同教育好子女，朱庆澜要求做父亲的，一面教儿子，一面也要养儿子；做母亲的，一面养儿子，一面也要教儿子。父母同时去教，小孩知道做了坏事，无地可以躲藏，无人可以保护，自然不敢做坏事，父母同时去养，小孩知道父母都是我的大恩人，自然不会亲热这面，疏远那面，自然变成个孝顺儿子。

5）划清界限掌握分寸

做父母的，都希望把孩子培养成既活泼又有规矩的人。但真正能做到不是一件容易的事。朱庆澜认为，许多父母都分不清活泼同放肆、规矩与呆板的界限：一教孩子活泼，就无论何事都听他自由；一教他守规矩，就无论何事都不准他自由，这是家庭教育中常常出现的两种偏向。其实，活泼同放肆，规矩同呆板，两者大有区别。朱庆澜认为，有规矩的自由叫活泼，没有规矩的自由叫放肆；不放肆叫作规矩，不活泼叫作呆板。他的这种分法是科学的，因为体现了辩证法的思想。在家庭教育中，强调要注意划清某些界限，实际上就是要求父母在管教孩子时要掌握分寸、尺度，不论进行哪个方面的教育，都要适度、适可而止，不得过头过分。

6）言行谨慎防微杜渐

朱庆澜注意到家庭教育是在日常生活中由父母言传身教进行的，父母的言

---

① 赵忠心.中外家庭教育思想简史［M］.北京：中国妇女出版社，2021：240.

行对孩子的影响常常是在无意中发挥作用的。因此,他提出父母在孩子面前一定要言行谨慎。朱庆澜认为,对孩子的教育和影响,在大量情况下并不是有意识的。然而,恰恰就是这些无意中的言行却给孩子极为深刻的影响。为了做到防微杜渐,朱庆澜要求父母不但要自己言行谨慎,而且也要严察孩子的言行。他说,有时带小孩出门,要细细察看他同别家小孩的说话举动。回到家来,先把自己的小孩说话举动,哪样好,哪样不好,好好分别指出来,好的夸奖他,不好的劝诫他。再把别家小孩言动的好丑一一与他分别指出来,好的教他要学,丑的教他要戒。这是要求家长要增强教育意识,成为教育孩子的有心人。

7)打骂不如劝教

朱庆澜反对打骂孩子,认为父母打骂孩子危害很大,他提醒家长,望小孩学好,万万不可用打骂。即便不得以用了这种方式也要注意效果:用打的时候,定要背着人去打,使他知道挨打是顶失礼的事,是父母顶不愿意、顶无可奈何的事。他还特别指出:万一小孩犯了事,那就不但不该打骂,并且要夸奖他不欺父母,保全他不'护过'(不隐瞒过失)的好德行。不好再打骂,逼着他有过不说,那就是父母'护过',教他骗人了。这些提醒非常重要,也是非常有现实意义的。

8)"家庭同学堂要一气"

在家庭教育中,家庭和学校要步调一致,密切配合,相互支持,保持教育的一致性。朱庆澜认为,家庭和学校的教育不一致,就会影响学校的教育效果。要做到家校一致,朱庆澜要求:"家里父母定要随时同老师接头,打听学(堂)里如何教法。凡是学(堂)里叫作的,父母定要帮着老师逼小孩去做;学(堂)里不叫做的,父母定要帮着老师禁止小孩做。"①只有父母与学校密切联系,加强沟通,相互配合,小孩知道无地可以躲闪,才能够学好。

2. 家庭教育的内容

朱庆澜提出的家庭教育内容是很丰富的,而且侧重于思想品德方面,这是符合家庭教育实际的。具体包括以下内容:

1)仁义礼智信的教育

朱庆澜认为,"仁"就是良心。教孩子爱人、爱物件的良心就是"仁"的教育,在进行"仁"的教育时,主张摆事实讲道理,并且父母要以身作则。而"义"的教

---

① 赵忠心.中外家庭教育思想简史[M].北京:中国妇女出版社,2021:244.

育，在朱庆澜看来，就是做该做的事，不做不合理、不该做的事，谓之"义"。他认为，对孩子进行"义"的教育，要结合实际，从小事做起。关于"礼"的教育，就是教孩子长幼秩序、礼义、礼貌等，"智"的教育就是知识方面的教育。"信"的教育就是诚实品德教育，要求小孩子要诚实守信。

2）"制苟且的教育"

"苟且"有三个意思：一是只图眼前，得过且过；二是草率、马虎、敷衍了事；三是不循礼法，不守规矩。制苟且的教育就是禁止、纠正苟且的毛病，养成做事有头有尾、严肃认真和守规矩的好习惯、好作风。

3）勤俭的教育

勤俭是中华民族的传统美德。朱庆澜认为，不勤俭危害很大。他说"不勤不俭不但害小孩的志气，并且害渠的身体；不俭不但教小孩眼前枉使几个钱，并且教渠将来受不尽的苦。"①他告诫父母："不要学那绝无见识的父母，把儿子当成祖宗，任他享福，却自己爱做牛马，替他受罪，不但苦了自己，并且害了儿子。"②

4）公德的教育

朱庆澜认为，爱自己的心是私心，爱大众的心是公德。而一个缺乏公德心的人是无益于国家的，因此，要对孩子从小就进行公德教育，要让孩子心中不要只有自己，没有他人，主张从小事上培养孩子的公德心，这样，孩子长大了不但能成一个爱国的好国民，也可以成一个不讨嫌、不结怨、保护家门的好子孙。

5）军国民教育

朱庆澜解释说："军是兵，一国的人个个能当兵，就算得军国。能在军国里面当个百姓，就叫作军国民。"③要教小孩子从小就知道国就是家，家就是国的道理，让孩子从小磨炼身体，强健体魄，服从规矩，将个人命运与国家前途命运紧密联系在一起。朱庆澜的这一思想反映了要求国家独立、富强和发展的愿望，顺应当时社会发展潮流，是比较进步的教育主张。

可见，朱庆澜的家庭教育思想不仅在一定程度上揭示了家庭教育的规律，而且体现了爱国主义思想，这在北洋军阀的黑暗统治时期，不能不说是一种反潮流的思想。他所提出的家庭教育内容，主要是思想意识、道德品质、行为习惯等方

① 赵忠心.中外家庭教育思想简史［M］.北京：中国妇女出版社，2021：251.
② 赵忠心.中外家庭教育思想简史［M］.北京：中国妇女出版社，2021：251.
③ 赵忠心.中外家庭教育思想简史［M］.北京：中国妇女出版社，2021：253.

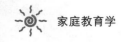

面,反映了他对家庭教育的基本功能有着很深刻的认识,而且这些教育内容也有强烈的人民性。

(三)陈鹤琴的家庭教育思想

陈鹤琴(1892～1982 年),中国著名儿童教育家、儿童心理学家、教授。与陶行知、晏阳初、黄炎培并称中国教育界四位圣人,他被誉为"儿童教育的圣人"。他一生主要从事一系列开创性的幼儿教育研究与实践,有《智力测验法》《玩具与教育》《家庭教育怎样教小孩》《家庭教育》等著作。陈鹤琴用自己子女们的成长诠释了自己的家庭教育思想学说。

1. 家庭教育目的:培养勇敢、进取、合作、有思想、肯服务社会的儿童

他继承了中国传统的"以品学为目的"的家庭教育观,注重从小教会孩子学会做人、做好人、做一个服务于社会的人,这是传统教育的精华。同时,他也针对当时中国现实中存在外国化和宗教化等教育倾向,提倡办一种中国化、平民化的教育,即"活教育"中要求"学会做人、做中国人、做现代中国人"①的教育观在家庭教育中的具体表现,将之与传统教育中退让、保守和明哲保身等区别开来,结合中国现代社会发展对人的要求,提出做父母的应当培养孩子为人服务的习惯,具体做到不自私,让孩子坚持自己的事情自己做,同时做到不任性,守秩序。陈鹤琴认为这还需要从最初接触的人际环境——家庭入手,培养孩子的同情心和利他精神,他从正反两方面举例说明了同情行为在家庭里和社会上都是非常重要的美德。他对家庭教育目的的要求也反映了时代的要求,与张宗麟的幼儿教育目的是一致的,同时,要求幼儿合作、勇敢和服务社会的精神仍是今天的教育任务。

2. 家庭教育内容:体、智、德、美和谐发展

陈鹤琴继承了中国传统教育中培养幼儿良好行为习惯和礼貌举止等精华,增加了体育这一内容,符合幼儿身心发展规律。要求在家庭日常生活中渗透美育,作为人格陶冶的重要内容,符合现代家庭教育的发展趋势。其中,体育强调良好生活卫生习惯的养成,德育注重儿童的情绪发展和学会初步的待人接物,智育注重丰富幼儿的经验,通过美育,发展孩子的想象力和创造性,使其自己能够

---

① 孙培青.中国教育史[M].上海:华东师范大学出版社,2000:463.

想、自己能做,具有独创精神。

3. 家庭教育原则

陈鹤琴在其长期的家庭教育实践中,总结了家庭教育的原则。

1) 科学育儿原则

陈鹤琴认为幼儿家庭教育是一门重要的科学,必须开展科学实验和研究,寻求教育规律,并认为家长应具备科学的儿童观。儿童观是指对儿童的看法和态度,包括对儿童期的意义、儿童的身心特点等的认识,这直接影响到教育者的态度和方式,进而关系到家庭教育的效果。陈鹤琴提出注重科学育儿是中国家庭教育由经验性向科学性转化的关键。

2) 正面教育原则

根据幼儿好模仿、易受暗示、喜欢成功、喜欢被称赞的心理特点,陈鹤琴认为,父母应创设一个积极向上的环境氛围,对幼儿进行正面的引导和教育。父母要多鼓励孩子,表扬孩子,让孩子在家庭中感受到温暖,得到抚爱,这对孩子的性格和情感发展具有特别重要的作用。由此,他反对消极的压制和惩罚。比如,年幼的儿子看到人的头发剪后可以长出来,于是将洋娃娃头上的头发剪得光秃秃,母亲看见后问明其理由,非但不训他,而且让他观察结果,这种积极的引导对于培养儿童的科学实验精神和求知欲具有重要的意义。

3) 以身作则原则

陈鹤琴认为,小孩子是好模仿的,从语言到行动,以大人为一面镜子。父母的人格,即父母的认知、情感、行为等因素及家庭的环境布置无不渗透着教育者的价值取向,对子女具有强烈的感染力,儿童的价值观念和行为模式可以说是父母的价值观的一种折射。所以,做父母的不得不事事谨慎。由此可知,父母应以身作则,尤其是教育子女时,应持同一态度,以免造成儿童无所适从,出现难以形成稳定的价值观的情况。

4) 游戏的原则

陈鹤琴认为,小孩子生来是好动的,游戏是儿童的特殊生活,也是儿童的第二生命。游戏对于孩子来说益处是多方面的,运动身体可以获得健康的体魄,心境也会快乐,知识就容易增进,思想也容易受到启发。由此可知,游戏是儿童学习的最佳途径,是幼儿期获得经验的来源。

总之,陈鹤琴以儿童心理研究成果作为家庭教育的理论基础,并以这两方面

的理论和实践为基础,进行了富有中国本土化特点的幼儿教育理论体系探讨,他的教育理论对新中国幼儿教育产生了重大影响,尤其是 20 世纪 80 年代中期,掀起了研究其教育思想的高潮,他的教育思想指导着中国 20 世纪至今的幼儿教育的发展方向,是具有中国特色的幼儿教育理论的开拓者。

第三节　我国当代家庭教育的变革

我国当代家庭教育的变革,主要关注新中国成立之后,我国家庭教育在政策演变、教育体系和具体实践等方面的变化与发展,通过了解不同阶段我国家庭教育积极探索、锐意改革的发展道路,探寻家庭教育不断完善政策设计和优化实践路径的改革特点。

一　政策演变:我国当代家庭教育的制度探索

新中国成立以来,我国家庭教育政策历经萌芽探索期、改革发展期、全面深化期和立法规范期几个阶段,每一阶段都积累了丰富的理论和实践经验,为我国家庭教育持续发展奠定了重要的政策基础。

(一)萌芽探索期(1949～1977 年)

中华人民共和国成立后至改革开放前,家庭教育政策体系虽然尚未完善,但有关教育的政策文本都关注到了社会主义性质的家庭教育,家庭教育逐渐进入教育领域并成为教育改革的一部分。

1. 家庭教育开始凸显家长的重要性

中华人民共和国成立后,教育领域开始着手整顿教育的旧象乱局,明确了发展新中国教育的方针,将基础教育的发展提到重要地位。1952 年,相继颁布了《小学暂行规程(草案)》和《中学暂行规程(草案)》两个政策文件,文件规定:"每学期要邀请家长举行学生家长会议,反映家长对学校的意见,听取学校的工作汇报。"[①]在两个政策文本中,明确了家校关系、家长职责等方面的重要内容,家长

---

① 何东昌.中华人民共和国重要教育文献 1949—1975[M].海口:海南出版社,1998:140.

成为学校教育的重要参与者。20世纪60年代,教育部相继出台《全日制小学暂行工作条例(草案)》《全日制中学暂行工作条例(草案)》等政策文件,进一步提道:"通过家庭访问或举行家长会等方式,同学生家庭保持联系。"①重申了家校共育的重要性,家庭教育的重要作用也得到进一步凸显。

2.家庭教育开始重视法律的保障性

中华人民共和国成立后,国家先后出台了《中华人民共和国婚姻法》与《中华人民共和国宪法》,两部法律文件都提到了有关家庭教育的内容,家庭教育开始探索制度保障的建设。如1950年颁布的《中华人民共和国婚姻法》,明确了家长对子女应尽的义务和责任,开始从法律层面规范家庭教育中父母的义务与责任;1954年,国家颁布了我国的第1部《中华人民共和国宪法》,作为中华人民共和国根本法,对妇女、儿童的根本权益给予法律规范和保障,从法律层面确立了家庭教育的重要地位。② 这两部法律初步体现了我国家庭教育开始进入制度建设轨道,开启了社会主义家庭教育制度化的探索之路。

从新中国成立至改革开放前这段时间,虽然家庭教育只是在部分教育政策或相关法律法规中有所涉及,家庭教育政策的系统性和针对性有所欠缺,内容也还不够健全,但有关家庭教育的探索和实践为之后的政策制定和优化奠定了坚实的基础。

(二)改革发展期(1978~1995年)

1978年后,我国教育事业开始步入改革开放的全新阶段,教育改革和发展也迎来了新机遇,家庭教育在这样的背景下也迈入改革发展的新时期。

1.加快家庭教育事业发展

1981年,《中共中央转发全国妇联党组〈关于两个会议情况及1981年妇联工作要点的报告〉的通知》提出,"全国妇联应把抚育、培养、教育三亿以上的儿童和少年,作为自己的工作重点""做好家庭教育工作,帮助家长加强和改进对子女的教育"。③ 家庭教育成为全国妇联的重要工作内容,标志着我国家庭教育事业工作进入一个新的发展期。1988年,《中共中央关于改革和加强中小学德育工

① 何东昌.中华人民共和国重要教育文献1949—1975[M].海口:海南出版社,1998:1153.
② 何东昌.中华人民共和国重要教育文献1949—1975[M].海口:海南出版社,1998:374.
③ 中华全国妇女联合会."四大"以来妇女运动文选(1979—1983)[M].北京:中国妇女出版社,1983:39.

作的通知》文件强调,教育部门和学校要积极主动地指导家庭教育,①家庭教育也是教育部门关注的重点,是学校教育不可或缺的一部分。1992年,国务院印发《九十年代中国儿童发展规划纲要》,规定要"建立学校教育、社会教育和家庭教育相结合的育人机制,提高家长保育子女的能力",②家庭教育的重要性得到进一步凸显,家庭教育的内涵也在不断扩展。

2. 推动家庭教育法制化进程

1986年,颁布的《中华人民共和国义务教育法》进一步明确了家庭的教育责任,保障适龄儿童、少年接受义务教育成为法定的权利。1991年颁布的《中华人民共和国未成年人保护法》,也明确了家长应肩负起未成年人的监督、指导、监护等相关责任。此外,《中华人民共和国妇女儿童权益保障法》(1992)、《中华人民共和国教育法》(1995)等多部法律亦对家庭教育进行了系统规划,加快了家庭教育法制化的进程。这些法律文件,为家庭教育发展提供了法律保障,对家庭教育法制化建设起了重要的助推作用。

改革开放之后的这段时期,关于家庭教育的政策设计得到进一步发展,其中的重点内容,一是明确了家庭教育的主体责任与义务,二是未成年人的保障权益进到进一步凸显,三是重视家校社协同育人机制的建设,特别是这些家庭教育内容进入了我们的制度文件,推动了家庭教育的持续健康发展。

(三)奠基深化期(1996～2009年)

奠基深化期的一个标志性事件,是1996年全国妇联、国家教委印发《全国家庭教育工作"九五"计划》,这是改革开放后第一个以"家庭教育"直接命名的专门化政策,我国家庭教育开始走上专门化、制度化、常态化的发展之路。

1. 家庭教育进入常态化阶段

1996年印发的《全国家庭教育工作"九五"计划》,具有非常重要的标志性意义。它意味着家庭教育常态化的以五年一个周期持续推进,也体现了家庭教育政策的持续性和发展性。2002年,全国妇联、教育部颁布《全国家庭教育工作

---

① 中共中央文献研究室.十三大以来重要文献选编(上)[M].北京:中央文献出版社,2011:319.
② 薛二勇、周秀平、李健.家庭教育立法:回溯与前瞻[J].北京师范大学学报(社会科学版),2019(6).

"十五"计划》,重点加强家长学校及多主体结合的家庭教育指导工作体系的建设。2007 年颁布的《全国家庭教育工作"十一五"规划》,是由全国妇联、教育部等八部门联合制定的,由此开启了多部门介入家庭教育的常态化协作,在"十一五"规划中,也首次把家庭教育纳入公共服务领域,凸显了家庭教育的公共性特点。

2. 家庭教育重视德育建设

2001 年,三个重要文件同时颁布,分别是《公民道德建设实施纲要》《中国儿童发展纲要(2001—2010 年)》《中国妇女发展纲要(2001—2010 年)》,三部政策文件都同时针对家庭教育的德育建设提出了要求。2004 年,中共中央、国务院印发的《关于进一步加强和改进未成年人思想道德建设的若干意见》,这部政策文件也提出,要进一步发挥家庭教育在未成年人思想道德建设中的核心功能,以凸显家庭教育的育人功能。和学校教育一样,家庭教育也承担着育人的重要职责,家庭教育在德育建设中有着得天独厚的优势。

3. 家庭教育注重协同推进

全国妇联、教育部于 1997 年、1998 年分别发布《家长教育行为规范》和《全国家长学校工作指导意见(试行)》,两个文件都提到了要重视家长学校的建设,通过家长学校来提升家长的素质。2004 年,教育部和全国妇联联合颁布的《关于进一步加强家庭教育工作的意见》,提出了家长学校的建设目标:"到'十五'末期,有条件的中小学、幼儿园至少有一所家长学校。"①家长学校建设成为这一阶段的重要目标,家长学校建设也呈现出多样化的形态,如流动儿童家长学校、社区家长学校、家庭教育指导中心等。

总体而言,这一阶段的家庭教育开始进入常态化发展阶段,关注家庭教育中独特的育人优势,推进建设多主体协同的家庭教育指导体系,家庭教育的内容不断深化,政策体系不断完善。

(四) 立法规范期(2010 年至今)

2010 年至今,家庭教育在法治化建设方面取得了显著的成效,家庭教育政策体系越来越完善,在促进未成年人全面健康发展方面,家庭教育的保障功能也

---

① 全国妇联办公厅.妇女儿童工作文选(2004 年 1 月—2004 年 12 月)[M].北京:中国妇女出版社,2005:305.

得到进一步加强。

1. 家庭教育的制度建设

2010年,全国妇联等九部门联合印发《全国家庭教育指导大纲》,这是一部指导家庭教育的重要性文件,规范了家庭教育的开展,并指导各责任主体如何去开展家庭教育。2011年,全国妇联等部门印发《关于进一步加强家长学校工作的指导意见》,对家长学校建设提出了新要求、新目标,强化对家长学校的规范化管理。2012年,颁布的《关于建立中小学幼儿园家长委员会的指导意见》,对家长委员会的建设提出了要求。从2015年起,习近平总书记多次强调"重视家庭建设,注重家庭、注重家教、注重家风"①。随后教育部印发《关于加强家庭教育工作的指导意见》,家庭教育的总体格局逐步形成。

2. 家庭教育的立法探索

此阶段的立法探索,首先是全国各地的先行立法探索,从法律层面规范家庭教育的开展。如重庆市2016年通过了《重庆市家庭教育促进条例》,2017年贵州省颁布了《贵州省未成年人家庭教育促进条例》。此后,山西、江西、江苏、浙江等10个省市也相继出台了家庭教育促进条例。地方层面的立法探索,为国家层面对家庭教育进行立法规范提供了基础和经验。2021年,第十三届全国人民代表大会常务委员会第三十一次会议通过了《中华人民共和国家庭教育促进法》,这是我国首次对家庭教育进行专门立法,这部分法律规范了家庭、国家、社会各方责任,指引了家庭教育的未来发展方向,对我国家庭教育发展有着重要的指导意义。

可以说,我国家庭教育得到了党和国家的充分重视,家庭教育政策不断优化,家庭教育的内容逐渐丰富,家庭教育的指导体系逐步规范,法制化建设在持续推进,形成了具有中国特色的家庭教育体系。

二 转型之路:我国当代家庭教育的发展趋势

通过梳理我国家庭教育政策的演变路径,其在教育主体、教育内容、教育过程、价值取向方面,体现出我国家庭教育现代化转型发展的多样化特征,其发展趋势大致可概括为以下几个方面:

---

① 新华社总编室.治国理政新实践习近平总书记重要活动通讯选[M].北京:新华出版社,2019:576.

（一）家庭教育的科学化发展

首先是家庭教育的理论化探索。坚持以党的全面发展教育方针、"三个面向"纲领和素质教育为指导思想，通过吸取其他学科的最新成果，与教育学、心理学、社会学、管理学等学科实现融合，使我国家庭教育朝科学化方向发展，由经验育人向科学育人转变。

其次是家庭教育内容科学化。通过运用科学的社会知识、人文知识、自然知识，不断丰富家庭教育内容，以此来指导家庭教育的开展，使子女形成正确的世界观、人生观、价值观，不断丰富和发展自己的精神世界，培养孩子追求真理，坚持真、善、美的个性，培养孩子明辨是非的能力，使孩子科学地学习和生活能全面和谐地健康发展。

再次是家庭教育方法科学化。随着社会的发展、时代的进步，家长的文化程度不断提高。因此，家庭教育的方法也在不断地向科学化发展。尤其是城市家庭，由于独生子女的增多，为教育子女成才，培养出高素质的子女，不少家长已开始注意研究、阅读家庭教育方面的理论和书籍，开始研究教育学、心理学等方面的家庭教育知识；运用适合孩子成长成才规律的、科学的家庭教育方法和手段使家庭教育活动奏效，做到优生、优育、优教；对孩子的教育由过去的打骂型、唠叨型、溺爱型、放任型向引导型、陶冶型、明理型、民主型发展。

（二）家庭教育的规范化建设

长期以来，家庭教育被视为群众性的自发行为，或是学校德育工作的附属品，家庭教育的研究及家庭教育知识的普及在一些人眼里只是"小儿科"。改革开放后，家庭教育事业有了很大的发展，家庭教育的社会地位逐渐提高，教育已经成为一项系统的工程，家庭教育、学校教育、社会教育都是教育领域不可或缺的重要环节，家庭教育已成为社会主义教育体系中不可或缺的组成部分。由于教育在推动社会进步中的突出地位，家庭教育由个人行为转变为政府行为的格局将会更加明朗化，国家将会采取更加有力的措施统筹管理家庭教育，如国家相继出台的家庭教育法律法规，不断彰显出家庭教育的重要性。众多政策文件也把家庭教育作为考核相关职能部门的重要内容，强化家庭教育多部门协同推进。通过设立权威的家庭教育管理和指导机构，并提供专项家庭教育事业发展的经

费,助推家庭教育可持续、规范化发展。

（三）家庭教育的素质化取向

当前,我国教育领域正在经历深刻的变革,即由"应试教育"向"素质教育"的转型发展。各级各类学校的素质教育实践活动,必然离不开家庭教育的支持,素质教育的推进,也需要家庭教育实践中自觉地由"应试教育"向"素质教育"转化。进入 21 世纪后,随着社会对人才素质要求的提高及学校全面实施素质教育的力度加大,素质教育走进家庭教育的趋势将会更加明显。全面推进素质教育将不再只是学校的事情,它也是家庭教育的一部分,是全社会的大事。"素质教育"理念将进一步为家长所接受,素质教育将成为家庭教育的核心内容。素质教育的核心是"学会做人",道德教育成为家庭教育的主要内容。21 世纪的道德教育与传统道德教育相比,在体系、内容上都有所突破,培养健康心理,提倡人与自然、人与人的和谐相处成为其中要义。

（四）家庭教育的学习化之路

未来的社会是一个知识型社会,更是一个学习型社会。在这种学习型社会里,"学习型家庭"将是家庭教育中的新形态。"学习"将成为家庭教育明智而又自觉的要求。"学习型家庭"所提倡的家庭成员全员学习,有利于营造浓厚的学习氛围,对孩子是一种熏陶;"学习型家庭"所提倡的家庭成员之间的相互学习,使亲子关系更为密切,家庭教育的效果会更为显著。"学习型家庭"也对家长提出了更高的要求,学习家庭教育知识将成为家长的"必修课",作为家长,只有掌握丰富的家庭教育知识,才能不断提高自己的家庭教育水平。在 21 世纪的知识经济社会里,快节奏的社会变化给我们带来了很多挑战,面对知识很快老化过时的现状,我们需要不断学习以应对新环境。在这样的学习型社会里,学习将与人们毕生相随,并成为支撑人生发展的主要力量源泉,不断学习,终身学习,也是家庭教育的重要任务。

（五）家庭教育的整体化发展

21 世纪,我国的教育从全局看,必须是面向世界、面向未来的教育;从教育系统看,必须是家庭教育、学校教育、社会教育紧密结合,形成一体化的教育。因为,学校、家庭、社会构成学生成长的三维空间,这个立体的空间里,来自各方面的信息都从多角度作用于少年儿童。三大教育的关系是:家庭教育是基础,学校教育为主导,社会教育是依托,彼此既是独立的又是相互联系的,从而构成了一个完整、统一的现代教育体系。随着我国经济、社会的发展与进步,随着素质教育的全面推进,家庭教育、学校教育、社会教育相互沟通,紧密结合,协调一致,组成一个整体、形成一个合力,共同培养社会主义现代化所需要的高素质的全新人才,这是教育现代化的必然趋势。

第 三 章
家庭教育功能

习近平总书记在会见第一届全国文明家庭代表时指出:"随着我国改革开放不断深入,随着我国经济社会发展不断推进,随着我国人民生活水平不断提高,城乡家庭的结构和生活方式发生了新变化。但是,无论时代如何变化,无论经济社会如何发展,对一个社会来说,家庭的生活依托都不可替代,家庭的社会功能都不可替代,家庭的文明作用都不可替代。"①家庭教育功能正是家庭的社会功能之一,是家庭教育对个体与社会产生的作用,表现为家庭教育如何培养合格的人以及如何推动社会发展。

本章聚焦家庭教育功能的概念内涵、内容分类与历史变迁。希望能全面、准确地认识家庭教育功能,为家庭教育提供理论启示与实践指导。

第一节　家庭教育功能概述

准确理解家庭教育功能的内涵,是全面客观认识家庭教育功能的先决条件。家庭教育功能与家庭教育目的、家庭教育内容存在紧密联系、又存在差异,通过辨析家庭教育的功能、目的与内容的范畴,以深化对家庭教育功能的认识。

❤ 家庭教育功能的内涵

现有的研究成果鲜有界定家庭教育功能的内涵,内涵的迷失会影响家庭教

---

① 中共中央党史和文献研究院.习近平关于注重家庭家教家风建设论述摘编[M].北京:中央文献出版社,2021:3.

育功能的认知。因此,界定家庭教育功能的内涵是重要的,也是必要的。

(一) 家庭教育功能的内涵

家庭教育功能可以从"家庭＋教育功能"来认识,也可以从"家庭教育＋功能"来认识。本书倾向于从"家庭教育"及"功能"认识家庭教育功能。通过认识家庭教育、功能和家庭功能,以界定家庭教育功能内涵。

1. 家庭教育的内涵

现今对家庭教育的认识较统一,如,《中华人民共和国家庭教育促进法》规定:"家庭教育,是指父母或者其他监护人为促进未成年人全面健康成长,对其实施的道德品质、身体素质、生活技能、文化修养、行为习惯等方面的培育、引导和影响";也可以是:"父母或其他年长者在家庭中对儿童和青少年进行的教育"[①]。因此,家庭教育是父母或年长者对未成年人实施的教育。

2. 功能的内涵

不同学科领域对功能的内涵有不同的认识。在哲学领域,"功能是指有特定结构的事物或系统在内部和外部的联系和关系中表现出来的特性和能力"[②]。在社会学领域,"功能是观察到的那些有助于一定系统之调适的后果……显功能是指有助于系统调适、为系统参与方期望和认可的客观后果,潜功能是无助于系统调适、系统参与方不期望也不认可的客观后果"[③]。其他观点还有,"功能指事物或方法所发挥的有利的作用"[④]。因此,功能是事物或系统在内外部联结中表现出来的特性、能力、作用。

3. 家庭功能的内涵

"家庭功能,是指家庭对人类生存和社会发展所起的作用;有政治、经济、教育、抚养与赡养、情感交流等功能。"[⑤]吴航[⑥]、张丽娟[⑦]等也持类似观点。吴铎等人认为:"家庭最重要的是教育功能,表现在为社会培养未来公

---

① 夏征农,陈至立.辞海(第 6 版)[M].上海:上海辞书出版社,2009:1049.

② 金炳华.哲学大辞典(分类修订本)[M].上海:上海辞书出版社,2007:951.

③ [美]默顿.社会理论和社会结构[M].唐少杰,齐心等,译.南京:译林出版社,2008:130.

④ 中国社会科学院语言研究所词典编辑室.现代汉语词典(第 7 版)[M].北京:商务印书馆,2016:444.

⑤ 中国大百科全书总编辑委员.中国大百科全书(第 11 卷)[M](第 2 版).北京:中国大百科全书出版社,2009:182-183.

⑥ 吴航.家庭教育学基础[M].武汉:华中师范大学出版社,2010:15.

⑦ 张丽娟.家庭教育学[M].北京:中国海关出版社,2008:31.

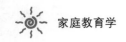

民。"①翟博认为:"家庭教育有强本铸魂的奠基作用。"②因此,正如第一章所述,家庭有生物、经济、教育等功能,而家庭教育功能是家庭功能的关键分支,家庭教育功能的实现程度影响着家庭功能的达成度。

基于以上家庭教育、家庭功能、功能的内涵的分析,本教材对家庭教育功能的界定是:家庭教育与家庭(内部)、社会(外部)所产生的复杂联系及其呈现的特性、能力、作用,表现为家庭教育对个体发展与社会发展的作用。

(二)家庭教育功能的属性

家庭教育功能的属性是其区别于家庭教育方法、内容等要素所具有的本质性特征。基于家庭教育功能的内涵,家庭教育功能的属性可以归纳为抽象性、导向性与潜在性。

1. 家庭教育功能的抽象性

家庭教育功能的抽象性是指家庭教育功能肉眼不可见,认识其需要充分利用认知与思维。一方面,认识家庭教育功能的抽象性,可以通过抽取家庭教育功能的共同的、本质的属性。家庭教育功能的本质属性表现在家庭教育对个体与社会的能动作用,尤其是对个体社会化的作用,引导个体认识与遵守社会规则,成为社会人。另一方面,家庭教育功能的抽象性可通过个体与社会来认识。家庭教育功能是对个体与社会的能动作用,即推动个体实现社会化与社会向前发展。

2. 家庭教育功能的导向性

家庭教育功能的导向性是指家庭教育如何培养个体,才能实现个体社会化与社会发展。家庭教育功能引导和规范所培养的个体,既要符合个体社会化的要求,遵守社会行为规定;又要成为社会人,参与社会活动,成为推动社会发展的人力资源。

3. 家庭教育功能的潜在性

家庭教育功能的潜在性是指不能立即看得见所产生的作用,需在一段时间后才能在个体与社会上看得见效果。个体从出生到进入社会需要经过漫长的时

---

① 吴铎,张人杰.教育与社会[M].北京:中国科学技术出版社,1991:218.
② 翟博.树立新时代的家庭教育价值观[J].教育研究,2016,37(03):92-98.

间,家庭教育会引导个体认识、遵守社会规范,引导个体接受更高层次的教育,从事社会工作。等个体从事社会生活活动后,产生社会价值,推动社会向前发展,才能体现家庭教育功能的效果。

二　与家庭教育功能相近的概念辨析

家庭教育功能与家庭教育目的、家庭教育内容紧密联系,又存在差异,通过辨析各概念的边界可以加深对家庭教育功能的认识。

（一）家庭教育功能与家庭教育目的

"家庭教育的总目的是为国家和社会培养未来的人才"[①],或者说是,"家庭教育目的是指培养人的总的规格和目标,实质是通过家庭教育要把人培养成什么样的人"[②]。简而言之,家庭教育目的是家庭教育活动的出发点,是家庭教育要将个体培养成为什么人的规定性要求。因此,家庭教育目的与家庭教育功能存在以下关系:

1. 家庭教育目的约束与指引家庭教育功能

一方面,家庭教育功能的具体内容与实现程度等皆受制于家庭教育目的,功能服从目的要求。另一方面,家庭教育目的指引家庭教育功能的发展。随着生产力发展、时代变迁、政策调整等因素,家庭教育目的总在适应内外部要求,家庭教育功能也随之调整。如,在立德树人的要求下,家庭教育功能需围绕立德树人的根本任务展开,才能培养社会主义接班人和建设者。

2. 家庭教育功能服务于家庭教育目的

家庭教育功能受制于家庭教育目的,又服务于家庭教育目的。家庭教育功能服务于家庭教育目的,功能遵循目的要求,落实立德树人的根本任务。例如,家长在实施家庭教育时,尊重个体成长规律与根据"最近发展区"理论;又与学校教育形成有机联动,避免家庭教育流于检查作业、在作业本签字等表面形式。

（二）家庭教育功能与家庭教育内容

《中华人民共和国家庭教育促进法》将家庭教育内容归纳为:爱国主义、社

① 邓佐君.家庭教育学(第3版)[M].福州:福建教育出版社,2013:86.
② 吴航.家庭教育学基础[M].武汉:华中师范大学出版社,2010:91.

会公德与个人品德、思想态度与价值观、身体发展与行为习惯、心理健康教育与安全知识、劳动观念与能力。可见，家庭教育内容涉及的范围极其广泛。但有必要明确的是，虽然家庭教育内容广泛，但是家庭教育内容不等于学校教育内容。学校教育侧重传授科学化的知识体系，家庭教育侧重传授社会化的行为规范。家庭教育功能与家庭教育内容存在以下关系：

1. 家庭教育内容影响家庭教育功能的实现程度

家庭教育内容的选择与使用，会影响家庭教育功能的实现程度。例如，在现今快速发展的社会，部分家长急功近利，"提前学、提前教"成为家庭教育的信条，要求 3 岁的儿童学习 6 岁儿童的内容。如此揠苗助长的教育方式，家庭要求僭越最近发展区，孩子极易产生叛逆行为，孩子感受到家庭带给他（她）的是痛苦，在这种家庭氛围下，儿童难以健康成长，可见家庭教育内容选择影响家庭教育功能实现程度。

2. 家庭教育功能影响家庭教育内容的选择

家庭教育内容的范围很广，但并不是任何内容都能成为家庭教育内容。家庭教育功能成为筛选家庭教育内容的依据，家庭教育内容选择应该推动个体发展与社会进步。如，同样是为实现个体社会化功能，在 0～1 岁的家庭教育内容以生理性抚养为主，在 6～7 岁的教育内容以行为习惯的培养与训练为主。

3. 家庭教育内容与家庭教育功能共生发展

家庭教育内容与家庭教育功能是共生发展的，内容的选择依据功能，恰当的内容又有助于功能的实现。两者和谐共生则表现在家庭教育推动个体发展与社会进步。父母在实施家庭教育的时候，基于孩子的发展规律，选择合适的教育内容，促进孩子的健康成长，又通过孩子的发展，使其成为社会人才，推动社会发展。

第二节　家庭教育功能的分类

前文讨论了家庭教育功能的内涵，但家庭教育功能的分类还有待明确。思考家庭教育功能的立足点是家庭教育会对个体与社会产生怎样的作用。因此，本书将家庭教育功能分为个体社会化功能与社会发展功能。

家庭教育的个体社会化功能

家庭被誉为个体社会化的第一个基本单位[①],对个体社会化起重要作用。如,"家庭是教育的第一场所,联系情感和认识,传授价值观和准则。"[②]或者说,家庭教育发挥对未成年人的学业引导、道德品质培养、维持家庭关系和睦等功能[③]。先认识个体社会化的内涵,再去认识家庭教育如何推动个体社会化。

(一) 个体社会化的内涵

个体社会化的个体指家庭中的未成年人。但不同的学科领域对社会化有不同的理解,综合多学科观点认识社会化,可以进而认识个体社会化。

1. 心理学领域的社会化

心理学领域的社会化,基于心理发展基础,通过刺激—反应和顺应—内化,掌握社会规范,实现社会现实内部化的过程。如,"社会化指个体成为具有独特人格的社会成员并承担其社会角色的过程,社会化过程也是个性化过程。"[④]

2. 社会学领域的社会化

社会学领域的社会化强调人从自然人成长为社会人,掌握社会规范,遵守社会的价值观念与行为方式。如,"通过教育掌握社会知识、技能与规范,维护社会秩序,遵守社会的价值观念与行为方式,取得社会人的资格。"[⑤]

3. 行为科学领域社会化

行为科学的社会化,强调规范的内化,做出符合社会规范的行为。如,"社会化指个人习得和遵循社会所规范行为的复杂过程。"[⑥]

综合不同领域的社会化,关键词是社会人、社会规范。本书对个体社会化的

① 中国大百科全书总编辑委员会.中国大百科全书(第6卷)[M](第2版).北京:中国大百科全书出版社,2009:91.
② 国际21世纪教育委员会.教育-财富蕴藏其中[M].联合国教科文组织总部中文科,译.北京:教育科学出版社,1996:96.
③ 张戈平.论家庭教育的秩序支撑功能——从中国传统家训出发的理论考察[J].华东政法大学学报,2022,25(04):18-27.
④ 杨治良.大辞海(心理学卷)[M].上海:上海辞书出版社,2013:526.
⑤ 中国大百科全书总编辑委员会.中国大百科全书(社会学)[M](第1版).北京:中国大百科全书出版社,2002:303-304
⑥ 美国《世界百科全书》编写委员会.世界百科全书(第14卷)[M].中文版《世界百科全书》编译委员会,编译.海口:海南出版社,三环出版社,2006:19.

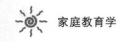

界定是：未成年人从自然人成长为社会人的过程，通过自学或他人教育的方式掌握社会规范，做出符合社会规范的行为。

（二）家庭教育促进个体社会化

雅斯贝斯认为："家庭共同体是个人同家庭成员建立毕生信赖联系感情的结果，目标是抚育后代和使后代加入社会实体。"[①]自个体出生后，家庭教育就开始影响个体发展，从家庭抚养到资本传递，家庭传授社会规范，引导个体遵守社会规范，帮助、引导个体从自然人成为社会人。

1. 家庭抚养是个体社会化的起点

《中华人民共和国未成年人保护法》规定：未成年人的父母或者其他监护人应当履行生活保障、关注心理需求等监护职责。可见，在个体社会化中家庭抚养是重要的。一方面，父母基于个人的生活经验、学识认知等，满足个体的衣、食、住等生理需求，父母通过教育个体如何称呼身边人来认识人际关系，父母通过身边的事情告诉个体哪些事情能做、哪些事情不能做等接触与了解社会行为规范。但受制于个体的认知发展不充分等因素，个体在感知运动阶段（0～2岁）与前运算阶段（2～7岁）较难自行分辨哪些能做、哪些不能做，对社会规范的认知还很模糊。此时，父母的教育为个体掌握社会规范奠定了基础。另一方面，个体通过模仿父母的言行举止，观察父母的表情、言语等，以奖励或惩罚为依据，知晓哪些事情可以做、哪些事情不能做，感知社会规范。

未成年阶段是个体社会化的关键时期。人的发展大致分为未成年和成年两个阶段，不同发展阶段对应不同的个体社会性发展任务等，而未成年阶段是个体社会性发展和能否顺利成为社会人的关键时期。这又与家庭教育是否到位、父母能否将社会行为规则准确传授给个体紧密相关。如威廉·J·古德所说：推动个体社会化的因素有家庭的温暖、培育和爱抚，同伴关系，父母权威，坚持不懈，儿童获得自由，给儿童讲清道理，惩罚[②]。例如，随着互联网的发展，手机迅速普及，部分父母开始用手机、电视"抚养"未成年人，时常打开视频、动画作品给未成年人观看。一方面，父母不需时时盯着未成年人，减少时间与精力的付出，未成年人也可以从视频、动画作品等学到相关知识。另一方面，如此的抚养行为

① ［德］卡尔·雅斯贝斯.时代的精神状况[M].王德峰，译.上海：上海译文出版社，2013：32-33.
② ［美］威廉·J·古德.家庭[M].魏章玲，译.北京：社会科学文献出版社，1986：123-126.

危害巨大,亲子、同伴关系发展滞后,未成年人可能学到某些暴力行为,长时间面对智能产品也损害视力;未成年人进入学校后,注意力难以集中于教育内容,成绩落后,甚至有部分未成年人难以完成义务阶段教育,只能到社会谋求一份工作,或成为街头巷尾的小混混,无所事事。通过例子,足以说明家庭抚养对个体社会化发展的重要性。

当个体成年后,原生家庭的教育对个体社会化作用逐渐降低,个体完成社会化,成为社会人。个体开始组建新的家庭,为人父或为人母,对下一代实施新的家庭教育,影响其子女的个体社会化发展。

总而言之,家庭教育推进个体社会化,首先体现在家庭抚养,满足生理需求,初涉社会行为规范,帮助个体成为社会人。而家庭抚养又为后续的资本传递奠定基础。

2. 家庭教育推进社会资本代际传递

俗话说"龙生龙,凤生凤,老鼠的儿子会打洞",虽缺乏科学性,但说明了家庭内部生理特征会产生代际遗传,最常见是基因遗传。除了基因遗传,还存在资本传递与再生产。需要注意的是,"家庭教育资本有三个本质属性:明确的教育目的性,有清晰的'投入—产出'关系,存在投资风险"①。

1) 家庭教育传递经济资本

网络流行语"富二代",指自出生后就继承巨额财产的富家子女。较一般人拥有更多的金钱财富,"富二代"有可能走向成功,也有可能走向失败。这说明在家庭教育中常常发生传递经济资本的情况。

传递经济资本是家庭教育正常与普遍的现象,这一行为无对错之分,关键是通过经济资本能否促进个体社会化、使其融入社会与促进社会的发展。需要注意的点有:一是,家庭教育传递经济资本可开展理财教育。家庭对个体进行理财教育,使其树立正确的金钱观,养成一种珍惜金钱的意识与能力。但要注意的是,在个体成年前,个体没有具备获取经济资本的能力,不能让个体长时间通过独立从事某种工作获取经济收入。二是,家庭教育引导个体遵循社会规则获取经济资本。通过违背社会准则、获取经济资本的案例很多,最后他们都受到了法律的制裁。为何经常出现违规获取经济收益的现象,很重要的一个原因就是:

① 傅维利.家庭教育资本的本质属性及投资风险管控[J].教育学报,2021,17(06):134-145.

家庭没有引导个体树立社会规则意识,从小纵容其通过不正当途径获取利益的行为。家庭需要有意识地引导个体,哪些经济行为是规则允许范围内的,哪些行为是规则不允许的,引导个体树立规则意识,通过合法合规行为获取经济资本。

2) 家庭教育传递文化资本

"书香门第",古时指有读书人的家庭,现在泛指好的家庭背景。如,曹操、曹丕、曹植的曹氏三父子,苏洵、苏轼、苏辙的苏氏三父子。古代受"万般皆下品,唯有读书高"观念的影响,唯有读书考取功名才能获得社会的认可与尊重,读书成为古代家庭教育传递文化资本的重要途径。

布迪厄将文化资本分为身体化形态、客观化形态与制度化形态。一是,家庭教育传递身体化形态的文化资本。身体化形态的文化资本主要指知识、教养、气质、趣味等。在家庭教育中,要注重知识传授,父母使用恰当的教养方式,遵循个体的气质类型,引导个体发展趣味。二是,家庭教育传递客观化形态的文化资本。客观化形态的文化资本是指书籍、绘画、文化产品等。家庭教育是传递文化资本的重要方式,父母与未成年人一起阅读绘本、讲故事等形式,引导个体阅读纸质版书籍,从纸质版书籍感受到学习的快乐,从而喜欢学习。三是,家庭教育传递制度化形态的文化资本。制度化形态的文化资本主要是指各种学历文凭。由于家庭不具备颁发各种学历文凭的资质,家庭教育传递制度化文化资本在于营造爱学习、乐学习的气氛,适当辅导子女学习,培养子女良好的学习习惯等,鼓励其进入更高层级的院校深造等,获得更高层级的学历文凭。

概而言之,家庭教育促进个体社会化,个体社会化是个体从自然人成为社会人、掌握社会行为规范的过程。家庭教育是个体社会化的起始站,实施家庭抚养,推进了家庭文化资本的传承。

二　家庭教育的推进社会发展功能

家庭教育不能直接推动社会发展,得经过个体。"社会发展指社会合乎规律地由低级向高级发展"[1],或"社会发展,广义指经济、政治、文化等整体性变化,狭义指非经济发展,如物质、精神、生活、人口等发展"[2]。经济、文化、政治、习俗、体制等发展都属于社会发展。而"人口因素是社会存在与发展的必要条件,

---

[1] 邓伟志.社会学辞典[M].上海:上海辞书出版社,2009:436.
[2] 王伯恭.中国百科大辞典(5)[M].北京:中国大百科全书出版社,2000:48.

人是社会活动的主体"①,在社会发展中,人是不可或缺的因素。回归到家庭教育,家庭教育不可能直接推动社会发展,必须得经过个体才能推动社会发展,那么家庭教育如何通过个体去推动社会发展呢?

(一) 家庭教育储备人力资源

1. 人力资源的内涵

"人力资源是推动国民经济和社会发展、智力劳动和体力劳动能力的人的总和,或者说是,能够推动整个社会经济发展的劳动者的能力"②。因此,人力资源是指具有劳动能力的人的综合,包括在劳动年龄范围内、未达到劳动年龄、超过劳动年龄仍有劳动能力这三种情况。家庭教育主要面向未成年人,个体未达到劳动年龄,家庭教育起储备人力资源作用,待个体达到劳动年龄后再输送到社会,从事社会工作以推动社会发展。

2. 家庭教育储备人力资源的表现

家庭教育储备人力资源,主要体现在几个方面:

1) 家庭教育培育劳动的意识与基本技能

"家庭在劳动教育中发挥基础作用"③,家庭教育培养个体的劳动意识与技能是职责所在。那么家庭如何培养个体的劳动意识与技能? 现实情况是:独生子女现象普遍,家庭将子女当成宝一样对待,子女很少从事家务活动,久而久之,子女看不起劳动,更缺乏必要的劳动技能。少数孩子受制于学历文凭的限制,难以从事高深知识生产劳动,只能从事一线生产劳动,但他们从小到大较少从事劳动,不愿意从事一线生产劳动,最后只能成为啃老族。对家庭而言,加大家庭的经济压力;对社会而言,浪费人力资源,加重社会的福利负担,降低社会发展速度。家庭应安排子女从事力所能及的家务,从小培养子女爱劳动的意识,父母适当、适时指导使子女掌握必要的劳动技能。

---

① 中国大百科全书总编辑委员.中国大百科全书(哲学Ⅱ)[M](第1版).北京:中国大百科全书出版社,1998:313-315.755.
② 中国大百科全书总编辑委员.中国大百科全书(第18卷)[M](第2版).北京:中国大百科全书出版社,2009:392.
③ 中华人民共和国中央人民政府.中共中央国务院《关于全面加强新时代大中小学劳动教育的意见》[EB/OL].(2020-03-26)[2022-10-10].http://www.gov.cn/zhengce/2020-03/26/content_5495977.htm.

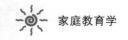

2) 家庭引导子女就读感兴趣的专业,从事社会所需的工作

中国大概有 2 000 多所高校,500 多个专业。面对如此多的院校与专业,家庭与孩子都会犯难,不知道如何选择院校,更不知道如何选择专业。当前热门的专业,说不定 3～4 年后成为冷门专业。在现实生活中,常常出现父母与孩子的选择不同的情况,父母希望孩子选择 A 专业,而孩子喜欢 B 专业。父母基于个人经历和认知,认为选择某工作能让子女以后能过上更体面的生活,享受更好的社会待遇等;但孩子更倾向于选择自己喜欢的专业,从事自己喜欢的工作。现今,有很大一群年轻人在入职 1～2 年后开始产生职业倦怠,其中一个重要原因就是从事自己并不感兴趣的工作。因此,家庭在指导孩子填报高考志愿时,应尊重孩子的意愿与兴趣,让子女带着兴趣学专业,奠定未来就业的专业知识与技能基础。当子女就业择业时,家庭给予必要的指导,根据实际情况、社会发展趋势等就业择业;在条件允许的情况下,鼓励子女到国家、社会需要的地方建功立业。

(二)家庭教育发挥社会安定的功能

家庭教育发挥社会安定的功能体现在防范未成年人犯罪和预防未成年人免受侵害。为实现这一功能,家庭实施预防教育与保护教育相结合的措施。

1. 家庭教育需履行维护社会安定的责任

在论述家庭教育履行维护社会安定的责任之前,可以先了解未成年人犯罪和侵害未成年人犯罪的情况。据 2022 年 6 月发布的《未成年人检察工作白皮书(2021)》显示,未成年人犯罪有抬头趋势,未成年人犯罪呈低龄化;侵害未成年人犯罪总体呈上升趋势,且侵害未成年人犯罪类型更集中。

未成年人犯罪和侵害未成年人犯罪有抬头的趋势,这与家庭教育的缺位紧密相关。家庭教育的缺位表现在:父母的教育、观念方法不正确,将子女发展寄托于学校教育;父母忙于生计,无暇教育子女,隔代教育盛行。家庭教育的缺位产生不良连锁反应:个体缺乏爱的关怀,缺乏安全感,性格叛逆,与社会闲散人员交往,出现不良行为却得不到纠正,最终走上违法犯罪道路。

家庭教育维护社会稳定在于,引导个体完成社会化进程,遵守社会规范与法律法规,降低未成年人犯罪可能性;同时,引导个体运用法律法规保护自己的合法权益,免受不当行为的侵犯。因此,家庭教育不能缺位,应履行培养个体的职责。

2. 家庭教育实施防范教育与保护教育相结合的措施

家庭作为社会的一部分,应履行维护社会安定的责任,创造家庭和个体发展良好的发展环境。因此,家庭作为防范未成年人犯罪与预防未成年人免受侵害的重要主体,是个体发展的第一关卡,要履行好防范与预防的责任。家庭教育,一方面要开展预防犯罪教育,另一方面要开展个人行为保护教育。

家庭实施预防未成年人犯罪的教育。《中华人民共和国预防未成年人犯罪法》规定:家庭要开展预防犯罪教育,增强未成年人遵纪守法意识,提高自我管控能力[①]。家庭如何预防未成年人犯罪教育,可从以下两方面发力:第一,增强未成年人法治观念。日常家庭教育活动适当引入相关法律法规,如,亲子共同阅读法律绘本,聆听法律的歌曲,观看宣传海报等,引导个体在头脑中树立一种法律意识;家长还可以通过分享违法犯罪所受的惩罚等,引起个体的警示。通过上述方式,帮助个体树立遵法守法的意识。第二,引导个体用法规范行为。个体要牢牢树立违法犯罪是要受到惩罚的意识,明确哪些行为能做、哪些行为不能做。尤其是在个体与同伴交往后,家长要关注其子女的行为有没有受到同伴不良行为的影响,在言语、行为等是否有危险倾向,是否有霸凌行为等,如发现有危险行为,家长应及时引导和制止。家长树立良好的行为示范,注意夫妻之间的行为举止,用沟通解决问题。处于家暴家庭中的个体,很容易出现打、骂等不当行为。

保护未成年人免受侵害教育。家庭不仅要教育个体遵纪守法,还要引导其树立保护意识与掌握自我保护的技能。第一,家庭应引导个体树立保护自己的意识。社会上存在形形色色的人,难以分辨是好是坏,家庭引导个体树立保护自己的意识,谨慎与不明底细的人员交往。第二,家庭应引导个体在危险情境中要首要保护自身安全。如面临抢劫危机时,宁可放弃钱财,首先保护自己的人身安全,假装顺从、伺机报警、等待救援等。第三,家庭应传授必要的个人保护技能。如在危险的情况下,采取双头抱头,保护头发,蜷缩身体等手段。

家庭教育经由个体才能推动社会发展,在家庭教育引导、规范与保护的基础上,个体需遵纪守法,增强个人发展能力与树立贡献意识,以个体发展推动社会发展。

① 中华人大网.中华人民共和国预防未成年人犯罪法[EB/OL].(2020－12－26)[2022－10－10].http：//www.npc.gov.cn/npc/c30834/202012/384d7c9763c549f59c5afd8863761643.shtml.

第三节　家庭教育功能的变迁

置于历史发展长河中,家庭教育分为原始家庭教育、古代家庭教育、现代家庭教育三个阶段,每个阶段的家庭教育功能呈现不同的特征与主题,家庭教育功能有延续、也有弱化、更有转移。通过考察历时、分析共时与预判未来,为家庭教育功能发展提供发展智慧。

❤ 一　原始社会的家庭教育功能

原始社会,是人类历史上第一个社会形态,原始社会形成的过程也是人类产生的过程。原始社会的生产力极其低下,生产工具是石器,人们按照性别、年龄进行劳动分工,生产资料归社会成员共同所有,实施平均分配,没有剥削,也没有“国家”一说。

原始社会经历了原始群和氏族公社两个发展阶段。原始群以北京周口店发现的北京猿人为代表,他们使用粗糙的石器,会使用火。几十个人组成原始人群,进行采集和狩猎活动,积累生活经验。此时的原始群已经有家庭教育的雏形,他们在生产生活实践活动中培养后代。随着生产力的发展,原始社会的人们开始以血缘为基础组成氏族公社,先后经历了母系氏族与父系氏族两个阶段。根据家庭是由婚姻、血缘或收养而产生的亲属间的共同生活组织的规定性[①],氏族公社已经属于家庭范畴。但受制于生产力发展较低,氏族公社尚未产生专门的教育机构,广义的教育等同于家庭教育,家庭教育服务于生产生活,内容是生产经验、劳动技能、氏族公社的信仰风俗习惯等。

原始社会出现家庭教育的雏形,家庭教育功能为家庭抚养,将个体养大成人,掌握劳动生产技能与遵守氏族、部落的风俗习惯等,引导个体从事生产劳动,满足生活的物质需求。

❤ 二　古代社会的家庭教育功能

随着商朝的建立,国家和社会剥削的出现,标志着原始社会的结束。诸多因

---

① 夏征农,陈至立.辞海(第6版)[M].上海:上海辞书出版社,2009:1049.

素在影响与左右着家庭教育的发展、变迁。生产工具从石器发展到铁器,耕作技术得以发展,生产力得以发展,少数人从生产活动解放出来,有专门人员从事家庭教育。此时出现了专门的教育机构,如商代与西周的"学""瞽宗""辟雍""泮宫",后来的"乡学""国子监"等,使得家庭教育与专门教育共存。朝代与统治者的更替,选官用人制度的发展,尤其随着科举制的兴起与发展,家庭教育寄希望于个体跻身仕途。人被分为三六九等,家庭教育则分为贵族家庭教育与平民家庭教育。家庭教育专著、论述的出现,有效指导了家庭教育的发展。

　　本书对古代家庭教育的划分以隋朝科举制为时间节点,古代家庭教育可划分为商朝至隋朝时期,隋朝至清朝两大阶段。

(一) 商朝至隋朝的家庭教育功能

　　在隋朝开设科举制之前,人的社会流动尤其是向上流动的概率小之又小,社会按阶级分贵族、士、农、工、商等,子承父业的现象较为普遍,统治阶层与普通家庭在家庭教育功能上存在较大的差异。

　　统治阶级在宫中设置"孺子室",立太师、太傅、太保专门教授男子,内容为礼、乐、射、御、书、数,学习如何统治与管理国家等。家庭教育的功能在于培养统治者、传授治国理政知识与技能等。

　　普通家庭的子女,只能在家庭接受教育,教育内容为思想道德与生产生活技能。家庭教育功能在于传授思想道德、谋生技能与继承家庭事业等。如,《管子》写道"士之子常为士,农之子常为农,工之子常为工,商之子常为商"①,正说明普通家庭的家庭教育功能是传授谋生技能与继承家业。马镛认为:"我国家教以'家业世传'为主要形式,其内容主要是生产与科技知识,因为要解决生存问题"②。虽然有私学,但普通家庭受制于经济、阶层等,难以有机会接受私学,仍然以家庭教育为主。

　　古代的家庭教育非常重视思想道德引导,这一功能一直延续至今。如果这样下定论一点不为过:思想道德引导是家庭教育功能的经典主题。如,孔子认为:年轻人要在家孝顺父母,出门尊敬兄长,行为谨慎,言语有信,博爱众人,亲

---

① 管子[M].李山,译注.北京:中华书局,2009:130-131.
② 马镛.中国家庭教育史[M].长沙:湖南教育出版社,1997:2.

近仁者。做到以上要求才能去学习文化。①《大学·中庸》认为：人人都要以修养品性为根本。以此为根，才能达到治国、平天下的目的。② 荀子认为：对上顺从与对下诚恳是人的基本道德，遵守道与义是人的最高道理，要用礼义约束意志与指导言论。③

简而言之，商朝至隋朝的家庭教育功能是思想道德引导、传授谋生技能与继承家庭事业。这三个具体功能并未超越个体社会化的规定性，是引导个体社会化的初始状态，思想道德引导演变为社会规范学习，传授谋生技能演变为引导个体接受职业教育或选择工作岗位，继承家庭事业依然普遍存在于部分家庭中。部分普通家庭凭借家业、社会地位等，给社会输送人才，其家庭教育承担推动社会发展的部分责任。贵族家庭因地位显贵、掌握权力等，成为社会的统治者，其家庭教育承担推动社会的主要责任。

（二）隋朝到清朝的家庭教育功能

在贵族家庭和普通家庭，家庭教育功能存在显著差异。普通家庭在延续思想道德教育功能下，随着科举制的出现与盛行，家庭教育功能出现新的变化。

贵族家庭的家庭教育功能依然是培养统治者、锻炼其治国理政能力，巩固统治地位等。

普通家庭的教育功能延续思想道德教育，如，嵇康在《家诫》中写道："人无志，非人也。"④家庭要对个体进行立志教育，个体要树立志向与理想信念，如果没有志向，连人都不是。王修在《诫子书》写道"欲汝早之，未必读书，并学作人"⑤，子女不一定要早早开始读书，但一定要学会做人。

普通家庭的家庭教育功能，随着科举制出现新的变化。引导个体读书和参加科举制、考取功名、入仕为官成为个体社会化的新晋功能。考取功名、入仕为官成为家庭教育是否推动社会发展的新判断依据。

受科举制影响，家庭教育功能从引导子承父业，转向引导个体考取功名与入

① 论语[M].张燕婴,译注.北京：中华书局,2007：4-5.
② 大学·中庸[M].王国轩,译注.北京：中华书局,2007：5.
③ 荀子全译[M].蒋南华,罗书勤,杨寒清,译注.贵阳：贵州人民出版社,1995：601.
④ 王人恩.古代家训精华[M].兰州：甘肃教育出版社,2012：60.
⑤ 王人恩.古代家训精华[M].兰州：甘肃教育出版社,2012：67-69.

仕为官。如,陆游在《放翁家训》表示:子孙有无限可能,一定要让他们读书①。受制于家庭的地位、学识等条件,家庭在满足衣食住行等生理发展条件后,很难传授其科举考试内容。又由于出现专门教育机构,家庭将个体送到专门教育机构接受正规教育,在教育机构接受"六艺""三纲五常""四书五经"等科举考试内容。如,《袁氏世范》写道:教育子弟读书,就是希望考取功名和深入研究圣贤的精深道理②。颜之推在《颜氏家训》也写道:当今的人读书是为了向外人炫耀,修身养性只是为了谋求仕途③。可见,家庭教育功能的转变。

考取功名与入仕为官是判断家庭教育是否推动社会发展的重要依据。唐代孟郊在《登科后》写道:"春风得意马蹄疾,一日看尽长安花。"元末高明在《琵琶记》写道:"十年窗下无人问,一举成名天下知。"可见,考取功名对个体、家庭、家族具有广泛深刻的影响。对个体而言,个体考取功名后,个体流向更高的阶层,说明已经符合社会规范和要求,个体能从事一官半职,社会声誉与地位得到显著提高。对家庭而言,个体考取功名后,任地方官职或入朝为官,说明家庭教育已经成功,家庭的社会地位得以迅速提升,给社会树立培养人才榜样。对家族而言,家族有人当官,家族可能从无人知晓迅速成为名门望族,家族甚至会在宗祠立雕像等警示与教育后人。因此,考取功名与入仕为官是判断家庭教育是否推动社会发展的重要依据。

但也需要注意的是,在古代社会,女子在家庭教育中始终是弱势地位。俗语云:女子无才便是德。在父系占主导地位的封建社会,女子成为封建社会发展的牺牲品,考取功名、入仕为官、提高社会地位更是难以实现。

隋朝到清朝的家庭教育功能实现程度,以个体是否考取功名与入仕为官作为判断依据。家庭教育重视与强化思想道德教育,尽可能满足个体发展的资源需求,依然是在履行推动个体社会化与社会发展的功能,只是在形式上出现新的变化,发生功能外移或功能弱化等。家庭教育难以传授个体科举考试内容,因而将部分教育责任转移到专门教育机构,发生家庭教育功能外移。随着生产力的发展,虽然大多数家庭,个体依然需要从事生产生活劳动,家庭教育传授谋生技能的功能依然存在,但少数个体从生产劳动中解放出来,到专门机构接受正规教

① 郑宏峰.中华家训(第2册)[M].北京:线装书局,2008:187.
② 郑宏峰.中华家训(第2册)[M].北京:线装书局,2008:9.
③ 郑宏峰.中华家训(第1册)[M].北京:线装书局,2008:44.

育,少数家庭教育传授谋生技能的功能减弱。家庭教育功能出现延续或弱化的趋势。

 当代社会的家庭教育功能

从新中国成立到 20 世纪 90 年代,家庭教育功能主要是家庭抚养,满足个体的衣食住行等生存问题。20 世纪 90 年代后,家庭教育功能出现延续、弱化、外移的新趋势。

(一)新中国成立至 20 世纪 90 年代的家庭教育功能

新中国成立到 20 世纪 90 年代,生产力低下,生活物资有限,分配到每个家庭的生活物资更是有限。家庭教育功能主要是满足生理性需求,满足温饱需求。同时,由于重男轻女错误思想的影响,不仅家庭教育资源向男生倾斜,生活物资资源和求学机会也都向男生倾斜。如,1991 年颁布的《中华人民共和国未成年人保护法》,在家庭保护部分,首先强调家庭要履行对未成年人的监护职责和抚养义务,随后才是保障未成年人的其他权益等。

(二)20 世纪 90 年代至今的家庭教育功能

20 世纪 90 年代后,改革开放成效逐渐显现,生产力得以快速发展,推行市场经济后,家庭拥有更多的资源,家庭在抚养的基础上,将家庭教育功能分为推动个体社会化与社会发展两个大类。现代社会的家庭教育功能,既赓续先前的经典内容,又有出现新的变化。

家庭在延续生理抚养功能的基础上,提出父母履职的新要求。如,国家在 1991 年、2006 年、2021 年颁布和修订《中华人民共和国未成年人保护法》,在"家庭保护"一章中,2006 年强调家庭对未成年人的抚养与监护,2021 年强调父母或监护人要学习家庭教育知识,然后履行监护职责。可见,家庭教育不仅是要履行未成年的抚养与监护功能,还提出父母实施家庭教育的新要求,要求父母懂家庭教育知识与方法和接受家庭教育指导。

家庭教育的功能发生延续、弱化和外移,具体表现在:一是延续与外移。在个体的思想道德教育上,家庭教育传授给个体的是能做和不能做的事情,而学校则传授系统的、科学的思想品德教育和法治知识,两者的协同培养才能传递社会

主义核心价值观,培养社会公德,引导个体遵守社会行为规范等,促进个体从自然人成为社会人。因此,家庭教育依然在履行道德教育的功能。二是弱化与外移。在个体的谋生技能上,家庭教育引导个体接受高等教育、职业教育等,学校传授个体专业知识和一技之长,使个体能够适应社会分工的需要,从事专门的工作,成为对社会有用的人。家庭教育传授谋生技能的功能在弱化,强化与学校的有机联动,帮助个体更好在社会上立足。因此,家庭教育功能既有延续,又有弱化、更有外移。

良好的家风助推家庭教育履行功能。现今,家庭、家教、家风常相提并论。"家风指家庭形成和积淀的生活方式、家庭文化风范和道德伦理品格等"①。家风对个体与社会的作用越来越重要。良好的家风有效规范个体价值观念、行为方式等,帮助个体成为合格的社会公民。家庭要树立勤俭节约、艰苦奋斗的优秀传统和言行一致、以身作则的行为操守,为个体营造成长的良好家风环境,助推家庭教育更好地履行功能,有效引导个体的成长,成为对社会有用的人。

综上所述,家庭教育功能是家庭教育与家庭(内部)、社会(外部)所产生的复杂联系及其呈现的特性、能力、作用。家庭教育功能的属性有抽象性、导向性与潜在性。家庭教育功能表现为家庭教育对个体发展与社会发展的作用,前者在于家庭抚养是个体社会化的起点和推进社会资本代际传递,后者在于家庭教育储备人力资源和发挥社会安定的功能。不同阶段的家庭教育功能具有不同的特征与主题,家庭教育功能延续思想道德教育功能,弱化个体家庭抚养功能,部分功能外移与学校共同履行。

---

① 万俊人.也说家教家风[N].光明日报,2014-03-03(003).

第四章
家庭教育的基本要素

教育是一种复杂的社会现象,也是一个多因素、多层次、多类别、多领域、多形态的社会子系统。正因为教育的复杂性,所以需要将其分解,对构成教育的基本要素进行描述和研究。教育者、受教育者和教育中介系统是构成教育活动的三大基本要素。① 研究家庭教育,同样要对构成家庭教育的基本要素进行分析。著名社会学家费孝通在《生育制度》中提道:"人类的婴儿不但所需的哺乳期特别长,能独立直接利用别种食料来营养的时期特别晚。即在断乳之后,生理上虽则可以说已经长成独立的个体,但是还需一个更长的时期去学习在社会中生活所需的一套行为方式。这是人类所特具的需要。"②人类未成年前的漫长依赖生活期决定了家庭是其受教育的首要场所,父母是其最初的主要教育者,而家庭环境则是影响其发展的教育中介系统。

第一节 家庭教育的施教者

作为家庭教育中的主要施教者,父母具有哪些角色特点?应遵循什么角色规范?为了扮演好父母角色,进行什么内容的角色学习?这是本节要探讨的主要内容。

---

① 王道俊,郭文安.教育学[M].北京:人民教育出版社,2009:17.
② 费孝通.生育制度[M].上海:华东师范大学出版社,2019:40.

父母的角色特点

社会角色"是与人的社会地位、身份相一致的整套权利、义务和行为模式。它既是对于处在特定地位上人们行为的期待，也是社会群体或组织的基础"①。根据这一诠释，父母的施教者角色具有以下特点。

（一）不可转移性

父母的施教者角色与教师的教育者角色不同。学校的教师是一种获得性角色，是个体经过长期专业学习，通晓教育教学知识，了解少年儿童身心发展规律，掌握科学教育方法，获得教师资格认证，通过教育行政部门的业务考核，被确认能够胜任教育教学工作之后才能获得的角色。而家庭中的父母是一种先赋性角色，其施教者角色是由血缘关系赋予的，年轻的夫妻诞育下孩子后即荣升为兼具养育与教育职能的家长，不需要考核，也无须专门部门的"认证"。父母担任身为施教者的角色从孩子出生的那一刻起便确定了，无论孩子的先天条件如何，父母都必须履行教育职责，不能"主动辞职"，终生不"下岗"。所以说，父母的施教者角色具有天然的不可转移性。

（二）不可替代性

父母的教育具有不可替代性。母亲怀胎十月，与孩子气息相通、骨肉相连，母子之间有天然的情感链接。孩子的健康成长，离不开母爱。一般来说，母亲作为女性，具有耐心细致、情感丰富、敏感细腻、亲切温和、善于倾听等特征，更能给孩子提供细心呵护、情感支持和心理安全感。同样，父亲的参与对孩子的情感、个性品质、社会性、思维等方面发展也具有重要影响。尤其在孩子进入幼儿期后期，父亲在某些领域比母亲发挥更大的作用，"当孩子进入 4～5 岁这个阶段，有了'我'这个意识的时候，他非常需要的心理营养是：肯定、赞美、认同。如果说安全感的给予方面，妈妈比爸爸更重要。那么，在肯定和认同这个部分，爸爸的重要性要大过母亲"。②

---

① 中国大百科全书编辑委员会，《社会学》编辑委员会.中国大百科全书·社会学[M].北京：中国大百科全书出版社，1991：311.
② 林文采，伍娜.心理营养[M].上海：上海社会科学院出版社，2015：8.

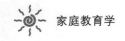

（三）功能多重性

父母既是孩子的监护人、养育者，又是孩子的老师；既是孩子的长辈、领路人，又是孩子的朋友。父母角色的多重性要求他们在家庭教育中既要有家长的高度，又要有平等的态度，在不同的教育情境中灵活地进行角色切换，发挥多重功能，不仅要给予孩子行为的正确示范，还要对孩子进行道德引领、心灵陪伴和精神滋养。

（四）影响深刻性

重要他人是对个体的社会化过程具有重要影响的重要人物，分为互动性重要他人和偶像性重要他人。互动性重要他人是孩子在日常交往过程中认同的重要他人。父母与孩子朝夕相处，情感深厚，并且父母对孩子的教育是在日常的交流互动中进行的。因此，父母常常是孩子最依赖的人，也是对孩子社会化影响最早、最全面、最深刻的互动性重要他人。尽管孩子进入学校后，随着孩子年龄阶段的变化，教师和同伴群体也成为孩子的重要他人，但是相对而言，父母依然是孩子"可依赖性较强"的重要他人。[①]

二　父母的角色规范

父母的角色规范是指父母必须遵守的行为准则。《家长家庭教育基本行为规范》（2020）和《家庭教育促进法》都提出家庭是人生的"第一个课堂"，父母是孩子的"第一任老师"。"第一任老师"的内涵非常丰富，主要表明了两个意思：一是强调家庭教育功能的基础性和重要性；二是家庭教育相对于学校教育，在对孩子的影响顺序上具有优先性。

西方一篇广为流传的育儿指南[②]揭示了孩子的性格、行为、人格深深地受到父母教养方式的影响：

> 如果孩子生活在批评挑剔当中，他便学会了责备。
>
> 如果孩子生活在敌意当中，他便学会了打架。

---

① 吴康宁.教育社会学[M].北京：人民教育出版社,1998：245-246.
② 林家兴.亲职教育的原理与实务(第二版)[M].台北：心理出版社,2007：53.

如果孩子生活在嘲笑当中,他便学会了害羞。

如果孩子生活在羞辱当中,他便学会了罪恶感。

如果孩子生活在容忍当中,他便学会了忍耐。

如果孩子生活在鼓励当中,他便学会了自信。

如果孩子生活在称赞当中,他便学会了感谢。

如果孩子生活在公平当中,他便学会了正义。

如果孩子生活在安全感当中,他便学会了信任。

如果孩子生活在赞同当中,他便学会了自爱。

如果孩子生活在接纳和友谊当中,他便会在世界上找到爱。

这篇指南深入浅出地告诉为人父母者:作为孩子的第一任老师,父母应该接纳、赞美、鼓励和宽容孩子,不要经常批评、嘲笑、侮辱和打骂孩子。为了培养身心健康、人格健全的孩子,父母必须规范自己的家庭教育行为,尽可能做到:

(一) 以身作则、亲自教养

脑科学研究发现,人类的模仿性学习能力很强,是因为人脑中有一种"镜像神经元细胞"。这种细胞的特点是使人看到他人做一个动作时,自己相同的脑区神经元会被激活。这也是孩子从小就会通过观察和模仿,学习成人的原因。[①] 孩子的年龄越小,越喜欢观察和模仿。正因为父母的一言一行会被孩子不知不觉地模仿和学习,所以父母要亲自教养孩子,给孩子做出好的榜样,以身作则,身体力行。父母的行为示范是无声的语言,是最有说服力的教育。同时,父母要求孩子做到的,自己必须先做到,在孩子面前才有威信,才可以使孩子信服,进而取得良好的教育效果。

(二) 正面管教、科学引导

教育最重要的目的之一就是让孩子获得自信、自尊、自立。肯定和赞扬可以令人情绪上产生快感,心理上得到满足,精神上受到鼓舞。父母在教育孩子时,宜采用科学的、正面的、积极引导的方式,肯定孩子付出的努力和坚持,聚焦孩子的优点、长处和进步,使孩子产生积极的内心体验,增强孩子的自信心、自尊心和

---

① 李浩英.好习惯重塑全新大脑[M].北京:电子工业出版社,2021:16－17.

上进心,进而强化其争取进步和保持优点的意愿和行为。培养孩子,不是靠不断修正他的错误,更多的是靠培养他积极的心态、坚韧的品质。

(三)接纳宽容、严慈相济

不少父母在教育孩子的过程中,常常有"恨铁不成铁"的心态,容不得孩子的过失和错误,只要一发现孩子犯错,立刻批评甚至责骂孩子。实际上,面对孩子非原则性的无心之失,父母可以运用"宽容"感化孩子,平等交流,以情动人,以期望和信任去促使孩子改正错误、减少过失。但是,面对原则性错误,如道德品质方面的问题或者违反社会规则、法规法律的情况,父母应该严肃对待,严格批评,让孩子认识到问题的严重性并进行改正。

三 父母的角色学习

为了更好地履行父母职责,扮演好施教者的角色,弥补理想角色与实际角色之间的差距,父母必须进行角色学习。

(一)父母角色学习的内容

父母的角色学习主要涵盖两方面内容:一是自我教育,"育儿先育己",包括如何适应家庭压力、如何改善家庭沟通、如何进行情绪管理、提升自我成长和自我觉察的能力、家校沟通的艺术等;二是家庭教育知识,包括如何经营亲子关系、如何帮助子女成长、管教子女的艺术、了解不同阶段孩子的发展特点和心理需求等。总的来说,父母的角色学习不仅针对孩子,还需针对父母自身。

(二)父母角色学习的特点

1. 自觉性

前面谈到父母的施教者角色具有天然的不可转移性。这意味着,没有任何个人和组织能够强迫父母"先学习、再上岗"。可以说,父母的角色学习主要依靠其自觉性。父母要树立自觉学习的意识,主动地学习家庭教育知识和方法,不断提高自己的家庭教育素养,给孩子提供身心发展需要的营养。

2. 终身性

与父母终身不"下岗"相对应的,是父母的学习将持续终身。孩子在成长的不同阶段遇到的重点任务和出现的问题都不同,父母需要通过持续不断地学习,以便了解和应对这些变化。在孩子成长的不同阶段,父母扮演的主要角色和承担的教养职能也不同。因此,父母需要做好终身学习的准备。

3. 互动性

父母除了理论学习外,最终的落地是通过与孩子之间的亲子互动完成的。世界上没有哪个专家能成为针对所有孩子的教育专家,只有父母能成为自己孩子的教育专家。父母学习教育理论知识后,必须结合子女的性格特征和兴趣爱好,通过与子女的交流互动,了解子女的想法和需求,才能真正找到适合自己孩子的家庭教养方式。

4. 实践性

父母角色学习最终都要落脚在实践上。很多父母反映,他们学习了很多理论但依旧教育不好孩子。原因主要有两个:一是原生家庭的影响。每个人在自己的原生家庭中,习得并形成了难以改变的亲子沟通习惯和模式,即便长大成人,为人父母了,还是会不自觉地按照自己熟悉的模式进行亲子互动,只有不断学习、不断实践才能慢慢改变。二是"知"和"行"之间还有很长的距离。"知易行难",父母角色的学习如果没有实践就没有任何意义,育儿的知识只停留在理论层面是无法对孩子产生任何影响的。父母在进行角色学习之后,必须不断地进行实践,并在实践中不断察觉、不断调整,才能找到适合自己的家庭教育方法。

5. 合作性

好的家庭教育绝不是单打独斗,需要父亲与母亲共同参与,还需要共同生活的其他家庭成员如祖父母、外祖父母的协助和配合。因此,父母与其他共同生活的家庭成员一起合作学习,有利于达成一致的教育理念,共同构建文明、和谐的家庭关系,为孩子的健康成长营造良好的家庭氛围。

第二节 家庭教育的受教者

家庭教育中的受教育者也可称为教育对象,主要是家庭中的子女辈。家庭中的子女作为受教育者,受教育权是基于其社会化发展需求决定的。同时,受教育权也是儿童的基本权利,在家庭中同样应该得到保障。

一 儿童的社会化需要家庭教育

社会化就是通过各种教育方式,教给"自然人"社会知识、技能与规范,使其形成自觉遵守与维护社会秩序的价值观念与行为方式,并逐步接受社会文化、适应社会生活的过程。根据个体的发展阶段不同,个体的社会化主要分为初级社会化、次级社会化和再社会化等类型。初级社会化也被称为预期社会化,指的是儿童在进入成年期前,为成为合格的社会成员、承担正式的社会角色做准备时期的社会化。[①]

在现代社会中,对儿童影响最深、最重要的社会化主体有家庭、学校、同辈群体和大众传媒等。其中,家庭是儿童遇到的最初的社会化主体,父母是儿童社会化最重要的力量,对儿童人格的塑造具有重要的核心作用。在家庭中,通过父母有意识的训练和教导,儿童的规则意识和道德观念被强化。同时儿童通过模仿父母的一言一行、一举一动,与父母及其他家庭成员的互动,学习语言、社会规范、生活技能,学会与人交往、建立情感联系,不知不觉地将社会文化规范和价值标准内化。

在预期社会化阶段,家庭教育是人类从刚出生时那个脆弱的、一无所知的"自然人""生物人",成长为一个合格社会成员的首要影响因素。可以说,人类从婴儿时期就已经成为一个受教育者和学习者。

二 受教育权是儿童的基本权利

子女作为家庭教育中的受教育者,是儿童权利得到保障的一种体现。受教育权是国际公认的未成年人所应享有的一项不可剥夺的基本权利。

1989 年联合国通过的《儿童权利公约》规定了儿童享有的各项权利。最基本的权利可概括为四种:生存权、受保护权、发展权和参与权。保障儿童的发展权中很重要的一点是要确保儿童的受教育权。对此,我国法律也有相关规定。《中华人民共和国宪法》(2018 年修订)规定"中华人民共和国公民有受教育的权利和义务。国家培养青年、少年、儿童在品德、智力、体质等方面全面发展"。《中华人民共和国未成年人保护法》(2020 年修订)也规定"国家保障未成年人的生

---

① 徐瑞,刘慧珍.教育社会学(第二版)[M].北京:北京师范大学出版社,2017:84.

存权、发展权、受保护权、参与权等权利"。其中,"发展是儿童的本质,儿童拥有充分发展其全部体能和智能的权利,包括有权接受一切形式的教育(正规的和非正规的教育),有权享有促进其身体、心理、精神、道德和社会发展的生活条件"。①《中华人民共和国义务教育法》(2018 年修订)规定"适龄儿童、少年的父母或者其他法定监护人应当依法保证其按时入学接受并完成义务教育"。《中华人民共和国家庭教育促进法》规定"未成年人的父母或者其他监护人负责实施家庭教育"。以上法律法规在规定儿童的发展权涵盖了儿童的受教育权之外,还规定了父母作为主要施教者,有义务也有责任保障儿童的发展权,即保障儿童接受家庭教育和义务教育的权利。

总之,儿童的社会化发展特点,意味着他们在很长一段时间内都是一个"受教育对象"。国家、学校、社会、家庭应为儿童受教育权的实现提供全方位的保障。父母作为儿童的监护人和教育者,除了肩负着重要的家庭教育责任,还必须确保儿童接受学前教育、义务教育,创造条件引导孩子接受高等教育及丰富的社会教育。

第三节 家庭教育环境

家庭教育与家庭生活具有一致性。也就是说,家长教育的过程是在家庭的日常生活中进行的,家庭教育不可能脱离家庭生活,是与家庭生活融为一体的;同时,家庭环境本身就是一种潜在的教育因素,对孩子的身心发展起着潜移默化的作用。总之,家庭生活环境直接影响着家庭教育,影响着孩子的身心发展。家庭教育环境可以分为物质环境、文化环境和心理环境三个层面。

一 家庭物质环境

家庭物质环境是家庭生活的硬件环境,是人们赖以生存的基础,它包括家庭居住环境、生活设施等。

---

① 陆士桢,魏兆鹏,胡伟.中国儿童政策概论[M].北京:社会科学文献出版社,2005:175.

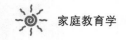

（一）家庭居住环境

1. 家庭居住环境对孩子的影响

家庭居住环境是孩子直接的生活空间，它直接影响着孩子的生活、学习、娱乐和身心健康。居住环境不同，对孩子身体、智力、个性的影响也不同。如果生活环境不丰富、不安全，就不利于孩子接触更多的信息，对知识丰富、智能增长都有限制；从对孩子个性的影响来看，如果环境嘈杂拥挤，让人感觉心情烦躁、压抑，易使孩子缺乏交往兴趣及对周围事物的关注。

2. 家庭居住环境的优化

每个家庭的经济条件、居住条件不同，家庭环境的位置也不会相同，应该因地制宜、合理灵活地进行安排，建造一个整洁卫生的环境，这样不但能使孩子感到舒适轻松、心情愉快；相反，如果屋子里杂乱无章、肮脏不堪，不仅会影响孩子身体的健康，还会使孩子感到抑郁，甚至烦躁。平时，家长可以引导孩子一起来做家务，布置家居环境。家长应该为孩子创设独立的活动空间，作为家庭生活的一员，每个孩子有自己喜欢的活动、特殊兴趣，家长应根据孩子的年龄特点和兴趣爱好合理安排他的活动空间，也可以和孩子一起设计、布置，让孩子既动手又动脑，设计一个属于他的、任他活动的小天地。

（二）家庭生活设施

1. 家庭生活设施对孩子的影响

家庭的经济状况决定着家庭的物质生活及生活设施的水平。物质生活好一些，家庭设施用品现代、齐全一些，自然会带来很多生活上的便利，可以减轻家长的家务负担而有更多的精力教育孩子，也可以减少很多家庭矛盾而使孩子感受到家庭的温馨。丰富的物质生活可以使孩子尽可能多地享受到生活的乐趣，物质条件差就有可能制约孩子的发展。但如果家庭物质生活过于铺张，会让孩子养成不知勤俭节约、花钱大手大脚、不思进取、学习不上进的不良习惯。历史上富家孩子骄淫奢侈、不成大器的大有人在，贫寒子弟坚韧不拔、立志成才的故事也不绝于耳。所以，家庭生活设施方面，父母应该进行合理安排。

2. 家庭生活设施的合理支配

无论家庭经济条件如何，家长都应该为孩子创造条件适中的家庭生活设施。

为此,家长应该做到:

1) 合理规划家庭经济支出

家长要从实际出发,有计划地组织消费,量入为出,勤俭持家。如果家长支配经济生活没有计划,不会精打细算,胡花乱花,这会导致孩子不会珍惜财物,容易养成入不敷出的习惯。

2) 让孩子参加家庭经济管理

家庭经济实行民主管理,让孩子也参与其中,这样就可能增强孩子的责任感,培养孩子的参与意识,从中学会支配家庭经济生活。如果父母不让孩子了解家庭经济生活的管理支配,不让孩子直接参与,那么孩子就可能"不当家不知柴米贵",生活条件再好。

3) 合理使用家庭经济收入

一般来说,家庭经济收入可分为三部分:一部分用于日常的基本生活需要的消费开支,就是解决衣、食、住、行等方面的消费;另一部分用于改善家庭物质生活和精神生活的消费,比如购买洗衣机、电冰箱等,旅游,把生活水准提得更高一些;还有一部分用于家庭成员的智力开发、更新知识、发展特长等消费,如缴纳各种学费,购买书籍、文具、电脑等。如果把家庭经济收入这三个部分的分配使用得当,比如,在发展部分上适当多给予投入,多给孩子创造受教育、发展智力、增长才干的物质条件,那么,这种消费就会有利于孩子的身心健康发展。而如果在孩子身心发展上舍不得投资,把大部分收入用于享受上,这就会对孩子产生不良的影响。

❤ 二　家庭文化环境

家庭文化是社会文化的组成部分,也可以说是社会文化的亚文化。它是家庭和家庭成员在长期共同生活中形成的各种文化形态的综合体,主要包括家庭观念、家庭文化设施和家庭生活方式等方面。那么该如何优化家庭文化环境呢?

(一) 家庭观念

家庭观念是关于家庭如何生活的观念以及有关家庭结构、家庭成员行为、家庭成员之间关系的看法。[①] 家庭观念受一定社会文化背景的影响。中国社会长

---

① 吴奇程,袁元.家庭教育学(第三版)[M].广州:广东高等教育出版社,2011:93.

期占优势的家庭观念,是家庭整体利益优先于家庭成员个人利益的观念。随着社会发展变迁,这种观念正在淡化。当代家庭应该与时俱进,在传承传统优良家风的同时,跟上时代的步伐,要考虑到现代社会人们对独立人格的尊重及人与人平等关系的诉求,家庭成员之间应该互尊互敬、互爱互助。因此,作为家长,应该考虑到孩子以及每个家庭成员的发展,应当把夫妻之间、亲子之间的关系建设成为平等、民主的关系,建立团结进取的学习型家庭。通过良好的家庭熏陶,每位家庭成员,包括孩子要形成这样的观念:人要不断学习,掌握本领,才能够寻求和把握属于自己的幸福;同时能爱他人,使别人因为你的存在而感到快乐和幸福。

(二)家庭文化设施

家庭文化设施包括报刊、书籍、电脑(互联网)、音像设备(如电视机、放像机、音响器材等)、乐器、游戏用品(如棋类玩具等)、体育用品(如健身器材:球类、跳绳等)等。这些设施是孩子精神食粮的来源,家长要尽量全面提供。"书籍是人类进步的阶梯",家里储存一些有趣的图书,会吸引孩子在闲暇时间进行阅读,这不仅会丰富孩子的知识、开阔孩子的视野,更会陶冶孩子的情操,使其养成健康向上的学习习惯。

(三)家庭生活方式

家庭生活方式是家庭成员在家庭生活方面的价值倾向和行为方式,它具体包括饮食起居、行为举止、人际交往、闲暇时间的利用等。每个家庭都有其独特的生活方式,每种方式都通过不一样的途径影响着家庭成员。家庭生活是否规律,饮食是否健康,会直接影响到孩子的身体健康,家庭闲暇生活安排得是否合理健康,会影响到孩子的兴趣爱好。家庭生活方式会从方方面面影响到孩子的成长与发展。养成健康良好的家庭生活方式,要做到以下几点。

1. 生活作息要有规律

每天要按时起床、吃饭,按时午休、入睡,父母应当制定合理的家庭作息秩序,并以身作则,引导孩子遵守作息时间。

2. 饮食要科学合理

家长适当学习一些营养学的知识,形成健康的饮食观念与习惯。一日三餐科学搭配、营养美味,提高饮食质量,保证孩子身体健康。另外,要合理安排家庭闲暇时间。当今社会,生活节奏尤其快速,科学安排工作、学习之余的休闲时间,才能做到真正按照每个人的意愿休息、娱乐和满足各种不同的需要。

3. 家庭生活适当开放

部分家长考虑到对孩子的保护,会限制孩子与他人交往,孩子待在家中的时间越来越长,这不利于孩子社会性的成长。因此,家长应该想方设法引导孩子走出家门,走向外界多接触小伙伴,也欢迎孩子的伙伴、邻居以及亲朋好友来自己家玩,或者几个家庭结伴出去游玩,让孩子走进同伴群体,参与广阔的社会生活,加强社会交往,学会用自己的眼睛看周围的世界、亲自体验生活,这样开阔眼界、增长见识、接受锻炼,以培养适应社会生活的能力。

三 家庭心理环境

(一) 家庭心理环境对孩子的影响

心理学研究表明,孩子心理是否健康,与家庭心理环境关系非常密切。健康的家庭心理环境是指一个家庭中拥有和谐的亲子关系、良好的情绪氛围、科学的教养方式以及有效的沟通渠道等。在争吵不断、自私冷漠的家庭中长大的孩子,常表现出对人冷淡、遇事偏执、情绪不稳定等特征,常常把自己的负面情绪迁怒于他人或事物,对外界的信息也总是持怀疑和拒绝的态度;而和谐温暖的家庭情绪氛围可以使家庭成员产生安全感和人际信任,使孩子在潜移默化中学会诸如互助互爱、合作宽容等正确的人际互动方式,学会如何表达和处理不良情绪,这样的家庭氛围为孩子接受家庭教育奠定了心理基础。孩子只有在这样的家庭心理环境中成长,才能成为一个心智健全的人。

(二) 家庭心理环境的建设

1. 多给孩子心理支持

在繁忙的工作之余,父母应该多抽出一点时间和精力单独与孩子相处,让孩子在相处过程中感受到父母对自己的接纳和心理支持,从而在心理上产生安全感。在与孩子的单独相处中,孩子也会从父母那里学习和掌握各种生活技能、学会与人相处。在相处过程中,父母也可以通过了解孩子的内心需要,向孩子传授

各种社会知识和生活常识、教会他们如何与人交往及如何处理生活中遇到的问题等,这有利于孩子形成正确的思维方式和生活习惯。同时,要挖掘自己与孩子共同的兴趣点,因为,共同的目标会使家庭成员心与心的距离更近,当父母和孩子之间有了共同的兴趣爱好和共同的努力方向时,彼此就会更加默契与和谐,相互之间的沟通也会因此而更加深入和频繁。因此,家长应该与时俱进,不断学习新知识,找到与孩子相同兴趣的结合点,才能与孩子产生共同语言,开展共同的活动。同时,家长还应鼓励孩子参与家庭事务的管理,提升孩子在家里的归属感和价值感,培养孩子的责任心。

2. 营造融洽的情绪氛围

家庭情绪氛围是家庭成员之间通过语言和相互之间的态度与感受构成的一种人际氛围。家庭情绪氛围的好坏对孩子心理的健康成长有着极为重要的意义。家庭情绪氛围需要每一位家庭成员共同营造,父母首先应该以身作则,工作中遇到的不愉快情绪不要带回家中,更不能将自己的不满情绪发泄到孩子和其他家庭成员身上。当然每个人都会有负面情绪,家庭是一个安全的场所,是心灵休息的港湾,当一个人受了委屈时,最能提供安慰的地方就是自己的家。父母在孩子受到委屈或遇到不开心时,首先应该理解孩子的感受,耐心地倾听他表达情绪和感受,然后再帮他分析所遇到的问题,商讨合理的解决办法。在这个过程中,孩子不仅得到了心理安慰,解决了心中的困惑,还在交流中学会了为人处世之道。父母要学会相互支持,营造丰富多彩的家庭生活内容,因为丰富多彩的家庭生活内容可以使生活充满情趣,对孩子具有极强的吸引力。比如,在空闲时间,父母带着孩子共同参加各种有益的文体活动;或去图书馆、科技馆、博物馆等地涉猎知识;或游览历史遗迹、风景名胜、郊外踏青,亲密接触大自然。丰富多彩的家庭生活有助于培养孩子积极向上的人生观、乐观开朗的性格,同时还可以锻炼和提高孩子的人际交往能力,在丰富多彩的家庭生活中逐渐提升孩子的社会适应能力。

3. 采取科学的教养方式

父母采用科学民主的教育方式,在家庭生活中营造民主、平等、和谐的气氛,家庭成员之间平等互助、相互关心、随和谦让、相互包容,父母以平等的态度对待孩子,孩子就会愿意接受父母的教导和建议。当孩子出现失误时,父母能以科学的方式恰如其分地指出,不仅能使孩子及时改正,还可以逐渐培养孩子坦诚真挚、谦虚谨慎以及尊重他人、重责任等优良品质。

　　良好的家庭心理环境是孩子良好心理素质和健康成长的重要保证,对孩子身心的健全发展有着长远和深刻的影响。因此,为了孩子心理的健康成长,应优化家庭心理环境,积极建立和谐融洽的家庭情绪氛围,保持畅通有效的沟通渠道,构建民主平等的亲子关系,用科学的教养方式解决孩子在成长过程中遇到的各种问题,使孩子拥有良好的心理环境,健康成长。

第五章
家庭教育的影响因素

辩证唯物主义认为,任何事物都是多种矛盾综合作用的结果,家庭教育也不例外。作为社会的最基本细胞,家庭虽然规模小、结构简单,但是却担负着生产、生活、生养、教育、消费、赡养等多种职能,与学校和社会相比,家庭由于其特殊的启蒙性、参与性、感染性、针对性、灵活性、持续性、全面性、丰富性等特点,从而具有学校和社会无法企及的优势,使得家庭教育的作用进一步凸显出来。难怪学者马和民、高旭平在《教育社会学研究》中指出:"若从教育社会学的角度来考察,家庭教育既指在家庭中进行的教育,又指家庭环境因素所产生的教育功能。前者指的是受教育者在家庭中所受到的由其家庭成员(不论长幼,但主要是指父母)施与的自觉或非自觉的、经验性的或有意识的、有形的或无形的等多种水平上的影响;后者则指家庭诸环境因素(包括家庭的社会背景和生活方式)对受教育者产生的'隐性'影响。"[①]作为教育工作者,只是知道家庭教育对孩子影响大还不行,只有弄清楚家庭教育在哪些方面对孩子的成长产生影响,又是如何影响的,才能有针对性地开展家庭教育,提高教育效果。

第一节 家长素质

父母是家庭教育的第一责任人和主要执行者,是最重要、最直接、最经常的

---

① 马和民,高旭平.教育社会学研究[M].上海:上海教育出版社,1998:445.

教育者。父母应该责无旁贷地承担起抚养、保护、管理、教育子女的责任。父母不仅是孩子的首任教师,也是孩子终生的教师。父母对孩子所负的责任是多方面的,不仅要保证孩子身体的健康、安全和正常发育,还要传授科学知识、生活常识,发展智力,培养他们适应社会生活的各种能力,进行思想品德教育,培养高尚的审美情趣,进行多方面、全方位的教育和训练。在子女教育过程中,家长起着主导的作用,决定着家庭教育的目的和培养目标、教育的内容、教育的方式方法,从而也决定着教育的效果。因此家长自身的素质如何,直接决定着家庭教育的成败。

一　家长素质的内涵及影响

家长的素质是指家长平时在家庭生活中的素养,包括一般素质和教育素质。一般素质是指作为一个公民的综合素质,主要包括道德素质、文化素质等。教育素质主要包括家长的教育观念、教养态度、教育能力等。下面,分别探讨一下家长的道德素质、文化素质和教育素质。

(一) 家长的道德素质

家长的道德素质是指家长在与人交往过程中所表现出的素养,包括价值取向、道德观念、思维方式、社会意识等。家长的道德素质体现家长日常活动的行为准则,它对家庭教育影响很大,是孩子道德品质形成的基础,它制约着孩子道德认识的提高、道德情感的陶冶、道德意志的锻炼和道德行为的养成,关系到教孩子如何做人、做成什么样的人等问题。

如果家长的人生观是正确的,能看清社会发展的趋势,深知社会将来对孩子的要求,那么,家长就会自觉地根据社会的需要去培养自己的孩子,指导孩子往社会所需要的方向发展。如果家长具备良好的道德素质,懂得什么是真善美,什么是假恶丑,那么,在与别人交往的过程中,他们的言行举止就会遵循正确的原则,在教育孩子时也自然会按照这种标准去引导孩子,给孩子树立一个正确的学习榜样,给孩子产生积极的影响。而且,家长如果坚持正确的交往原则,自己的言行会赢得孩子的信任和尊重,自己做出的决定也会更有分量和说服力。相反,如果家长缺乏正确的人生观,缺乏良好的思想道德,那么,就不能给孩子以正确的思想教育,在孩子面前也不会有什么威信。如果家长没有理想抱负,缺乏进取

精神,整天躺平啃老本,那么,孩子也会亦步亦趋,故步自封,停滞不前,不求上进。如果家长好贪便宜,公私不分,孩子也会有样学样。如果家长坑蒙拐骗,那么,孩子就会连家长都欺骗。家长好文过饰非,孩子有了错也会死不认账。如果家长在人生观和思想道德上有上述种种毛病的话,即便是出于形势所迫和社会舆论的压力,企图对孩子进行一些正确的人生观和思想道德教育的话,那么也肯定是言不由衷,没有什么说服力;家长讲的道理再头头是道,娓娓动听,孩子也不会听从,很可能还会怼家长:"你有什么资格教育我?你还是先做好你自己吧!"正如孔子所言:"其身正,不令而行;其身不正,虽令不从。"[①]

(二)家长的文化素质

家长的文化素质是指家长所具有的基本文化知识和专业理论的水平。家长的文化素质包括各种基础科学文化知识、专业知识以及法律知识、优生优育知识等。家长的文化素质能够影响孩子成长的趋势,这主要体现在两个方面:一方面,家长的文化素质引导着家庭的价值取向,决定着他的理想、人生观、价值观、道德品质以及教育观念、教育方式方法等,影响着自身对孩子的教育能力与教育质量;另一方面,家长的文化素质也会影响到家长的职业优劣、经济收入的多少、社会地位的高低等,由此决定着家庭所处的社区环境与家庭环境,从而决定着孩子成长环境中的有利因素与不利因素,影响孩子总体的发展方向。跟学校和教育培训机构相比,家庭教育是非正规教育,它是在日常生活中通过言传身教,潜移默化地进行,具有感染性和渗透性。父母作为孩子身边最经常、最直接的模仿对象,他们的言谈举止无时无刻不在熏染着孩子。而文化素质较高的父母能较为准确地把握社会发展对人们道德素质的要求,能选择合理的教育内容,采取正确的教育方式,有针对性地教育孩子,而且能在与孩子互动过程中能够较早地发现、引导孩子的兴趣爱好,并用自己以往社会化过程中积累的知识、经验去教育孩子,其家庭教育的质量相对就较高。相反,文化素质比较低的家长在实施家庭教育的过程中,不能正确地把握教育的方向和方式,容易形成单一功能取向的教育,要么只重视孩子的学习成绩,要么只重视孩子的身体健康,这不利于孩子的全面发展,还可能在施教过程中无法及时解决孩子提出的问题,难以与孩子进行

---

① 孔子.论语·子路[M].乌鲁木齐:新疆人民出版社,2003:96.

全方位、正确的互动，从而使孩子产生心理困惑，其家庭教育的质量相对就低。所以，马克思曾说："孩子的发展能力取决于父母的发展。"①可见，父母的文化素质对孩子的成长有很大的影响。

（三）家长的教育素质

家长的素质中，除了作为一般公民应具备的素质外，对孩子成长影响更大的是家长的教育素质。如前所述，家长的教育素质主要包括家长的教育观念、教养态度、教育能力等。下面分别来看教育观念、教养态度、教育能力的含义及影响。

1. 教育观念

家长教育观念是指家长基于对孩子发展的认识而形成的对孩子教养的理解和认识。父母的教育意识和教育观念影响着他们对孩子的教育行为和教育方式，而教育的行为和方式又直接影响到孩子的成长。家庭教育观念是实施家庭教育的前提和基础，观念的正确与否在很大程度上决定了家庭教育的成败。

2. 教养态度

家长的教养态度是指家长对孩子进行教养时的内部心理倾向，包括家长对孩子的认识（生理、心理特点及发展规律）、情感（爱与否）以及对孩子教育外显行为的内在倾向性。② 教养态度是家长根据自己的教育观念呈现出一定教育行为的态度，它受家长教育观念的支配，同时又决定和指挥着家长的教育行为，进而通过不同的教育行为对孩子施加不同的影响。

美国心理学家鲍德温（A. L. Baldwin）将家长对子女的教养方式概括为专制型、溺爱型、放任型和民主型四种类型。③

1）专制型

专制型家长很少对孩子表现出温情，说话口气严厉，经常用命令和责难的口气，要求孩子绝对服从自己的想法，强迫孩子顺从自己的意志，阻止孩子提问、探索、冒险及主动做事，如果孩子做错了事，就会严厉处罚。这种教养态度会抑制甚至伤害孩子的自尊心、自信心和自主性。而孩子呢，从父母那里得不到温情，不懂得如何恰当地表达自己的情绪、想法，在人际关系或处事能力上，可能会碰

---

① 马克思恩格斯选集（第三卷）[M].北京：人民出版社，1972：25.
② 常瑞芳.幼儿家庭教育与指导[M].北京：高等教育出版社，2005：445.
③ 马莉.学前儿童家庭教育[M].长沙：湖南师范大学出版社，2016：65.

到许多困难。久而久之,孩子做任何事情会显得很拘谨,很敏感,常常处于紧张恐惧的状态。同时,孩子为了避开父母的惩罚可能会形成习惯性说谎,或者搞"两面派"的行为。

2) 溺爱型

爱孩子本身是一种教育,爱得合理、恰当,能使孩子感到安全、温暖,激发其求知欲和探索动机,成为其积极向上的力量。但溺爱型家长的教养态度则是溺爱纵容孩子。这一类型的家长一般不从社会关系的角度来履行自己的教育责任,不是理智地去爱孩子,而是潜意识里把孩子视为私有财产,用一种生物本能式的感情来过分宠爱孩子,无原则地迁就孩子,一味满足孩子的各种要求,这也会造成与专制型教养方式一样的结果,就是使孩子缺乏基本的生活自理能力。这类家庭的孩子承受挫折的能力往往较差,懒惰、意志薄弱,动手和动脑能力较差,行为随意,任性且不善于交往,应变能力差,社会适应能力也差。这正如苏联教育学家马卡连柯所言:"溺爱本身是一种伟大的情感,但会使子女遭到毁灭。"

3) 放任型

放任型家长对孩子缺乏责任感和耐心,对孩子放任自流,认为"树大自然直"。在这种家庭里,家长各自管各自的事情,没有协商习惯,不关心孩子的成长和发展,不为孩子树立任何规矩,任其自然发展。孩子由于缺乏必要的教育引导而出现各种思想和行为问题,比如由于缺乏关爱,很可能会失去从属感和安全感,对学习、生活没有目标,缺乏上进心,情绪不稳定,经常出现苦闷、忧郁、自卑、悲观、敏感、易怒等情绪,甚至厌世,形成畸形心理,出现不良行为,这样的孩子也容易受社会不良因素的影响。

4) 民主型

民主型家长能够换位思考,理解孩子的内心想法,用温和的态度对待孩子,会站在引导和帮助的立场上,经常与孩子协商,制定合理的规则,并解释道理,即父母既尊重孩子的自主和独立性,又坚持一定的原则:既能够控制孩子,又给予孩子充分的独立与自由。由于推行民主、平等的精神,孩子会比较自如地表达自己,无拘无束地表现自己,所以他们自我接纳程度较高,相应地自信心、自尊感和成就动机都比较强,容易形成敢想敢说敢做的创新精神和实践能力,思维发展也比较好,有自发地追求理想的意识,想象力也比较丰富。

3. 教育能力

家长的教育能力是家长教育素质的最终体现，也是家庭教育成败的关键因素。这种能力包括了解并尊重子女的能力、与子女沟通的能力、选择教育方法的能力、控制不良情绪的能力等。

1）了解并尊重子女的能力

家庭教育是家长与孩子一对一的教育，由于父母与孩子长期相处，熟悉了解孩子的个性特点，教育更有针对性，按说，父母对孩子的教育效果应该更好。但是，有的家长比较主观武断，往往从自己的角度揣摩孩子，或者将自己的想法强加给孩子，这种教育方式难以让孩子接受，教育效果当然不尽如人意。父母应当采取民主、平等的态度，学会运用观察、谈话等方法，从兴趣爱好、性格特点、能力特长、思想品德、学业成绩、人际交往等方面去了解孩子：了解孩子在想些什么、干些什么、常和哪些人交往等；尤其是对处于青少年期的孩子，应懂得如何与其沟通，缩短心理距离，建立正常的亲子关系。了解孩子是父母对其进行教育的前提，更重要的是父母还应当尊重孩子。在尊重他们的想法、个性、需求的基础上，引导其健康快乐地成长。

2）与子女沟通的能力

父母与孩子的沟通离不开语言交流。家长要学会用准确、生动、亲切、幽默的语言与孩子交谈，与孩子的交谈要考虑时间、地点、场合的适配性，谈话内容可以多种多样，内容的深浅程度要适合孩子的理解接受能力。谈话态度要温和，气氛要轻松。谈话具有针对性，所谈内容能够解决孩子的认识问题；谈话方式要灵活，根据孩子理解接受的情况进行调整，要有启发性，引导孩子自己去思考，提高孩子的思想认识，养成正确的行为规范。

3）选择教育方法的能力

家庭教育的方法很多，在什么情境下采用什么教育方法，在孩子哪一个年龄段变换教育方式，如何针对孩子的不同表现运用相应的教育方法，这些问题都需要家长考虑好；教育引导有时要及时，有时要延后，让孩子有一个自我反思的过程，等等。这就要求家长讲究教育方法的策略性，比如教育孩子的案例要具体形象，联系孩子身边的实际，深入浅出，通俗易懂，通过摆事实，讲道理，讲清是什么、为什么、如何做等问题，启发孩子的自觉性，如果家长能灵活运用教育方法，那就具备了教育艺术。

4）控制不良情绪的能力

在竞争激烈的工作中,父母难免会积攒一些负面的情绪,而家往往是排解压力,发泄不满,倾诉委屈的场所。因此,父母很有可能把工作上的负面情绪带回家里,带给配偶和孩子,或者带着这种情绪与孩子沟通,这样做往往会激化双方的情绪。当孩子顶撞父母,父母又无法理智地说服孩子,而用压制或冲动的情绪沟通,亲子间的矛盾就会升级,沟通就变得更加糟糕。孟育群等曾用心理卫生自评量表对 100 对初高中学生及其父母进行测验研究,结果发现母亲的心理健康水平与孩子的心理健康水平相关显著,相关系数为 0.209（$P<0.05$）。[①] 可以说,提高父母心理健康水平,提高其控制情绪的能力是提高家长教育能力的一个难点。

二　家长素质的提高

家庭教育由于其具有学校和社会教育所不具备的天然优势,广大家长要充分利用这一优势,不断提升自身素质。

（一）家长要树立终身学习的意识并不断地付诸行动

家长不仅要提高自己的道德素质,还有通过多种形式的学习提高自身的文化素质,比如通过书籍、电视、报刊、网络等媒体学习,也可以向自己身边的同事朋友学习,获得有关教育孩子、娱乐休闲、待人接物、为人处世的经验,同时还要学习有关法律知识,掌握《中华人民共和国婚姻法》《中华人民共和国教育法》《中华人民共和国义务教育法》《中华人民共和国未成年人保护法》以及《中华人民共和国家庭教育促进法》等法律法规,提高自己的法律意识,努力做到进行家庭教育时有法必依,使得自己的教育行为更加充满理性。

（二）家长要提高自己的教育素质并树立正确的儿童观

众所周知,孩子是独立的人,拥有独立的人格和尊严,他是一个独立的个体而不是父母的附属物,有着自身的各种权利。作为父母,要尊重孩子的独立人格,基于他们独立的自我意识和自主性,父母应该引导并尊重孩子对自己未来生

---

① 孟育群.亲子关系：家庭教育研究的逻辑起点[J].中国德育,2007,（02）：40－43.

活的选择,指导孩子对自己的选择负责。同时,要了解孩子的个性特点和实际水平,进一步走进孩子的内心,了解孩子的愿望,解读孩子的精神世界,平等地与孩子沟通、交流,营造一个良好的互动的氛围,让孩子能畅所欲言地表达自己的观点与想法,与孩子促膝谈心。在进行批评教育时首先肯定、赞扬其优点和长处,要尽量避免采用侮辱、污蔑、压制、强迫、威胁、哀求、贿赂、讽刺等不好的语言,然后采用劝告、商量、引导等语言指出其缺点和不足,让孩子有一个接受的过程。

(三) 家长要树立正确的人才观

当前,社会分工越来越细密,家长总想让孩子找到一个自己认为体面的工作,其实,"三百六十行,行行出状元"。随着社会的发展,未来社会知识密集型产业是一个必然的发展趋势,但是现实是在将来很长一段时期内劳动密集型产业依然存在。因此,未来社会既需要大量的高、精、尖的科技人才,也需要工作在平凡岗位上的一般技术人才。父母要明白这样一个事实,应该根据孩子自身的兴趣爱好,顺其自然地引导其发展,而不应盲目地跟风,谋求一些不适合孩子的工作,进而对孩子提出过高的期望和要求。

总之,父母要以身作则,以德为先,坚持合理的价值取向,为孩子树立榜样,营造良好的学习环境,采用科学的教育方法,尽可能多地与孩子讨论生活中的各种问题,帮助孩子正确认识社会准则和建构高尚的行为规范,探讨正确的处事方式,提高孩子独立应对纷繁复杂社会的能力。

第二节　夫妻关系

夫妻关系是家庭关系中的主轴。夫妻关系状况决定着一个家庭的稳固程度和家庭成员的相处融洽与否,和谐的夫妻关系会形成家庭教育的合力,而冲突的夫妻关系会给孩子带来心理上的阴影和精神上的痛苦。夫妻冲突会影响到父母亲的情绪和家庭的氛围,进而影响到孩子的情绪和心理健康。

❤　一　夫妻关系的含义

夫妻关系是指男女双方基于合法婚姻所结成的配偶关系,是家庭成员当中最基本的一对人际关系,是家庭其他人际关系的起点和基础,也就是说,家庭中的其他人际关系都是在夫妻关系的基础上产生和发展的,夫妻关系发展得好,其他家庭人际关系才能发展得好。在有孩子的家庭里,夫妻关系不仅仅是男女之间的两性关系,更是共同为孩子健康成长负责的合作关系。因此,夫妻关系的和谐程度,不仅关系到两个人婚姻的稳定,更关系到家庭教育方式的一致性及家庭教育效果的好坏。

夫妻关系是在生物、心理、社会条件等基础上不断发展的人际关系。现代夫妻关系大多以恋爱为基础,结婚就标志着夫妻关系的正式建立,之后,随着孩子的出生、家庭生态的变化,夫妻关系相应发生变化。夫妻关系究竟是良性发展还是恶性发展呢? 这要看夫妻双方的感情基础是否稳固,双方的价值观和兴趣爱好是否一致,双方沟通互动是否密切等。一般来说,根据不同划分标准,夫妻关系可以分为不同类型。① 从夫妻结合的动机来看,可分为爱情型和功利型两类;从夫妻共同生活的方式分类,可分为平等合作型、分工型、依赖型;从夫妻生活发展趋势划分,可分为建设型、惰性型、失望型和一体型四类。不同类型的夫妻关系呈现出不同的特点。

❤ 二 夫妻关系对孩子的影响

孩子的健康成长受到来自各方面的影响,在家庭中,良好的夫妻关系是孩子健康成长的基础,同时也是对孩子进行教育时形成合力的必要前提。对此,日本学者森重敏在《孩子和家庭环境》一书中指出:"夫妻之间的爱情对创造幸福家庭以及培养出具有情绪安定性格的孩子是最为重要的。"②尤里·布朗芬布伦纳(Urie Bronfenbrenner)的生态学理论认为,夫妻关系在整个家庭系统中属于微观因素,夫妻关系对孩子的影响是最直接的。

夫妻关系作为家庭关系中最重要的人际关系,它渗透了家庭生活的一切领域,并潜移默化地影响着孩子的成长。美国心理学家阿尔伯特·班杜拉的社会学习理论认为,人的行为受环境的影响,孩子的社会行为会通过对身边人的模仿而形成和发展。因此,良好的夫妻关系本身就蕴含着很多教育因素。也就是说,丈夫与妻子双方具备民主、平等的意识,互相支持与关爱,相互配合,共同努力,

---

① 吕建国.家庭生态与教育[M].太原:山西教育出版社,1992:68-71.
② [日]森重敏.孩子和家庭环境[M].愚心,译.北京:人民教育出版社,1984:133-134.

会给家庭成员包括孩子的健康成长带来有利的影响,这种影响体现在家庭成员之间充满着浓厚的感情,孩子从小就能感受到家庭成员之间的温暖和关爱,这种温暖和关爱不仅滋养着孩子的心灵,也让孩子学会了如何去尊重他人,如何去温暖和关爱身边的人。夫妻之间感情融洽,家庭气氛和谐,孩子的各种潜力得以在愉快的环境中充分发展。夫妻双方在多方面进行深入沟通与交流,当然在教育孩子的问题上也容易充分协商,统一目标,形成教育合力,获得更一致的教育效果。因此,夫妻关系的和谐程度会对孩子的发展最先产生影响。只有良好的夫妻关系,才能在家庭中形成健康的氛围,才会有利于孩子的发展。

相反,如果夫妻关系紧张,双方经常为一些小事发生冲突、敌对,进而无休止地争吵,这很容易使孩子产生严重的左右为难、无所适从、焦虑、敏感、多疑、内心强烈不安的心理,久而久之,性格内向孤僻,是非感差,有的孩子还会把父母争吵的原因归咎在自己身上,导致自责和自卑心理,甚至出现变态人格或者反社会人格。因此,父母必须认识与了解不良夫妻关系的类型及其危害。

不良的夫妻关系大体分为对抗型和分居型:

其中,对抗有两种形式:一种是热对抗,即夫妻之间的矛盾冲突以外显的方式表现出来,对抗行为表现为双方发生激烈的争吵和打架。冲突发生时,有的把孩子当作自己发泄的工具,殴打孩子;有的力图使孩子加入自己的阵营,一起与对方对抗。最终,孩子成为父母冲突的替罪羊和受害者。在这样的环境中生活的孩子,通常会出现强烈的攻击心理,或者家庭暴力。另一种是冷对抗,即父母双方没有发生争吵现象,但是在心理和情绪上相互敌对,根本不想交谈和交流,彼此冷战,形成"冷暴力"。在这样沉闷的气氛中成长的孩子往往会出现心理抑郁,情绪波动较大,有时亢奋,具有攻击性,不信任他人,缺乏自信,甚至可能出现精神分裂症状。如果父母因为矛盾冲突发展到分居,夫妻一方从家庭里分离出来,原来家庭成员之间稳固的三角关系就失去了一条边,孩子只能从父亲或母亲一方那里得到爱,孩子得到的关爱和教育就不会完整。因为家中只有一方照料孩子的生活,生活的快节奏和高强度使得照料方要付出更多的精力和时间,容易导致照料方出现情感焦虑和心理问题,这种情绪若传染给孩子,孩子就出现一些心理异常,比如胆小、不合群、紧张、恐惧、分离焦虑、自卑等心理。

苏联著名社会学家Ｂ·Ａ·瑟先科研究也认为,家庭冲突对孩子的消极影响很多:孩子在父母要求总不一致的环境中,家庭气氛中缺少宁静、幸福、和平、安定……缺少儿童精神与心理健全发展所必需的一切条件；发生神经——心理病态的危险急剧增长；行为的放纵与缺乏自制力日趋发展；孩子的适应能力逐渐降低；道德习性上瑕疵日益增多；孩子越来越不习惯于人们共同的道德规范；孩子往往产生对自己双亲的反感，有时甚至对一方怀有怨恨。①

三　营造良好的夫妻关系

良好的夫妻关系是培养儿童身心健康的基础。社会学习理论认为观察学习和自我调节对人的行为影响很大。在家庭里，孩子最善于学习和模仿父母的言行，孩子的言行能间接反应父母的言行举止。所以，父母应该意识到建立良好夫妻关系的重要性，营造和谐温馨的家庭氛围，为孩子树立榜样，让孩子在融洽的人际关系中快乐地成长。那么，如何营造良好的夫妻关系呢？

（一）共担责任

家庭是心灵的港湾，它能为个体提供满足其情感需要的养料，是每个人心灵的归宿。对于夫妻双方来说，在茫茫人海中能够走到一起共同组建一个家庭，这是难得的缘分。俗话说："不是一家人，不进一家门。"既然组成了一个家庭，夫妻双方在共同生活中就应该通过相互之间的合作与努力，在性格、爱好、习惯等方面努力相互适应；双方有责任来建立共同的成家立业、教育子女等奋斗目标，并围绕这些目标密切合作，而且在实现前一个目标达到的基础上继续建立下一个新的目标；双方有责任共同营造乐观、豁达、和谐的生活氛围，从而实现整个家庭的和谐发展。

（二）沟通交流

马克思主义认为人的本质属性之一是人的社会属性，这表明，人不仅需要满足自己物质生活的需求，更需要满足自己情感生活的需求。马斯洛的需求层次理论认为，人们首先要满足最低层次的生理、安全需求，之后会自觉地追求更高层次的精神需求，而情感交流就是人的一种较高层次的需求。被他人关怀是每一个人的需要，夫妻之间也需要被对方关怀，要想得到对方的关怀，就应该坦诚

---

① ［苏］Ｂ·Ａ·瑟先科.夫妻冲突[M].陈一筠，戴凤文，译.北京：中国妇女出版社，1984：106.

相待、促膝谈心、真诚沟通，跟对方倾诉生活、工作中的烦恼，分享工作中的快乐，形成和谐的夫妻关系。夫妻之间如果做好了充分的沟通，才能在教育观念、教育方式、教育内容上达成一致，对孩子的教育才会收到事半功倍的效果。

（三）适度期望

每一个人都有追求理想的心理，有追求才有目标，但是夫妻双方对于对方的期望值不能过高，夫妻之间应该适度期望。随着社会的发展和进步，人们的生活水平不断提高，家庭的生活质量也有所提高。但由于各种因素的影响，不同家庭之间的生活质量差别很大，这就有可能使人们产生攀比心理。但是如果过度攀比，只追求物质生活水平的提升，一味地对对方提出过高的要求，一旦对方达不到自己心中的理想状态，就互相埋怨，这样只会影响夫妻间的感情，久而久之加深彼此之间的矛盾。

（四）相互尊重

每个人都是有人格尊严的，相互尊重是人与人交往的前提。夫妻之间也应该做到相互尊重、平等互爱，在家庭日常生活中因为某些事情发生分歧时，应该彼此宽容、体谅。彼此尊重对方的个人信仰、兴趣爱好、个性特点、生活习惯等，这样夫妻之间才能和睦相处，共同营造良好的家庭氛围，为孩子健康成长提供基本保障。

第三节　亲子关系

亲子关系是家庭人际关系中的另一重要关系。作为父母与子女之间的人际关系，亲子关系直接影响着家庭教育的质量，并影响到孩子的成长。

一　亲子关系的内涵

学界对亲子关系有着各种不同的界定。比如胡雁波指出："亲子关系是指父母在养育子女过程中，与其相互作用而形成的相对稳定的人际交往模式。"[1]

---

① 胡雁波.试论亲子关系对儿童发展的影响[J].本溪冶金高等专科学校学报，2003，（S1）：90-91.

王振宇等认为，"亲子关系是儿童与父母之间建立起来的一种人际关系。它是在家庭生活中逐渐形成并发展起来的。婴儿自出生那天起，就开始了与父母（主要是母亲）的交往。"①而关颖则认为，"亲子关系即父母子女关系，是家庭教育中两个主体要素之间的关系，对家庭教育本身的研究在很大程度上是对亲子关系的研究。亲子互动的方式、内容不同，导致了不同的家庭教育效果。亲子关系是以血缘关系和共同生活为基础，以抚养、教养和赡养为基本内容的自然关系和社会关系的统一。"②

本书认为，亲子关系是指父母与子女以血缘关系和共同生活为基础，以抚养、教养和赡养为基本内容而形成的相互依存、相互作用的关系，是家庭人际关系中最重要的关系之一。

二　亲子关系的性质

一般来说，亲子关系具有三方面的性质。③

（一）亲子关系具有亲缘性

亲子关系是一种血亲关系或拟血亲关系，这种血缘性质是与生俱来的，是不可选择、谁也无法更改的。在孩子出生前，母亲与胎儿之间就建立起了牢固的亲密联系，母亲从知道自己怀孕那一刻开始，就有了与胎儿之间的交流，体验到生命的不断成长，内心会产生一种莫名的感动。伴随着胎儿的发育、成长，这种感觉会逐渐增强。母亲通过手指抚摸来传达爱，通过对话来表达自己的情绪，而胎儿也能时刻感受到母亲的喜怒哀乐。甚至父亲也能参与到胎教活动中，父母融洽的情感交流也为胎儿的健康成长提供了沃土。

（二）亲子关系具有情感性

父母与孩子之间的互动伴随着深刻的情感体验。在互动交流过程中，父母将自己的情感传递给孩子，关注孩子的反馈，倾听孩子的心声，分享孩子的情感，从而建构起彼此间的安全感和信任感。从父母的言行中孩子能感受到父母的

---

① 王振宇等.儿童社会化与教育［M］.北京：人民教育出版社，1992：57.
② 关颖.社会学视野中的家庭教育［M］.天津：天津社会科学院出版社，2000：75.
③ 缪建东.家庭教育社会学［M］.南京：南京师范大学出版社，1999：25.

爱,在父母爱的海洋里体验着满足与放心、信任与和谐,父母的行为让孩子觉得舒服,孩子会自觉地模仿和学习,孩子也就慢慢从中学会了人与人相处的原则和各种方式。在亲子关系良好的家庭里,父母能经常让孩子感受到自身的情感,关心孩子、理解孩子,当孩子遇到困难时能站在孩子的立场上与孩子讨论问题,倾听孩子的想法,让孩子表达自己真实的感受。亲子关系中情感的力量是无比巨大的,正向的情感体验是亲子关系健康发展的强大动力。

(三) 亲子关系具有法律属性

亲子关系规定了父母与孩子之间的权利与义务,如《中华人民共和国宪法》就规定父母有管教和保护未成年子女的权利与义务。我国很多法律法规都规定了亲子之间的权利与义务,有的法律还规定了子女有赡养老人的义务。如《中华人民共和国婚姻法》第 21 条规定:"父母对子女有抚养教育的义务;子女对父母有赡养扶助的义务。"《中华人民共和国教育法》第 50 条规定:"未成年人的父母或者其他监护人应当为其未成年子女或者其他被监护人受教育提供必要条件。未成年人的父母或者其他监护人应当配合学校及其他教育机构,对其未成年子女或者其他被监护人进行教育。"《中华人民共和国义务教育法》第 5 条规定:"适龄儿童、少年的父母或者其他法定监护人应当依法保证其按时入学接受并完成义务教育。"《中华人民共和国家庭教育促进法》第 4 条规定:"未成年人的父母或者其他监护人负责实施家庭教育。"

三　亲子关系对孩子成长的作用[①]

亲子关系是建立在血缘、抚养基础上的亲情关系,同时也是父母与孩子相互交流最亲密的情感关系,亲子关系在孩子成长过程中有很重要的作用。

(一) 良好的亲子关系是孩子认知能力发展的前提

父母是孩子的启蒙老师,也是影响孩子一辈子的老师,父母的一举一动、一言一行都会潜移默化地影响孩子。然而孩子作为独立的个体,他们又有着各自的特点和发展规律,有自己的个性与需要。鉴于此,父母应该根据孩子的

---

① 胡雁波.试论亲子关系对儿童发展的影响[J].本溪冶金高等专科学校学报,2003,(S1):90-91.

实际发展水平和需要提出相应的要求和指导。父母与孩子之间形成一种良性的双向互动关系。一方面，父母要知晓孩子发展的生理、心理特征以及其个性特征，从而有的放矢地对孩子施加影响，开发其潜能。另一方面，孩子也能在父母的鼓励、引导及协助下，放心大胆地去探索未知世界，激发起自己的无限创造力。

（二）良好的亲子关系是孩子个性和社会情感发展的基石

众所周知，0～6 岁是孩子个性和社会情感发生发展的关键时期，这个阶段的孩子大部分时间在家庭生活中度过，与父母之间的情感交流最频繁，在这样频繁的情感交流中，父母会将自己的情感顺畅地传递给孩子，关注孩子的感受，耐心地倾听孩子提出的问题。孩子也通过与父母、周围环境的互动接触，学习并掌握着各种社会文化知识，发展着自己的语言、交往经验、情感、社会行为、道德规范、人际关系和性情品质等能力。

有研究表明，在与孩子的互动中，母亲给予最多的是抚育、照料和丰富的情感反应以及言语教导、行为示范、纠正错误与赏识鼓励等。其中，母亲对孩子的交往态度和积极的情感交流，对孩子未来形成良好人际关系和健康情感具有奠基性的影响。其实，父亲在亲子关系中也具有重要作用，而且，这种作用是任何人所不能替代的，父亲的爱是孩子认识周围世界的源泉，父亲的男人气质是孩子性格形成的源泉，父亲广阔的视野、丰富的知识是孩子认知能力发展的源泉。父亲在言谈举止、举手投足间，含蓄地传递着对孩子的关爱和影响，可以说，父亲传递的情感会影响孩子的一生。

（三）良好的亲子关系是孩子身心健康的保证

从个体情感发生学来看，幼儿情感发生起源于父母的抚爱和家庭温馨氛围的熏陶。母爱是每个人情感发生的源泉，是维护肉体和精神健康的养料，而父亲同样也是满足孩子积极情感的重要源泉之一。父母对孩子的体贴与亲密交往，可以使孩子获得满足感和精神抚慰。良好的亲子关系可以呵护孩子健康成长，它不仅可以消除或降低孩子紧张、不安、恐惧与焦虑等消极性情感，还可以使孩子的安稳、轻松、自在、愉快、兴奋等积极性情感得到充分的发展，从而形成自信、独立、谦让、友爱、协作等个性品质，今后与人交往就会充满正能量。

四　积极亲子关系的培养

除了父母与孩子各自的生理与心理特质可能影响亲子关系外，父母满足孩子情感需要的方式也是决定亲子关系好坏的重要因素，这些方式包括父母所给予的关怀与爱护，当孩子遇到困难或进行新的尝试时来自父母的鼓励与信任，亲子之间的良性互动等。因此，要培养积极的亲子关系，必须做到以下几点。

（一）给予孩子爱和关怀

对于成长中的孩子，父母所给予的爱和关怀是非常重要的。关怀孩子首先要愿意花时间陪伴孩子，感受孩子的各种需求，能够用清晰明确的语言与孩子讲道理。当孩子逐渐长大了，碰到的事物越来越多的时候，就会迫不及待地要把自己的所见所闻告诉父母。当孩子快乐时，他急切的表白是为了让父母也获得一份快乐，孩子因父母快乐而获得双倍的快乐，父母也会因孩子的快乐而幸福满溢；当孩子受了委屈或体验到失败时，向父母倾诉是为了获得父母的精神支持，对孩子来说，父母的经验和鼓励是非常宝贵的礼物，他可以从中汲取勇气，由此学会改变。

另外，随着年龄的成长，孩子的需求也会越来越多，他开始追求各种精神上的满足，因此在对待孩子的需求时父母要表现出善解人意的态度。当孩子向父母提出要求时，即使父母最终无法满足孩子的要求，但此时父母的耐心倾听实际上已经表明了一种态度：我很重视你的要求，如果有可能，我将会满足你。成功的父母对孩子应该充满爱心，同时还应该知道如何将自己的爱向孩子表达出来，父母对孩子"爱"的表达应该是各种各样的，可以是拥抱和亲吻，可以是牵手、抚摸，也可以是肯定的语气，还可以是期待的眼神……这些孩子都能感受得到。

（二）理解与尊重孩子

每个孩子都是一个独立的个体，父母应认识到孩子的自我成长，将眼光看向孩子的内心世界，发现孩子内心的阳光、对未来的憧憬，每个孩子有自己独特的精神需求，父母应该尽可能地满足孩子的愿望，帮助孩子努力去实现他/她的理想。遵循孩子的身心发展规律，重视孩子的心理需求，引导孩子健康成长是每一个父母义不容辞的职责。通常情况下，对于孩子的社会性成长，父母积累了太多

的认识,会对孩子提出各种各样的要求。但对于孩子的自然成长,父母都还不太重视,对孩子的内心关注不够,不清楚孩子的内心需要。其实,孩子成长是外化与内化的统一,即外因通过内因而起作用。因此,父母要以开放的心态尊重、理解、认同、接纳孩子的想法,给孩子一个心理安全的成长环境,保证孩子得到身心的动态平衡,为释放孩子的潜能创造条件。

(三) 信任与鼓励孩子

每个人都有尊重他人和受到他人尊重的需要,孩子同样也有自己的尊严。与成年人相比,孩子因为自身发育尚未成熟,身心比较脆弱敏感,容易受到伤害。父母对孩子的尊重和认可,会使孩子从中获得认同感和价值感,父母的认可和肯定会让孩子变得积极乐观、阳光开朗、自信自尊,会使孩子更有信心迎接未来的挑战。

因此,父母应该重视孩子的尊严,尊重孩子的需求和情感。对孩子不尊重的话,诸如"闭嘴!""少啰唆!""废话!""不能跟父母顶嘴!""简直就是废物!"之类尽量不说。相反,以各种方式鼓励孩子的话尽可能多说,比如"你真勇敢!""你很守约!""你好厉害呀!""你什么时候学会的?""你表现得不错!""你已经有了很大进步,我相信你最终能达到目标。""这件事不太容易,但你已经长大,一定能自己解决问题。"等等。父母的信任和鼓励能给孩子带来尝试的勇气,并促使他们以一种愉快的心态去接受生活的磨砺,去挑战未知的世界。结果哪怕是失败,尝试的过程也将使孩子慢慢成长。

(四) 与孩子真诚沟通

父母和孩子各自的生理与心理特质会影响到亲子关系,而沟通是决定亲子关系好坏的重要因素和途径,也是建立积极亲子关系时父母应该重视的一点。所谓沟通,就是信息传递、信息交流,目的在于促进双方彼此之间的相互了解。亲子之间沟通的目的在于培养与孩子之间的默契及相互信任,通过对孩子潜移默化的影响,促进孩子健康地成长。

造成亲子关系出现问题的最根本原因往往是不良的亲子沟通方法。父母往往会因为拙劣的沟通方式,造成亲子关系的疏离和对立。有的父母不知道怎样表达对孩子的爱,相反他们的做法总是使孩子感觉不到被爱。这样不当的沟通方式在生活中经常发生,如父母过度保护孩子、过度纵容,有的滥用批评、只看见孩子的缺点和错误、对孩子正确的行为不给予表扬等;有的父母喜欢用家长权威跟孩子说话,却较少注意孩子内心的感受与需要,较少用心倾听孩子在说些什么,也较少体会孩子的心声,他们不经常使用赞美、鼓励的话语而多用唠叨、说教和批评的口气教育孩子。因为总是受到父母批评,孩子变得越来越沮丧、自尊感很低。因为他们总是能够从父母那儿预料到他们的不赞成、排斥和拒绝。父母的一次次否定,对孩子来说却意味着低自我价值感和经常性的被否定,这导致孩子形成心理学上的"习得性无能",不利于孩子形成积极的自我评价。

大家知道,孩子在身体、情绪和认知上与成人不一样。孩子更直观、更感性,其思维缺乏逻辑性,注意力持续的时间也不可能很长,很容易受到打击。而且,他们还没有掌握良好的沟通和表达技巧,因此情绪上很容易受挫。父母要了解孩子的这些特点,试图去理解孩子的内心,帮助孩子厘清他们自己的观点,让他们能够理解父母的观点。一旦父母能够很好地理解孩子,就能更容易地接受孩子的想法。

家庭成员在进行沟通时,一定要本着真诚的态度。如前所述,跟孩子沟通时少批评、少指责,不使用恶言恶语,要对孩子多表示肯定、关心和支持。尤其是对于处在青春叛逆期的孩子来说,教训、谩骂、责怪只会导致亲子关系更加紧张。陶行知关于四颗糖的故事告诉人们,凡事要看到光明的一面,挖掘孩子身上的闪光点,沟通就容易得多。在遇到重大问题时,全家人可以坐在一起,每个人都谈谈自己的想法;或者规定一个固定时间进行家庭成员之间的沟通,分享彼此的快乐与痛苦。当遇到困难时,父母如果真诚地向孩子表达自己所面临的困境,孩子会觉得父母当自己是朋友,孩子也会乐意提出自己的意见与建议,这就容易建立和谐的亲子关系。当这种良好沟通关系建立起来后,如果孩子遇到问题,他也会主动跟家长进行沟通,他会觉得自己与父母之间是朋友,是可以信任和分享的。

(五) 耐心倾听孩子的心声

心理学认为,倾听是一种重要的沟通原则。在家庭生活中,不难发现部分父母喜欢滔滔不绝地对孩子讲一大堆道理,却很少倾听自己的孩子在说什么,甚至不给孩子说出自己心声的机会。这样父母不了解孩子的想法和情感,就对孩子的想法妄加评判,导致亲子之间的紧张、冲突和矛盾。因为人的情绪、情感是看不见、摸不着的,父母耐心地倾听,才能准确了解自己孩子的感受,才能有效沟通。也就是,父母需要给予同理心的倾听。所谓同理心的倾听,是指父母在倾听孩子想法时,不是以父母权威的观点去看自己孩子的问题,而是能够站在孩子的立场上去了解他们的想法,只有这样,父母才能够接受孩子的所有感觉,并尝试去了解孩子的感觉,允许他们产生不满、生气、难过等各种情绪情感,揣摩他们说话隐藏着的言语和非言语行为所传达的真正意图,然后试着和他们一起协商解决问题。从中,孩子也学会了与自己的父母模式相类似的倾听和沟通技能。正如卡尔·罗杰斯的观点:当我们对孩子认可时,他们也会学着更多地认可自己,喜欢自己。我们也应该注意到,在有些时候充满同情的倾听并不总是合适或可取的。当有些孩子直接地问一个问题时,他们往往想得到一个直接的答案。如果孩子不想交谈的话,我们也应该尊重他们不说的权利。这样做的话,就会使孩子学会倾听和倾诉,而这对于孩子的发展特别重要。

第六章
婴儿期的家庭教育

　　0～3岁是人生发展的第一阶段，新生命的诞生让家庭生活迎来了崭新的篇章。家庭成员会因一个新成员的到来而欣喜不已，特别是作为头胎家庭来说，年轻的夫妻荣升为父母，但他们却没有"父母说明书"可以学、无法领取"父母毕业证"合格上岗，所以往往会从最初的期待和喜悦，落空为日复一日的操劳和抱怨，甚至逃避父母责任。而此时婴儿只能依赖唯一的环境——家庭教育环境，家庭成员的一言一行都直接影响婴儿的身心发展水平，婴儿就像一张白纸，任由家长的管教方式涂抹，从而形成了人生的底色。年轻的家长若能在该阶段就掌握婴儿的身心发展规律、了解家庭教育的主要内容和办法，便是先持证再上岗，有了更多的知识储备和底气，对养育健康聪明的孩子、维护和谐的家庭关系起到至关重要的作用。

　　本章首先从婴儿期儿童生理和心理发展的特点出发，揭示该阶段儿童的主要发展任务和规律，从而锁定适宜该年龄段的家庭教育主要内容和特点，最后提出有针对性、有可操作性的婴儿期家庭教育的具体方法。

第一节　婴儿期身心发展特征

　　婴儿期是0～3岁的人生发展阶段。儿童的生理和心理机能发展通常都以3～6个月作为分水岭，例如身体生长发育、感知觉、动作、思维、语言、自我概念、情感、个性和社会性发展等方面，0～3岁入园前的婴儿和3～6岁入园后的幼儿

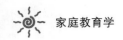

有着较本质的区别。由于婴儿年龄较小,难以使用明确的语言或行动来表达自己,所以成人很难理解婴儿,不知道他此时需要什么,也不知道他是怎么想的,为什么要这样做。因此家长常常会误解孩子,甚至给孩子贴上不良标签。但是当家长学习了婴儿身心发展知识,能够理解该阶段婴儿有特殊的身心发展规律,知道他们这些表现都是正常的,便能缓解教养焦虑,从容的遵循发展规律为婴儿提供科学的喂养和教育指导,从而促进婴儿身心的健康发展。

一 婴儿期生理发展

婴儿期生理发展迅速,该阶段是婴儿对世界初步探索、形成基本动作的主要阶段。其发展内容主要从身体生长发育、感知觉发展和动作发展这三个部分展开。

(一)婴儿身体生长发育

婴儿期儿童身体发展是人生全程中最迅速的阶段。该阶段早一个月和晚一个月出生的儿童都有截然不同的生理表现,如新生儿仅在头一个月里体重就增加自重的一半或以上,这是未来任何一个月龄阶段无法企及的发展速度。除了身高体重发展快速变化外,婴儿的"身材"也在发生着较大的变化,由原先呈现出"婴儿肥"头大身小的身体形态,逐渐按照头尾原则的规律发展躯干和四肢,变得越来越修长,从而支持身体运动的发展需求。

(二)婴儿感知觉发展

1. 婴儿听觉发展

听觉能力开端于胎儿期 4 个月左右,婴儿自出生起最敏锐的感觉是听觉。新生 24 小时内的婴儿已经能对听觉刺激做出追踪的反应,并有音乐感知能力;出生仅 3 天的新生儿已经对母亲的声音产生了感知偏爱;5 个月的婴儿能够区分出母语与其他语言的不同,6 个月的婴儿能敏锐地识别母亲的声音。①

2. 婴儿视觉发展

出生一天的新生儿在空白视野里进行水平方向的视觉搜索,其眼动无目的,

① 周念丽.学前儿童发展心理学[M].上海:华东师范大学出版社,2014:43-45.

容易被家长误解为孩子视力有问题,但事实上出生超过一周的新生儿才开始对图形特征进行有倾向性的探索,表现出视觉聚焦能力增强。出生两周内的新生儿对明暗反应敏感,超过两周的新生儿才开始具备颜色辨别能力,4 个月的婴儿对颜色的感知能力已接近成人。

3. 婴儿形状知觉发展

心理学家使用视觉偏爱法测试婴儿对物体形状的辨别能力,发现婴儿随着年龄的增长,逐渐偏爱看新奇、复杂的东西,而且不同阶段的婴儿最合适的视觉刺激皆不同,这说明婴儿在不断地记忆和学习新信息。

4. 婴儿味觉嗅觉发展

新生儿出生后便表现出味觉偏好,他们吮吸甜味汁液的频率和持续时间快和长于其他味道的液体,且表现出对不同味道的表情变化,例如甜味能让婴儿减少苦恼,引发愉快的情绪。新生儿还能对不同的气味做出反应,对牛奶的气味表现出偏爱,出生两周后便可以通过乳房腋下的气味来识别母亲。

5. 婴儿触觉发展

2 岁前的婴儿主要靠触觉来认识世界,也通过身体的亲密接触来发展与父母的依恋关系,因此触觉是婴儿认知和社会性发展重要的感觉通道。如果经常温柔地拍打按摩婴儿,并引逗婴儿微笑,婴儿就能跟抚养者建立良好的互动关系,从而为建立安全的依恋关系奠定基础。新生儿出生后即有触觉感受,这源于他们先天的无条件反射动作,比如吮吸反射、抓握反射等。婴儿对抚摸、温度和疼痛都很敏感,但长时间被拍打某个部位也会产生习惯化反应。

通常婴儿自出生起就喜欢用口腔吮吸来了解外界事物,如把手放进嘴里、把看见的物品放进嘴里,1 岁前,口腔探索是婴儿认识世界的主要方式。但随着年龄的发展,半岁后的婴儿开始出现眼手协调的动作,即视觉和手的触觉协调活动,其标志性行为是伸手能抓到东西,8 个月左右的婴儿能双手摆弄物体,从多个角度认识物体。

(三) 婴儿运动能力发展

0~4 个月的婴儿动作大多数是无条件反射活动,不受意识的支配。但随着身体机能的发展和认知需求,2 岁内的婴儿开始掌握人生最初的、最基本的动

作,如独立行走、取放物品等,这是婴儿期的主要运动发展特点。到了 2 岁后,儿童控制肌肉系统运动的稳定性越来越强,开始表现出更加自如的动作,如走、跑、跳。总体来说,婴儿运动能力的发展呈现出以下几方面规律:

1. 从整体到局部

婴儿最初的动作是全身性的、笼统而散漫的,之后才逐渐变得更为精准、局部。比如将一块毛巾搭在 3 个月的婴儿脸上,他会全身晃动来挣脱这块毛巾,但是再过 3 个月,该婴儿就知道用手拉开毛巾来解决问题。

2. 从上到下

婴儿最早的动作表现在眼部和嘴部,随着月龄的增加,在头一年里将依次发展出颈部抬头、俯卧撑、翻身、拉坐、独立坐、匍匐爬、手膝爬、扶站、独立站,最后是行走。每个月龄儿童能力水平的发展表现皆有突飞猛进的变化。

3. 从近到远

婴儿的动作从头部和躯干开始,逐渐发展四散到双臂、双腿、双膝、双手和双脚,甚至是手指、脚尖。越靠近核心躯干的动作发展越早,越远离核心躯干的末端肌肉运动越晚。

4. 从无到有

婴儿早期的动作具有无意性,不受意志支配,仅是对外界环境刺激做出本能性的反应,比如尿湿了感到不舒服便哭闹喊叫,这是无条件反射的行为。但是随着月龄的增加,婴儿的动作开始变得越来越有目的,表现出动作有意性特点,如想要眼前的玩具,便会爬向它。

5. 从大到小

婴儿先呈现大肌肉群的动作,如抬头、翻身、爬行和走等,这常伴随着全身运动神经的活动。随着月龄的增加,需要小肌肉运动的精细动作逐步发展起来,例如用勺子、翻书、涂鸦等。

在大肌肉运动方面,婴儿坐、爬行和直立行走等动作的发展对生活起到了至关重要的影响。当婴儿可以独立坐时,便开始有机会观察丰富而立体的周围环境,而不用只能被动地看着天花板,这为今后发展方位知觉提供了条件。当婴儿能够爬行时,他们不仅能看到,而且还能亲身触摸和体验到外界事物,发挥自主性去自己想去的地方。当婴儿能直立行走时,他们的活动纵深范围更宽广,越来越能够参与其他家庭成员的日常生活。

在精细运动方面,婴儿由于在坐立和行走中解放了双手,得到了近距离认识和探索周围环境的可能,从而促进了智能发展。这在婴儿期主要表现在能手眼协调的够取物品、用手来解决日常生活问题,在发展生活自理能力上,如他们捡起掉落的饼干、开关盖子、洗手、吃饭、穿衣等,精细运动的快速发展为婴儿能够适应今后幼儿园的集体生活提供了可能。

 二　婴儿期心理发展

婴儿期也是人类心理发展最迅速和心理特征变化最大的阶段,基本的心理活动在该阶段开始萌芽。此时婴儿开始认识世界,各种基础认知活动出现,言语开始萌芽,自我意识初步形成,伴随着基本情绪的理解和表达,人际交往也开始发展起来。

(一) 婴儿认知发展

1. 建立条件反射

0～1岁的婴儿开始出现条件反射,这是人类心理的发生。如被抱起的喂奶姿势会和吃奶动作在多次先后发生后,婴儿就会建立条件反射,只要被抱起就期待吃奶。这是婴儿维持生命、适应新环境需要的基础机制。这启示父母要积极承担养育责任,为婴儿提供稳定的教养环境,从而让婴儿养成有规律的生活习惯,学会生活。

2. 认识世界

2～3周的新生儿会通过视觉、听觉的集中来提高注意力,当刺激事物反复出现多次后,婴儿每次的注意时间缩短,表现出已经"记住了"这个旧刺激,这被称为习惯化,但是当新刺激出现时,婴儿的注意时间突然延长,说明他又开始了新一轮的学习,这被称为去习惯化。婴儿便在从习惯化到去习惯化的反复变化中认识和熟悉周围世界。

3. 运用手解决问题

2～3个月婴儿开始出现手眼协调的情况,能够用手有目的地摆弄物体,把手当成认识工具和劳动工具。到了1岁半的婴儿能够准确地拿取物品,根据物体特性来使用,如以特定的"舀"的动作来使用勺子,用"翻"的动作来看书,并且在多次练习后能够灵活地把物体当成工具解决日常问题。

4. 言语和思维的发生

在言语发展方面,6个月婴儿开始喜欢发出各种声音,通过玩舌头来练习发音,9个月的婴儿能理解一些常用词汇,并按照要求做动作,比如说"再见"时会挥手,10个月的婴儿开始用不同的声音表达不同的意思,而真正意义的"会说话"则发生在1岁左右,此时儿童能使用准确的单词招呼别人,如见到妈妈说"妈妈"而非"奶瓶"或"爸爸"。当1岁到1岁半之间的婴儿进入理解语言阶段时,他能听懂许多话,但并不说;而到了1岁半后的婴儿则进入突然开口说话的时期,他们开始喜欢表达,喜欢模仿大人说话,特别是一些能引起他人强烈反应的话,比如粗话。

在思维发展方面,通常1岁以后的婴儿开始出现最初的概括和推理,例如能按照不同性别、年龄来区分他人;2岁的婴儿开始会讲道理,甚至与人争辩,但内容非常具体,总是与当下的活动联系。同时,婴儿的想象力开始萌芽,他会拿着物体进行想象性游戏。

(二)婴儿人格发展

根据美国心理学家埃里克森的人格发展阶段理论,人的一生可分为八个阶段,每个人生阶段都有其需要面临、克服的发展任务,如果人能顺利完成发展任务将获得心理健康,若未能完成、受到阻碍则将来会重新遇到这个问题,反复滞留在该阶段。其中0~3岁便呈现出第一、第二阶段不同的发展任务。

第一阶段从出生开始到1岁半,其发展任务是基本信任和不信任的冲突。此时婴儿的所有哭闹都基于自己的愿望是否得到满足,如果父母能及时出现满足孩子的愿望,则亲子之间建立起基本的信任感;如果父母忽视孩子发出的需求信号,将孩子长时间或多次置于无助的状态之中,则孩子对父母无信任感。该冲突若不解决,孩子一到陌生情境下便会充满焦虑。

第二阶段是从1岁半到3岁,其发展任务是自主与害羞的冲突。此时婴儿由于基本动作能力已经发展起来,有了自己的主见,开始进入人生发展的第一个反抗期。由于该阶段婴儿需要学习社会规则,父母便承担起控制儿童行为规范的责任,帮助儿童养成良好的生活习惯,如形成文明而健康的用餐习惯、大小便控制性练习、按照合理的作息来安排一日生活等。但是婴儿会反复强调"自我"的存在来反抗父母管理。该阶段如果父母如果管理过于严格,使用过度的惩罚或给婴儿施加较大的压力,则婴儿会产生怀疑和羞愧的心理状态,不敢挑战新事物。而如果父母放任不管,则婴儿无法学会必要的社会规则,难以适应社会生活环境,加剧下一阶段入园困难的情况①。

(三) 婴儿情绪发展

新生儿出生后会立刻产生三种原始的情绪反应,它们分别是:害怕、愤怒和爱。这些情绪通常与婴儿的生理需求是否得到满足直接有关,比如婴儿在听到刺激性的声响和失重时大哭,在身体活动被限制时会愤怒地挣脱踢打和哭闹,在被抚摸、拥抱时做出安静的反应。但是这些反应都是笼统的,随着大脑发育逐渐成熟,1 岁后婴儿的原始情绪逐渐会分化出更多的种类,有更丰富的面部和身体表现,到了 2 岁左右已经出现各种基本情绪,如愉快、惊奇、悲伤、愤怒、厌恶、兴趣、轻蔑和痛苦。

年龄越大,婴儿的情绪动因越从生理性需要转向社会性需要。比如当他想要爬向某处够取物品时父母制止而出现矛盾时,婴儿的社会性需求得不到满足则感到愤怒,得到满足则感到愉快。

(四) 婴儿社会性发展

婴儿会主动招呼、吸引人。满月后的婴儿经常使用哭泣的方式来表达社会性交往的需求,招呼别人来关照自己,但他们也喜欢通过游戏和笑来吸引家人跟自己玩。通常 5 个月以前的婴儿能接受任何人的引逗,不区分生人熟人。5～6 个月后婴儿开始认生,只愿意与熟悉的亲人亲近,对陌生人开始有抗拒的反应,这既是婴儿记忆力发展的表现,说明婴儿能够记忆存储和提取出不同的人脸,而且也意味着依恋关系开始发展起来。

6 个月后婴儿开始表现出对亲人的依恋反应,即当与主要抚养人在一起时表现得亲近,与主要抚养人分离时会哭闹不安,这是婴儿与家人建立安全依恋关系的关键时期,他们需要不断确认主要抚养人是安全基地,会为其提供稳定的人际环境。这种情况逐渐持续到 3 岁,直至他确认主要抚养人即便暂时离开也会在将来重逢,从而能够安心地适应离开家庭在幼儿园生活。②

① [美] 琳恩·默里.婴幼儿心理学[M].北京:北京科学技术出版社,2020:127-131.
② 张家琼,李雪.亲子园知识百问百答[M].北京:科学出版社,2017:51-55.

第二节 婴儿期家庭教育的内容

新手父母在了解婴儿身心发展规律的基础上,还需要理解婴儿期阶段家庭教育的特点,才能更好地承担哺育婴儿、培养婴儿的语言能力、认知能力、运动能力、社会性发展、做好孩子入园准备等家庭教育任务。

一 婴儿期家庭教育的特点

婴儿期的家庭教育是该阶段儿童唯一的、最初的教育环境,与其他人生发展阶段相比,它具有以下四方面特点。

(一) 启蒙性

婴儿期的家庭教育具有启蒙性特点。此阶段的家庭教育为个体身心发展提供了最初的物质和精神基础,使婴儿从一个生物人逐渐发展为社会人,而不再像只是个会吃喝拉撒的小动物。家长为婴儿所提供家庭环境能够帮助婴儿逐渐认识周围世界,了解环境特点,从而发展出早期的人类身心特点。

(二) 主导性

婴儿期的家庭教育具有主导性特点。婴儿期的家庭教育质量直接决定了婴儿早期发展的质量,婴儿年龄越小,越依赖家庭环境的支持。对于婴儿而言,家长扮演着重要他人的角色,对婴儿施加着最主要的影响。可以说,家庭教育在婴儿生长发育中占据着主导性地位,家长在家庭教育中发挥着主导性作用。

(三) 全面性

婴儿期的家庭教育具有全面性特点。婴儿期的家庭教育作为婴儿发展的唯一环境,为婴儿发展提供了完整全面的教养资源,这是人生其他发展阶段家庭教育所无法比拟的。由于婴儿早期只在家庭中成长,还未接触同学、老师等学校教育环境,也较少与社区环境有直接互动,所以家庭便承担起婴儿全方位的教养任务。因此婴儿期的家长是全能的人生导师,既是养育者,也是教育者,为婴儿提供了系统全面的生活教育。但这也意味着婴儿家长需要面临更大的教养压力，特别是对于已经能自由行动的1~3岁婴儿家庭来说，家长在养护时间和精力上远超于其他人生发展阶段的家长。

（四）预备性

婴儿期的家庭教育具有预备性特点。婴儿期的家庭教育需要为婴儿能够逐渐适应社会生活，迎接幼儿园生活做足预先准备。婴儿在家庭环境中开始学习，并逐渐掌握基本的社会生活技能，越来越熟悉家庭一日生活的作息特点，形成了较有规律的作息习惯，这为他们能够在日后适应逐步拓展的社会生活，尤其是进入幼儿园适应集体生活打下了重要的基础。

二　婴儿期家庭教育的内容

婴儿期的家庭教育主要以健康抚养为主，但也同时担负着婴儿认知、语言、运动、社交能力发展和入园准备的教育任务。由于不同月龄段婴儿发展特点和速度不同，在养育和教育上又呈现出不尽相同的教育重点内容。

（一）提供健康抚养

1. 健康饮食

1岁以内婴儿的家庭教育工作主要在于确保婴儿能够获得充足的奶量。母乳中富含婴儿身体生长和大脑发育所需的各种营养，是该阶段婴儿的重要饮食来源。世界卫生组织在全球倡导母乳喂养，经母乳养育长大的孩子有更强的抵抗力，身体更加强壮。在母乳喂养中，亲子之间能够得到亲密无间的情感连接和爱的传递，婴儿也由此发展稳定的情绪和对人际关系的信任，所以即便母亲奶水不足无法提供母乳，在使用其他乳制品喂养的过程中也应该经常抚摸婴儿，与婴儿亲密交流和微笑，建立起安全的亲子依恋关系。

2. 安全环境

随着婴儿的视野和活动范围、活动能力不断变化，对家庭环境的安全性提出越来越高的挑战。比如一些家里茶几桌面上的瓶瓶罐罐都会成为婴儿的探索对象，但物品的掉落可能会砸伤婴儿；电插座通常都安置在较低的墙面上，1岁以上会爬会走的婴儿对此非常好奇，会把手指伸进去进行探索；一些家具边角较为

尖锐,材质坚硬,婴儿在穿行过程中经常被刺伤或戳中;婴儿喜欢把任何到手的物品放进嘴里探索,所以会误食导致窒息或中毒。因此这提示家长除了在家庭环境布置上专门为婴儿提供特有的安全保障,还需要选择安全、卫生的户外环境给他们更大的探索空间,并给婴儿穿上易活动、有防护的衣服,实时跟进婴儿的活动情况,既要鼓励他们大胆地探索未知空间,又要提醒婴儿注意环境中的危险因素,随时在婴儿身边为其排除安全隐患。

3. 卫生清洁

养育婴儿时的卫生保洁工作非常重要。婴儿的免疫系统低下,对环境中各种细菌的耐受性还未发展起来,容易遭受来自不同病毒的侵害。且年幼婴儿缺乏卫生保健的基本常识,对自我清洁和保护没有自发行动,因此需要家长事无巨细地做好清洁工作,否则婴儿很容易生病。随着婴儿的长大,家长有义务教授婴儿自我清洁的办法,培养良好的卫生习惯,例如饮食习惯、如厕习惯、穿着习惯和盥洗习惯。

(二)发展认知能力

1. 在家庭日常生活中发展认知能力

婴儿主要通过身体的感知来认识世界,他们是具体的行动派,对日常生活环境中的任何物品都非常好奇,喜欢用眼睛看、用耳朵听、用手摸、用身体反复操作来认识事物的特点和规律。比如有些婴儿会反复按电灯开关,通过观察按的动作与空间明亮程度的变化来理解按钮的特点,明白它们之间是有因果关系的。家长需将这些探索行为视为婴儿正常发展的需要,而非淘气所致。平常为婴儿提供合适探索契机,允许婴儿在成人的保护监管下自主使用生活物品尽情探索。

2. 在自然环境里发展认知能力

自然环境也是婴儿认知发展的主要场所,家长日常可多带孩子接触大自然。婴儿从自然环境探索中了解一草一木,通过亲身感知来获得人与自然和谐相处的基本规律,从而提高自己的观察力、专注力、问题解决能力和想象力。但是有些家长较排斥孩子走到户外亲近自然,认为这些地方对婴儿身体健康充满风险,同时会增加自己的养育精力成本,所以剥夺了孩子自然探索的机会,而这将对儿童早期培养科学探索兴趣、发展探究能力造成阻碍。

（三）发展语言能力

1. 培养言语理解能力

培养婴儿言语倾听和理解能力是婴儿语言发展的开端。婴儿一出生就通过聆听他人的声音来学习语言，婴儿早期不会开口说话，但这并不意味着他们没有语言能力，而是正在发展倾听与理解的基本言语功能，他们会通过身体互动的方式表达自己已经听懂了家长的话。通常早期婴儿在家长说话时会凝视对方的脸和嘴，在父母讲完话后会发出喉音或身体做出有对应性的反应，这说明他们已经开始在倾听和理解语言含义。

2. 培养言语表达能力

1岁半前婴儿的言语发展以理解为主，但1岁半后婴儿开始进入词语爆发阶段，他们喜欢说话，愿意与人交流对话，这种变化让家长始料未及，原先沉默不语的孩子突然间就变得能言善辩。言语表达能力发展得好的孩子未来在适应幼儿园生活中更占优势，因此当家长看到这种喜人变化时，应积极鼓励孩子表达，并指导他们清晰表达。

0～1岁婴儿的主要表达方式是哭，他通过哭来向家长传递生理和心理需要，比如要食物、要抱抱、要家长给他拿来有趣的事物等。如果家长即使对孩子的哭声做出正确的回应，又能用语言来描述婴儿哭泣所要表达的内容，婴儿便越来越注意到语言表达的重要，开始尝试用喉音、表情、动作等方式来跟家长互动，例如看到熟悉的人会发出"咕咕"的喉音，模仿大人针对不同事物发出不同的词汇声音。

2～3岁婴儿的词汇量在不断增加，并能将几个词连接成简单的短句，用更加清晰的语言表达自己，开始成为一个能言善辩的孩子。家长一方面需要担当倾听者的角色，在他们讲话时表达愉快接受的情绪，使其愿意继续说下去。如果婴儿想要某样东西但是不愿开口，家长便需要用语言来询问他，给他表达的契机，仔细听他说出自己的需求，而非直接替他说；另一方面，家长还需要担当引导者的角色，可以告诉孩子人物、事物、事件的名称，与婴儿谈论他们感受到的东西，并通过亲子阅读来拓宽对词汇的表达和使用。如果在交流中婴儿表达不清晰准确，家长可以适当予以补充和示范，提示他使用清晰准确的词汇、合适的句子来描述事物和自己。

（四）发展运动能力

1. 培养大运动能力

0～1岁的婴儿逐步学会抬头、翻身、坐、爬行和走的动作，他们只要有机会就会非常活跃地动来动去，他们的肢体运动从被动变为主动。家长可以引导半岁前的婴儿全身的肌肉，帮助他们经常改变身体姿态和所处位置，直至他们逐渐可以自主控制自己的肌肉，通过推拉、伸手、爬行等方式来观察周围世界。在亲子运动中家长可以用语言向婴儿描述他们正在进行的事，从而丰富其对身体和对语言的认识，婴儿在使用大肌肉运动来解决生活问题时，其思维能力和自信心也得到成长，因此家长需创设安全有趣的活动场地，让婴儿可以自由活动探索。

1～2岁的婴儿非常活泼好动，他们能够按照自己的期望来行动，如爬、走、跑。家长需要为他们提供安全的方式来发展平衡、扔、踢和跳的技能。这时婴儿从肢体运动中获得快乐和自豪感，从而建立良好的自信心，胆量变大起来。因此家长应该给他们提供足够大的活动场地，每天都要开展室内室外的活动。

2～3岁的婴儿充满活力，喜欢四处跑动，总是非常快乐和投入，运动是能使他们快速快乐起来的好办法，因此每天保证足够时间的运动非常重要。家长可以在亲子运动中加入方位关系的描述，并尝试用语言指导婴儿注意游戏安全，从而使婴儿乐于在肢体运动中发展思维能力和语言能力，但是该年龄段的孩子开始不愿接受家长的指导，那么就让他们用自己独特的方式来享受运动过程，但要做好看护。

2. 培养精细运动能力

0～1岁的婴儿开始发展手的抓握能力和基本的手眼协调能力，他们喜欢伸手触碰物体，家长可以给孩子提供悬挂玩具、有盖子的盒子、柔软的玩具娃娃和抱枕，帮助幼儿学习认识手。

1～2岁的婴儿手部控制能力增强，越来越能稳定地抓握，并能手眼协调解决生活问题，例如能够握紧勺子往嘴里送食物、简单地穿脱衣服鞋帽等，他们非常喜欢用手来探索外界，但安全意识不足。家长可以给孩子提供安全的玩具供他们摆弄，从而通过手部触摸来探索外界。

2～3岁婴儿的手部精细灵活程度提高，越来越能使用手来自理生活，例如用自主重复固定的动作把勺子里的饭菜送进嘴里、给自己和洋娃娃穿脱衣服鞋帽;同时婴儿在积极参与艺术创作和认识探索之中时,也在发展手部的精细动作,例如懂得使用笔来涂鸦、用积木搭建出较稳定的房屋、较为熟练地翻书等。家长此时需提供丰富的操作材料供婴儿学习手的各种模式动作,例如积木、书籍、画笔、纸张、各种扮家家的游戏玩具。

(五) 发展社交能力

0~1岁婴儿的人际交往主要发生在家庭中,逐渐从能接纳所有人的无差别社交发展为重点依恋主要抚养人的特异性关系,所以这个阶段是孩子认识家庭成员的关键时期。家长会感受到孩子从半岁起越来越分人,原先与父母暂时分离时没有哭闹,在半年后变得越来越抵抗和焦虑。该阶段亲子依恋关系的质量决定了未来孩子与人交往的基本信任关系,因此照料儿童的家长应固定,而不能经常更换主要抚养人,让婴儿体验到稳定的家庭环境,从而在与家人共处一室时感到安心,在暂时分离时容易被安抚。

1~2岁的婴儿大部分时间仍与家人相处,但偶尔也开始关注到周围的伙伴,从而区分自己与他人的不同,这是自我认识的良好通道。家长可以带着孩子去别人家做客,或者参加户外活动、社区活动、早教机构活动,让孩子学会一些基本的人际交往规则,如挥手再见、对话时关注他人等。该阶段婴儿是模仿高手,他经常会模仿父母或家人的言谈举止,特别是那些对他人有影响力的话语和行为,所以家长需要时刻注意自己的行为示范作用,做孩子的好榜样。

2~3岁的婴儿由于正处在自我中心倾向的高峰阶段,他们往往只愿意按照自己所认为的方式来行事,不能兼顾社会规则和他人感受,因此经常与人发生冲突,比如与家长产生意见分歧,与身边小伙伴发生争抢打斗。所以家长此时需要特别注意在亲子冲突时合理调控情绪,耐心地提示他冷静,同理他的不良感受,用言行示范合适的行为方式,告诉他活动规则和他人的感受是不同的,鼓励他尝试用新的视角和社交办法来应对压力事件。如果该阶段婴儿较少与人发生冲突,懂得使用基本的社交规则来与人友好相处,则能较快适应下一阶段幼儿园里的师生关系和同伴关系。

(六) 做好入园准备

婴儿期的家庭教育为婴儿能够逐渐适应社会生活,迎接学校教育做足准

备。婴儿在家庭环境中开始掌握基本的社会生活技能,如使用工具来吃饭、自主如厕、学会基本的清洁和盥洗办法等,他们越来越熟悉家庭一日生活的作息特点,形成了较有规律的作息习惯,这为他们能够在日后上幼儿园适应集体生活打下了重要的发展基础。通常入园适应快的孩子都表现出较强的自理能力,他们在入园前半年里就已经在家庭中逐步发展出了较良好的生活习惯,掌握了基本的自理技能,从而能够应对入园后独自面对生活挑战的压力。另外,如果婴儿家长经常在家庭教育中使用对话的方式与婴儿交流,而不只是命令婴儿完成生活任务,婴儿便愿意大胆说出自己的需求和主张,其语言表达意愿和能力都能得到发展,这非常有利于婴儿发展人际交往能力,促进他在入园后敢于积极地与教师和同伴交流,从而寻求到他人的支持和帮助,缓解自己的分离焦虑。

因此婴儿期家长在婴儿入园前一年到半年便要开始了解幼儿园的一日生活作息安排,尽量将家庭生活作息调整到与幼儿园生活作息相一致。家长可以在家积极教授幼儿基本的生活技能,让幼儿多次练习自己使用勺子吃饭、控制大便小便,学习穿脱衣服、按时吃饭睡觉等。同时家长要鼓励幼儿积极与人交往,多到社区里与同龄儿童交友,体验大胆表达自我的成就感,从而为婴儿做好能力和心理上的入园准备。但是有些家长却忽视这一点,认为孩子只要到了幼儿园自然就能适应,等着幼儿园老师从头开始教孩子,结果便发现孩子有极大的入园焦虑和反抗行为,多次入园失败,亲子双方都反复体验挫败感受。

第三节　婴儿期家庭教育的方法

婴儿家长根据家庭环境特点和儿童发展的需要,可以从认知、语言和体育三个方面来发展婴儿的学习与游戏活动。

❤　一　发展婴儿的认知能力的方法

婴儿在好奇心的驱使下会通过视觉、听觉、嗅觉、味觉、触觉来感受世界,并逐渐学习理解这些信息的含义,最终形成自己的想法和对不同事物的概念,这就是婴儿认知的发展。为了实现发展需要,婴儿家长应多给孩子提供认知活动材料和环境,利用婴儿的感觉来让他认识世界,并告诉他们如何把看到的、听到的、感受到的用语言表达出来,形成有益的生活经验,从而提高他们在玩耍时的思维能力。家长可以具体从以下三个途径来发展婴儿的认知能力。

(一)感知觉游戏活动

感知觉游戏主要通过儿童的各种感官通道来探索不同物品的特性。

0~2岁的婴儿会通过嘴的品尝和感知来进行探索,所以味觉是主要的探索通道。家长可以提供干净卫生、容易清洁的物品来满足婴儿的探索需求,比如吮吸奶嘴、助齿玩具、磨牙饼干。如果孩子稍大,也可以邀请他加入烹饪活动中,让其品尝不同味道、色泽、形态和质感的食物。除此以外,家长还可以激发婴儿视听觉发展,比如可以将图片、悬挂玩具等放在容易被婴儿够取的地方,让他用手摸、用眼睛看、用耳朵听不同颜色、形状、材质和音质的玩具,并积极向他描述物品的感觉感觉,比如"这是红色的。"或者提一些简单的问题,比如"这是什么颜色的?"

2~3岁的婴儿则越来越依赖其他感觉器官来认识周围环境,并逐渐学会用语言来描述各种有趣的物品,所以家长可以让孩子玩各种发声玩具、沙水玩具、不同质地的玩偶、卡片,品尝不同味道的食物、闻有气味的物品等,并细致地描述这些食物,比如"这支笔是直的、硬的、长的。"家长应鼓励孩子说出自己感觉到的东西,从而形成生活经验和概念。

(二)自然探索活动

自然探索活动是婴儿在室内或户外对动植物、大自然事物特点和规律的了解和欣赏。

0~1岁婴儿的家长可以抱着孩子看看窗外,把他们放在婴儿车里来游览户外景色,天气晴好时还可以带上毯子、找到阴凉的地方坐下来小范围的探索周边环境。亲子还可以在户外搜集一些形态各异的自然物做成标本,悬挂起来成为玩具,也可通过饲养小动物、购买动物玩具等来让孩子亲近自然,并向他解释说明这些自然物是什么。

1~2岁的婴儿家长应该确保每天都带孩子去室外进行自然探索,并随时增减衣物。家长可以经常跟孩子谈论在户外感受到的东西,引导他们触摸和讨论

这些自然物,比如触碰到蜗牛触角后问孩子:"小蜗牛藏到哪里去了?"请孩子使用简单的词汇来描述自然。亲子可以一起玩捡东西、阅读自然类绘本的活动,表达对自然的喜爱、尊重和赞赏。

2~3岁婴儿的家长可以带着孩子进行短距离的自然徒步旅行或郊游,玩沙水或寻找小动物,也可以通过照顾家里的植物和宠物来深入了解生态环境、物种习性和人与自然和谐相处的办法。比如家长可以跟孩子一起种植植物,提供安全的容器供孩子搜集自然物、亲子阅读自然书籍和图片、拍摄自然照片等。

(三)数学活动

数学活动是婴儿通过日常生活体验来了解数的概念和词汇的活动,特别是通过听数字来学习数学[①]。

0~1岁的婴儿主要是通过听家长数数、听数字儿歌、听与数量有关的词汇,比如"一个""很多"来获取数的概念。婴儿经常听到家长数数就更容易理解数的含义,但是不要期待他自己能数出来,只需自然使用这类词汇即可。家长应尽量将数学游戏与愉快的情绪联系在一起,比如一边唱数字儿歌,一边与婴儿互动,并按照数量来轻拍婴儿身体等。

1~2岁婴儿的家长可以经常跟玩数数游戏,听和模仿数字儿歌的歌词,在日常生活中听和用简单使用数量词来描述事物。虽然该阶段的婴儿还不能完全理解数的意义,但是多倾听有助于他日后灵活的使用。家长可以搜集一些能用来数数的物品,比如在户外捡到的小石头、家里的瓶盖等,随时随地跟孩子玩数字游戏,向他示范数量词的使用办法。

2~3岁婴儿的家长可以带孩子玩数字游戏,反复听和唱数字儿歌,每天使用数量词和形容大小的词汇来描述周围事物、亲子阅读与数字有关的图书。比如家长带着孩子一起玩串珠子的游戏,串一个数一个,从而让孩子自然学习如何表达数字;也可以提供种类相同但数量不同的玩具,请孩子根据数字来拿取玩具。此时家长需注意多通过提问、做游戏的方式来让孩子自然使用数量词,比如"许多""没有"等,切忌直接灌输教授数字本身,因为抽象地教授时,婴儿没有足够的生活经验来支撑理解它们的含义。

---

① [美]克莱尔.FPG早教方案[M],管倚,王荣,译.上海:少年儿童出版社,2006:212-230.

培养婴儿的语言能力的方法

0～3岁是婴儿语言发展的起步阶段,其中前半段他们主要是用耳朵倾听,主要任务是言语理解;后半段就喜欢开口说话,主要任务是言语表达,两者的发展相辅相成,因此家长可以从亲子阅读活动、日常交流活动中培养婴儿的语言能力。

（一）早期阅读活动

早期阅读活动是婴儿通过听和看家长的讲解、讲故事或图片来理解语音所指代的事物含义。

0～1岁婴儿的家长可以把黑白图、彩色图、简单造型图放在婴儿能看得到、够得着的地方,因为婴儿喜欢看人脸、明暗色调对比强烈的图案,且内容是婴儿日常生活中的熟悉的物品。家长需注意孩子的视角,适当悬挂图片,并经常更换图片,以充分满足婴儿的好奇心需求。在使用图片时家长可以简单描述这张图片,比如:"你看到这只小狗了吗？汪！汪！汪！"

1～2岁婴儿的家长应该孩子提供更牢固的、色彩更鲜艳的纸板书、塑料书、玩具书等。因为此时他们喜欢自己探索图书,比如用手来撕、用嘴来咬等。另外该阶段的孩子开始学会翻页,并按照图片上的提示去生活中寻找相应物品。所以如果家长发现孩子读书时经常离开无须焦虑,因为他们并不是走神了,而是继续用身体体验的方式来验证他们刚才在书里看到的内容,比如看到书本上画了一个马桶,他就会跑跳到厕所里去看看马桶。

2～3岁婴儿的家长可以跟孩子一起玩图片或故事游戏,比如一边讲故事,一边扮演故事里的角色,或者听一部分与孩子讨论一部分,为故事角色配音、给故事床边一个有趣的结尾等。孩子开始越来越积极地在亲子阅读中做出有针对性的回应,持续倾听和参与阅读活动。此时家长可以在家里创设一个舒适的图书角,为婴儿选购单页内容的图片书,或简单情节反复出现的故事书,也可准备手指偶、布偶等辅助工具来做故事角色扮演游戏。

（二）日常交流活动

日常交流活动是婴儿通过与家长非正式的交谈来掌握口语交流规则、学习口语表达办法,从而能够清晰地表达自己的需求。

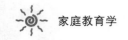

0～1岁婴儿的家长如果仔细观察就会发现,即便孩子还没有开口说话,他们也在学习口语交流规则,比如凝视说话者、在对方停止发言后自己才发出声音等,他们还会通过牙牙学语、挥舞手脚来积极参与到对话当中。所以家长在照料婴儿时应配上对话或解说,当婴儿发出声音做回应时马上跟他互动,比如重复他的声音,让他知道你在用语言表达的方式关注他,并说出他此时正在看到、听到、闻到、尝到和摸到的内容。

1～2岁婴儿的家长需随时与婴儿展开交流,当婴儿开始使用语言来表达需要时,哭泣次数就会减少,家长也越来越能明白孩子的意图。此时孩子开始开口说话,这会让家长非常惊喜和自豪,但如果他开口时间稍晚几个月,家长也应保持足够的耐心,并提供丰富的对话环境,而不是总把孩子放在电视面前或单方面地给孩子下指令要求其执行,而是用交流的方式询问孩子意见。比如在喝水前不是直接命令孩子去喝水,而是询问他:"你要喝水吗?"使孩子有机会表达需求"要"或"不要"。

2～3岁的婴儿家长要做孩子的倾听伙伴,因为此时婴儿特别喜欢说话,他们在交谈时会把刚学到的词语或表达方式马上用起来,并有针对性地回答大人的问题。因此家长应预留出更多时间专门与孩子对话,并在对话中表达对孩子的赞赏。如果孩子发音不清或表达方式不合理,家长可以用清晰的发音和恰当的词汇来提示婴儿,并在他们所说的话上补充更多内容。比如孩子说"要吃苹果。"家长可将它扩展为"宝宝要吃红苹果了。"

❤ 三　开展亲子体育活动的方法

婴儿的身体运动总是异常活跃,他们随着动作能力的发展,越来越能通过自主运动来解决日常生活问题,并获得愉快的情绪。因此婴儿家长可以通过与孩子一起做大肌肉运动和手部精细活动来培养孩子的自信心,并获得更加亲密的亲子依恋关系。

(一) 大肌肉运动

0～1岁婴儿的家长可以经常给孩子做被动操和抚触按摩,从而帮助半岁以内的孩子认识自己的身体,并开阔视野。比如当家长把孩子抱起来或拉坐起来时,孩子便能够看到四周的环境,而不只是天花板,于是他们就会产生更多的好奇,想要坐起来自己了解周围事物。当半岁后的孩子越来越能自主活动,比如能坐稳、爬行、站立时,家长可以陪伴孩子一起玩地面游戏,随时在他周围做好安全保护工作。一些亲子互动类的体育游戏,如抱起来、举高高等深得婴儿的喜爱,同时也在锻炼孩子的胆量、树立自信心、探索积极情感的表达方式。

1~3岁婴儿的家长每日可带着孩子到户外社区、公园或幼托机构玩耍,从而满足婴儿强度更大、更具挑战性和独立性的运动需求。安全、牢固的玩具器械能够帮助他们发展多种运动技能,比如攀爬、走跑跳和平衡。家长开始给孩子购买坐骑玩具、球类和推拉玩具来支持他们每天都有机会运动玩耍,在孩子玩耍时,家长可以用语言来描述他们正在进行的大肌肉活动。

（二）手部精细活动

0~1岁婴儿的家长要帮助孩子意识到手的作用。当婴儿开始观察他们的手时,学习契机就发生了,家长提供一些能让婴儿抓握、摇晃和摆弄的玩具,让婴儿知道手的运动能使外在的物体发生改变,从而意识到手的存在,发现手的作用,逐渐控制手的动作来解决生活问题。同时,婴儿经常通过触摸、咬来认识周围环境,所以家长需要给他们提供安全的材料来够取。这个阶段的孩子适合抓握一些有手柄的玩具,并在眼前晃动,从而发展手眼协调能力。

1~2岁婴儿的家长可以给孩子购买容易抓握的玩具来锻炼小肌肉,虽然刚开始时他们可能会抓不稳,但是他们越来越有兴趣探索自己的手,喜欢用手来解决游戏和生活需求。家长可以先给孩子示范使用办法,并用语言来解说和提示操作过程。当孩子没做对时仍然鼓励他继续尝试,完成任务后及时表扬他。

2~3岁婴儿的家长给孩子提供需要更多手部控制技巧的材料,帮助他们学会手腕、手指的动作控制。一些组合拆装类玩具能帮助他们充分探索不同的手部动作模式,但是注意在玩这类小玩具时控制数量,并陪伴他完成,以免在不经意时误食。另外此时孩子喜欢涂鸦,所以可以提供更多美术材料来进行手部探索。自主进餐时学习如何使用餐具也是练习在控制手部动作,从而达到灵活和稳定。

四　建立规则意识的方法

婴儿进入1岁起就有自主意识,2岁便达到自我中心倾向的高峰阶段,只按照自己的意愿来理解和对待周围事物,表现得爱说"不",并伴随非常执拗的行动

和抵抗的情绪。通常没有建立好规则的家庭在孩子2岁后便进入了的亲子冲突爆发期,但这其实是可以事先预防的。因为7～20个月是父母树立权威形象,给孩子立规矩的重要时期,父母可以使用限制活动的方式来制止孩子的各种不适宜行为,让他知道只有做了适宜行为才被接受,而讲道理则是一个无效办法。此时,可以运用"限制活动"办法来建立规则意识,促进孩子的社会性发展。

"限制活动"办法是在15～30秒内通过空间隔离来限制孩子的活动,比如对于1岁左右的孩子来说,换尿布的时候可以制止他的一切行动,对于1～2岁的孩子来说则是把他放在一个有空间限制的栅栏里让他停止和冷静。这种方法具有强迫的对抗力,但是有效,这能让婴儿清楚地从行动结果上明白自己该怎么做才是对的。在这期间家长可以让孩子自己哭一会儿,不快感会帮助他明白自己无论做什么都不会改变家长的决定,从而服从管理。到了将近2岁时,婴儿开始发展具有概括化的思考能力,他们越来越知道自己的不良行为会产生消极后果,所以这时限制活动再加上解释原因、讲道理等办法,孩子才能理解。

限制活动的办法使用在孩子提出不合理要求,并用各种任性办法来试图让家长满足时,比如孩子经常打老人、抢别人的玩具、为了得到想要的东西在地上撒泼打滚等。这时家长要态度坚决,不可因为孩子升级的反抗和哭闹而心软放弃,否则下次在执行起来就更加困难。这是个谁说了算的关键时刻,如果家长坚持住了,孩子则在未来冲突情绪较少,懂得如何以合适的方式自处和人际交往。这类管理看起来有些强硬,但是并不会影响亲子的感情,因为亲子依恋关系已经在前期建立起来了。

但是从源头来说,家长可以通过环境布置来减少孩子说"不"的机会,创设更接纳的家庭生活环境和心理氛围。比如把不想让孩子随意触碰的东西藏起来或置于高处,孩子能触碰到的地方都是家长允许他探索的空间,这是一个没有拒绝的安全环境,孩子的好奇心和自信心由此得到发展。而未经控制的环境会增加家长对孩子的行动限制,给孩子平添巨大的心理压力,孩子说"不"的频率便会提高。[①]

🖤 五　做好入园准备、缓解分离焦虑

0～3岁的婴儿需要父母的全天看护,这是他们人生发展的良好起点,孩子

---

① 钱儿妈(白雁飞).给孩子立界限[M].北京:中信出版社,2018:144－151.

也因此与父母之间建立了深深的依恋关系。随着孩子年龄的增长,需要离开父母,进入托儿所或者幼儿园,开启他们的人生新篇章。但是,年幼的孩子常常无法适应与父母分离,甚至因此产生严重的分离焦虑。因此,孩子何时可以接受日托或幼儿园生活,家长需要为此做出哪些准备,如何缓解分离焦虑情绪,便成为婴幼儿家长需要提前了解的知识。

(一) 选择合适的分离时机

在 1 岁半后,父母与孩子经常有短暂的分离,对亲子双方都有好处。虽然此时孩子会因见不到父母而感到难过,但是反复而有规律发生的事实帮助孩子知道家长即便离开但仍然会回来,比如家长去上班后还会下班回家。在有条件的家庭里,替代抚养人是祖父母或保姆,他们承担着父母离开时的主要照料责任和压力,由于婴儿仍身处于家庭环境之中,亲子的暂时分离显得较为容易。但是如果选择托育结构服务的话,人际环境和物理环境都发生根本性的变化,全天的日托对 2 岁以内的婴儿来说显然是不合适的,家长可以采取几小时内的托育,因为此时婴儿每次与主要抚养人分离都存在较大的焦虑和对抗行为,且日常护理上也存在较多的任务和压力,所以更合适的入园准备开始时间是在 2 岁半左右。

在正式进入幼儿园生活之前的半年,家长可以采取半日托的方式让孩子慢慢适应生活的变化。婴儿可以在新的环境中练习自己表达需求,发展自我整理和清洁的能力,学习建立和谐的同伴关系和师生关系。但不适合把他插班安排进比他年龄普遍大的小班里,而应为其找到合适年龄段的托班来就读,因为托班里儿童人数较少,教师更有耐心和精力去关照每个孩子,孩子在班里也不会总是处于弱势下风的地位,他有机会体验到自己是个有能力的人,这能帮助他更容易适应新环境。

(二) 做好充分的分离准备

一旦家长决定要送孩子去托育服务机构或幼儿园,孩子要面临较长时间的亲子分离,家长便要为下一阶段的到来做好准备。为了能尽快适应新环境,准备阶段应至少有 2～3 个月,这期间家长可重点培养孩子的言语能力和自理能力。

在语言准备方面,孩子如果能够听得懂别人说的话,对他人的指令有针对性的反应,甚至能表达出自己此时的需求,他们就能及时而充分地得到看护人员的生活照料和情感关怀,从而愿意接纳新环境。所以家长应经常与孩子对话,观察

孩子对语言信息的反应,激发孩子的表达欲望,表扬孩子用语言来解决问题,而非使用情绪宣泄来获取关注的任何表现。在孩子说得不够清楚时请他再说一次,耐心地解析并示范正确的表达办法。

在自理能力准备方面,孩子如果能自主进餐、自主控制大小便、懂得简单的穿脱衣服办法,则较少遇到生活困难,在情感上接纳分离事实后会很快适应新环境。所以家长可以事先带着孩子去选购他喜欢的餐具,放手让孩子在餐桌上尝试自己使用餐具进餐,表扬他任何正确使用餐具的举动,即便弄脏环境也不指责;在孩子能控制大便后才考虑送托,教孩子使用便盆和穿脱裤子的办法,给他充分的练习机会,即便孩子有时还没到便盆前就已经控制不住尿出来,也表扬他往便盆方向走去的举动。

(三)温和而坚定的分离过程

家长应在入托或入园前几天告诉孩子分离这件事,并带着孩子去新环境参观,与老师见面,愉快地玩耍一下,给孩子留下良好的园所印象,从而做好将要分离的心理准备。

在入托或入园当天家长保持愉悦的心情,陪伴孩子来到新环境,温和平静地跟孩子告别,用令人感到温暖的仪式如亲吻、拥抱来表达对孩子的爱,然后把孩子交给老师管理,态度上要温和而坚定,不表现出焦虑和犹豫,相信孩子有能力应对好这一天的新生活。孩子会参照家长的情绪来理解入托或入园这件事的意义,如果家长是理性接纳的态度,孩子也更容易平和地接受分离的事实;但如果家长表现得过分担忧,孩子会认为这是一件有压力的事情,也会表现出情感抗拒和警惕、不参与活动、回避人际交往、甚至生病等问题。

通常第一天入园回到家孩子的情绪会非常愉快,但是第二天起床再去上学时会表现出不乐意的情况。由于晨间时间较短而生活环节却较多,亲子间会爆发较大的矛盾。为了避免这类问题出现,家长可以在头天晚上就跟孩子一起准备好书包和衣服,跟孩子约定一个明天起床后令人愉快的事情,比如得到一段特别的亲子拥抱时刻、播放一首好听的曲子等,让孩子对起床充满期待。当孩子在入园过程中出现哭闹时稍加安抚,同理他的感受,并明确地告诉他爸爸妈妈会来接他,在他入园后做完什么事情就能看到爸爸妈妈,最后仍是坚定地离开。通常在经历了一个月左右的情感反复后,孩子会逐渐适应分离过程,从不接纳慢慢变成接纳,甚至在新环境下获得意想不到的收获,如好玩的游戏和玩具、有趣的朋友、友善的老师等。

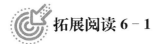

拓展阅读 6 - 1

婴儿期家庭教育的活动方案

案例1

找 声 源

适用年龄	0~1 岁	目标能力	认知-感知觉
操作时间	1~10 分钟	操作场地	室内
前期经验	能听到声音		
实施办法	家长轻轻地在孩子头部斜上方晃动响铃或沙蛋,请孩子注意到声源,然后在耳朵一侧晃动,再换另一侧晃动。 家长一边操作,一边用话语轻声引导,但不替他转头,观察孩子是否会朝着声源方向扭头。		

案例2

学学小宠物

适用年龄	0~1 岁	目标能力	运动-大肌肉爬行
操作时间	2~5 分钟	操作场地	室内外皆可
前期经验	手和膝盖支撑着跪		
实施办法	家长用手和膝盖支撑,跪在孩子身边,给孩子示范前后左右的摇动身体,模仿宠物猫狗的动作慢慢地伸展身体,锻炼不同的肌肉群。 鼓励孩子跟你一起做,并观察他是否模仿该动作。		

案例 3

帮 我 拿

适用年龄	0~2岁	目标能力	语言-言语理解
操作时间	3~5分钟	操作场地	室内外皆可
前期经验	能理解一些日常词汇,会用手捡起玩具,会爬		
实施办法	把一个空奶瓶放在桌子上,一个熟悉的玩偶放在旁边的床或沙发上。问孩子奶瓶在哪里,请孩子帮拿奶瓶;问孩子玩偶在哪里,请孩子帮拿玩偶。 观察孩子是否能从正确的地方拿到正确的物品,无论正确与否,家长都在孩子拿到时告诉他该物品是什么名称,在什么地方。		

案例 4

我 的 身 体

适用年龄	1~2岁	目标能力	认知-数学
操作时间	1~3分钟	操作场地	室内
前期经验	能认出镜子里的自己,能听得懂一些与身体有关的词汇		
实施办法	家长和孩子站在镜子面前,指着孩子的眼睛、鼻子、耳朵、手和脚,告诉他这些部位各自的数量,让孩子看到镜子里的自己。 问孩子谁在镜子里,各个身体部位在哪里,请在自己的身上指出这些身体部位,观察孩子是否有能力两条腿、两只手、两只眼睛、两只耳朵都找到。		

嵌 套 游 戏

适用年龄	1～2 岁	目标能力	运动-小肌肉抓握
操作时间	2～10 分钟	操作场地	室内外皆可
前期经验	能同时使用双手		
实施办法	家长先示范将一个嵌套玩具从游戏框里拿出来,再放回去,请孩子也按照家长的办法来做。如果孩子不愿意,则可以把嵌套玩具倒出来,引导孩子把两块积木拼搭在一起,再拆分开,最后和孩子一起把玩具一个个放回嵌套的游戏框里。观察孩子是否能将两块玩具进行拼接和拆分,是否能正确把一块玩具放回原处。		

还 要 玩

适用年龄	1～2 岁	目标能力	语言-交流对话
操作时间	3～10 分钟	操作场地	室内外皆可
前期经验	会说一些词		
实施办法	家长唱一首孩子爱听的儿歌,并把孩子放在膝盖上,抱着他上下弹跳,然后问孩子:"你还要再来一次吗?"观察孩子是否会说"还要",或者能用动作暗示家长要再来一次。如果孩子还不会说,可以示范告诉他怎样提要求,然后再让孩子说一次,若是说对了就再玩一轮。		

案例
7

观察小虫子

适用年龄	2～3岁	目标能力	认知-自然探索
操作时间	2～10分钟	操作场地	室外
前期经验	小心地对待动物		
实施办法	家长带孩子在草地上观察,当发现蚯蚓、蚂蚱等昆虫时,表现出积极的兴趣与他们交谈。拿干净透明的容器来装小虫子,让孩子全方位观察一轮,然后再把虫子放生。和孩子一起选择一个合适的地点做告别仪式。但是注意在观察之前先查阅此昆虫是否有毒。		

案例
8

自　由　舞　蹈

适用年龄	2～3岁	目标能力	运动-大肌肉律动
操作时间	5～10分钟	操作场地	室内外皆可
前期经验	能走、跑、跳,会跟随音乐摆动身体		
实施办法	家长每次播放不同风格的音乐,鼓励孩子用自己的方式随音乐节奏舞蹈,或者轻轻拉着他的手一起舞动,加入孩子的舞蹈中来,表明自己也喜欢跟着音乐跳舞。 舞动中可以随时更改步伐,有走、跳、跑和爬等。		

它 是 谁

适用年龄	2～3 岁	目标能力	语言-阅读
操作时间	5～10 分钟	操作场地	室内
前期经验	能识别和说出熟悉图片中的事物名称		
实施办法	家长选出孩子常看的几张图片，每次出示一张，家长用手盖住该图片物体的一部分，请孩子猜一猜这是什么东西，如果孩子猜不出来就再露出一点，一张图片玩三四次，直至孩子猜对。		

第七章
幼儿期的家庭教育

学前儿童从广义上说是指从受精卵开始到正式接受小学教育之前的儿童，狭义上说是指 3～6 岁的儿童①，学前儿童时期包含生命的四个时期，即产前期、婴儿期、学步儿期和幼儿期（童年早期）②，本章关注的是幼儿期（3～6 岁）。现今有关学前儿童家庭教育的主要几种定义是：一是指"实施学前教育的重要组成部分，主要是指在庭中对学前儿童实施的非正规教育。学前儿童家庭教育一般由儿童的家长如法定监护人、养护人或其亲属承担"③。二是指"父母或家庭里的其他年长者自觉或不自觉地、有意或无意地对儿童施行的教育和影响"④。三是指"虽称之为'教育'，但并不是要'教'什么之类的特地有所准备的教育，而是亲子、兄弟姐妹之间在感情的'自然流露'中所进行的教育。而且，只有亲子、兄弟姐妹之间感情的'自然流露'才是真正的婴幼儿教育"⑤。四是指家庭成员之间的相互影响和教育，是在家庭生活中，由家长（主要是父母或其他长辈）对 0～6 岁的儿童进行的教育和施加的影响⑥。本书认为幼儿期的家庭教育主要指向 3～6 岁儿童的家长在家庭生活中对其实施教育和施加影响的一种非正规教育。

---

① 顾明远.教育大辞典［M］.上海：上海教育出版社，1999：534.
② 李晓巍.学前儿童发展与教育［M］.上海：华东师范大学出版社，2021：2.
③ 卢乐山，林崇德，王德胜.中国学前教育百科全书（教育理论卷）［M］.沈阳：沈阳出版社，1995：7.
④ 祝士媛，唐淑.幼儿教育百科辞典［M］.上海：上海教育出版社，1989：26.
⑤ ［日］中野佐三.幼儿和家庭成员的关系［M］.愚心，译.北京：人民教育出版社，1985：1.
⑥ 袁爱玲，马莉.学前儿童家庭教育［M］.长沙：湖南师范大学出版社，2016：10-11.

第一节 幼儿期身心发展特征

3～6岁被称为幼儿期,又叫学龄前期,幼儿在这个年龄阶段迅速发展的身体和趋于完善的运动技能,使幼儿的好奇心得到极大满足,幼儿的身心发展也在不断地尝试和探索中日趋成熟。幼儿身体不断长高,身体比例不断变化,骨骼和肌肉不断发展,肢体动作日渐协调,大脑发育迅速,这些生理发展影响并制约着儿童心理的发生和发展。

一 幼儿期生理发展特征

幼儿期生理发展特征主要是3～6岁幼儿的大脑和身体在形态、结构及功能上的生长发育特征。进入3～6岁的幼儿身体发展刚结束身体发育的第一个高峰,身体发展速度变慢,直到青春期再次加快。

(一) 身体和大脑的发展

幼儿从3岁起每年身高增长5～7.5厘米,体重大约增加3千克。幼儿"从头到尾"和"从躯干到四肢"具体表现为身躯变长、手脚变长,身体比例稳定地趋向成人的形状。幼儿的神经和肌肉系统逐渐成熟,骨骼成长,软骨以更快的速度转成骨头,骨头变得更坚硬,肌肉变得更强壮,但是骨化过程还远远未完成,容易变形,这时营养对身体的成长和对体型、骨骼的形成具有极大的影响[①]。这一时期的幼儿肌肉发育不太完善,大肌肉群比小肌肉群发育得快。由于幼儿的新陈代谢较好,恢复肌肉疲劳快,因此,可以安排如短跑等强度稍大、时间较短的体育项目来锻炼。但是要注意循序渐进、劳逸结合,避免过度疲劳,伤害到身体。这一时期还是幼儿脑发育显著加速的时期。幼儿5岁时的脑重约为成人的75%,6岁时的脑重约为成人的90%,脑的结构已相当成熟,皮质兴奋和抑制过程进一步加强,但仍不够平衡,兴奋会强于抑制。随着幼儿脑结构的形成,脑的机能也发展起来,幼儿的抑制过程加强,可以逐渐控制自己的行为,减少冲动性,幼儿精

---

① 周念丽.学前儿童发展心理学[M].上海:华东师范大学出版社,2010:139-142.

确认识事物能力的发展得到促进。① 幼儿期脑的结构已经发展比较成熟,幼儿可以从这个时期开始系统地进行多方面文化知识的基础学习。

(二)运动能力的发展

幼儿期的儿童动作的灵活性增强,粗大动作技能和精细动作技能都有很大的发展。幼儿在做大肌肉运动方面能够逐渐熟练进行多项运动,如单脚跳、跑步跳(这比跳跃要困难,因为跑步跳是在跑步之中加入跳跃或单脚跳的动作。在3岁时会做这种跑步跳的幼儿只有17%,4岁半是60%,5岁半是80%以上。在幼儿园中,常见有韵律来配合做跑步的动作。由于是比较难做的动作,个人差异很大,并且女孩往往比男孩跳得顺、跳得好)、避开障碍物有节奏地走路,借助器械进行多种方法玩球、玩绳等。平衡能力进一步提高,能在一条直线上行走,能攀爬、滑行等。每经过一年,幼儿的活动性和协调性更强,其总体运动进展情况可参见表7-1②。

表7-1　幼儿期总体运动的进展情况

年　龄	总体运动技能
3～4 岁	■ 上楼梯时知道换脚,下楼梯时也知道提住一只脚。 ■ 在跨越和单足跳时知道弯曲上身。 ■ 在做投掷和抓取动作时,知道让上身的力量也参与进来;在抓取时还知道用胸部去挡球。 ■ 知道踩踏三轮车,也知道搬动三轮车的车头。
4～5 岁	■ 下楼时知道换脚;跑步也更平稳了。 ■ 可以用单足跳了。 ■ 在投掷物体时,知道利用身体旋转所产生的力量了,也知道把重量转移到脚上了能够用手去接球了。
5～6 岁	■ 跑步速度增加到每秒36米。 ■ 在奔跑的时候越来越平稳;喜欢跳舞蹦蹦。 ■ 能够进行成熟的全身性投掷和抓取动作;投掷的速度也在增加。 ■ 可以在训练车上做骑车动作。

［摘自劳拉·E·贝克著,吴颖等译:《儿童发展(第五版)》,江苏教育出版社2002年版］

---

① 袁爱玲,马莉.学前儿童家庭教育[M].长沙:湖南师范大学出版社,2016:119.
② 周念丽.学前儿童发展心理学[M].上海:华东师范大学出版社,2010:148.

精细动作方面,幼儿的手眼协调和小肌肉控制也在迅速完善,能熟练地运用双手,较自如地控制手腕和手指,灵活地使用一些工具如剪刀、锤子等。手指小肌肉快速发展,已能较好地控制手腕,他们会对不同的书写工具感兴趣,比如使用画笔进行简单的线条绘画、做一些美工活动,同时在穿衣行动和衣食住行等各方面,幼儿也已经具备了相当的自理能力,到了 5 岁基本能够独立穿脱衣服,把持好勺子,尝试使用筷子,大小便能够逐步脱离大人的帮忙。这个阶段的幼儿还能做一些力所能及的家务,如整理床铺、擦桌子打扫卫生等①。

二　幼儿期心理发展特征

　　在社会发展和自然科学发展的背景以及众多有关儿童心理研究的基础上,科学儿童心理学诞生了,人们围绕儿童的感知觉、注意力、思维、语言、个性、情绪和社会性发展等方面做了大量的研究,并探寻出一系列特征。

(一)幼儿期的言语发展

　　3～6 岁幼儿期的语言发展主要是口头语言的发展,主要表现在语音、词汇、语法、表达等方面。4 岁的儿童能够掌握本民族或本地区语言的全部语音,发音正确率随后会显著提高;基本能够清楚地发出全部的语音;语言的连贯性有所加强,能用完整的句子连贯清楚地讲述表达能准确、简练地回答较复杂的问题;能比较条理清楚地独立讲述看到或听到的事情和故事;敢于在众人面前大方、有表情地朗诵诗歌;较准确地概括故事的主题思想。3～7 岁是人的一生中词汇量增长最快的时期,人们掌握同一类词的内容也在不断扩大,他们还知道如果希望沟通有效,就必须使自己的语言适合听者的理解和需要②。

(二)幼儿期的思维发展

　　幼儿期的儿童思维以具体形象思维为主,能进行一些更加概括的思维和逻辑抽象的思维活动了。这时期的儿童能够逐步根据概念分类,按类别记忆,掌握了部分和整体的包含关系,掌握左、右概念,对因果关系也有所理解;能准确地认识几何图形和立体图形;能全面地感知事物的某些细致特征,发现差别;掌握基

---

① 袁爱玲,马莉.学前儿童家庭教育[M].长沙:湖南师范大学出版社,2016:120.
② 周念丽.学前儿童发展心理学[M].上海:华东师范大学出版社,2010:191.

本的数数、运算、长度和体积守恒。到了5～6岁，其思维更加活跃，表现为爱学、好问，他们的好奇心已不再满足于了解事物的表面现象，而要追根问底，而且还会主动地去探索周围的世界，大胆地进行尝试①。幼儿期的儿童无意注意进一步发展，对感兴趣的活动能集中较长时间的注意力。幼儿参与活动具有一定的稳定性和自觉性，也有了初步的任务意识，能够主动记忆所学内容和成人布置的任务，先记简单的，后记复杂的。随着抽象逻辑思维的萌芽和发展，幼儿可以按自己的生活经验分类，也可以按物体的使用功能分类，其进行角色扮演游戏的复杂性不断提高。

（三）幼儿期的情绪与情感发展

幼儿期的儿童的情绪稳定性和有意性进一步增强，产生了一些比较稳定的情感，并且也有了一定的控制能力，能运用语言来调节情绪。儿童开始能够有意识地控制自己情感的外部表现，如摔疼了能忍着不哭。同时，这个年龄段儿童情绪反应的社会性进一步加强。他们希望引起他人的注意，尤其是得到他们心目中的权威人物的重视，渴望与同伴游戏并建立较为稳定的友谊关系。这一时期，他人的态度表现会直接影响儿童的情绪反应：成人的表扬会令他们欣喜高兴；同伴的拒绝会让他们情绪低落②。

（四）幼儿期的个性发展

幼儿期的儿童对事物已经开始有了比较稳定的态度，开始形成个性，如爱玩玩具、爱玩足球等。儿童5岁以后，随着抽象概括性的发展以及各种心理活动有意性的发展，能较好地建立起社会规则与自己行为的联系、自身行为与他人反映的关系。儿童的自卑感、荣誉感、羞愧感、嫉妒心、好强心等都比以前更加显露，不同儿童也有所不同，这就是自我意识发展的倾向。儿童在群体中能用积极友好的方式与人交往，并重视成人和同伴对自己的评价，也希望得到同伴的接纳。

儿童在五六岁时性格特征和能力已有明显的差异，性格方面已开始表现出顺从的、冲动的、好表现的、攻击的、内向的、外向的以及依赖的等各种不同的特征。这一阶段的儿童能够知道自己的优缺点，能够独立做事情和独立思考问题，

---

① 丁连信.学前儿童家庭教育［M］.北京：科学出版社，2019：120.
② 袁爱玲，马莉.学前儿童家庭教育［M］.长沙：湖南师范大学出版社，2016：120.

做事情有信心，关心长辈、老师和小朋友，喜欢帮助他们做事情，能主动关心班里的事，有集体荣誉感，能在不同情景下主动使用礼貌用语，举止文明，做错事能承认并努力改正，能主动热情地与老师、小朋友和客人交往，热心地帮助解决其他小朋友之间的冲突，协调自己与伙伴之间的关系①。

（五）幼儿期的社会性发展

在相互交往中，该年龄段的儿童开始有了合作意识，能初步控制自己的外在表现，能逐步遵守集体制定的行为规则，能从独立游戏到与小组组员或几个同伴一起玩游戏或完成某些任务。3 岁起他们会选择自己喜欢的玩伴，5～6 岁后会与三五个小朋友一起开展合作性游戏。幼儿的规则意识逐步形成之后，他们开始学着控制自己的行为，遵守集体的一些共同规则。例如，游戏结束后把玩具整理好放回原处，上课发言要举手等。对在活动中违背规则的行为，儿童常常会"群起而攻之"。但是，这一时期的儿童对于规则的认识还没有达到自律的程度，规则对儿童来说是外在的，因此，儿童在规则的实践方面还会表现出以自我为中心②。4～6 岁的儿童更多地表现出助人行为而很少假扮助人者的角色③。

第二节　幼儿期家庭教育的内容

幼儿期的家庭教育是一个重要的家庭教育阶段，相对正规教育而言，家长基本未经过教育方面的专业训练，在幼儿进入幼儿园学习阶段，家长又自然成为"未持证上岗"的教育者。幼儿家长把子女健康发展所需要的良好生活方式、文化常识、优秀品质和自我管理经验等在日常生活中传授给他们，将教育寓于一日生活当中，开始有计划地在幼儿的健康、语言、科学、艺术和社会性发展学习中做好幼儿的"第一任教师"。

家长做教育和学校教师做教育有异同之处，但一切都是为了幼儿的成长。纵观教育发展，在教育目的、任务与内容方面，家长对子女的教育目标与幼儿园

① 丁连信.学前儿童家庭教育[M].北京：科学出版社，2019：120.
② 袁爱玲，马莉.学前儿童家庭教育[M].长沙：湖南师范大学出版社，2016：121.
③ 周念丽.学前儿童发展心理学[M].上海：华东师范大学出版社，2010：238.

（机构）的教育目标基本一致贯通。但是从教育的性质功能、环境设备、途径和形式、管理及评价方面分析,幼儿期家庭教育与学前机构(幼儿园或早期教育机构)教育又有不同之处,例如表 7－2 所示[①]。

表 7－2　学前机构教育与学前儿童家庭教育的比较

	项　目	学前机构教育.	学前家庭教育
相同点	教育目的及目标	根据学前教育法规、社会需要和儿童特点,促进儿童身心的健康发展,为入小学做好准备	使为国教子与为家教子、为子教子相统一,把幼儿培养成社会所需要的人
	教育任务及内容	对儿童进行体育、智育、德育、美育等方面的教育	对幼儿进行健康、认知、品行、审美等方面的教育
不同点	教育性质及功能	专门场所,保育、教育儿童是唯一功能	综合场所,除了有教养幼儿的功能以外,还有休闲娱乐等功能
	教育环境及设备	有保育、教育儿童的各种专门设施和设备,可以做到教育化、艺术化和儿童化	有一些教养幼儿的设备和器械,并不一定做到儿童化
	教育者及教育对象	教师受过职前培训,负责教育全班30～40 个儿童,有纵向辈分及横向平辈关系	家长在做父母前并不一定都受过培训,一般负责教养 1 个幼儿,主要是纵向辈分关系
	教育途径及形式	园所内外的各种活动以集体教育为主,小组教育和个别教育为辅	家庭内外部生活,以个别教育为主
	教育管理及评价	组织性、计划性强,依法办事,多向多层评价	灵活性、随意性强,家长主宰,单向单一评价

　　做好学龄前儿童家庭教育与幼儿园等正规教育的衔接能帮助儿童更好地成长。家庭教育会随着时代和社会的发展而不断变化,以血缘关系为纽带的情感作用是其他任何教育无法替代的。如何展开幼儿期家庭教育? 首要是把握清楚幼儿期家庭教育从哪些方面着手引导。参照目前幼儿园教育的任务和内容,结合我国幼儿家庭教育的具体现状,目前幼儿期家庭教育内容主要涉及健康教育、

——————————
①　李生兰.学前儿童家庭教育［M］.上海：华东师范大学出版社,2006：4.

认知教育、社会性教育、艺术审美教育四大方面。

 健康教育

2001 年 11 月试行的《幼儿园教育指导纲要（试行）》明确规定"树立正确的健康观念，重视幼儿身体健康，同时高度重视儿童心理健康。"个体的健康是保证个体全面发展的前提，是一切活动的前提与保障。幼儿期家庭健康教育的任务是科学照料幼儿饮食，做好卫生保健工作，教给幼儿简单基本的生活与卫生知识，培养良好的生活和卫生习惯，培养一定的生活自理能力，培养自我保护意识和能力，培养体育锻炼的兴趣和能力，保障生命安全与身体的健康发育、成长[1]。具体表现在以下几个方面。

（一）生活卫生习惯

生活卫生习惯包括良好的睡眠、盥洗、如厕、饮食等，即培养幼儿的生活自理能力。例如，家长要培养幼儿按时作息、饭前便后洗手、睡前刷牙、如厕有规律、吃饭不挑食等习惯，而且要自理自立，如自己穿衣穿鞋、自己洗手吃饭、自己脱衣睡觉等。这些内容虽然简单琐碎，但对幼儿的独立意识、独立能力和自我意识的形成影响深远。

（二）动作发展

动作发展体现在两个方面，一方面是活动兴趣的培养。家长要培养幼儿参加体育活动的兴趣和习惯，增强体质，提高幼儿对环境的适应能力。另一方面是发展大、小肌肉动作。家长要有意识地锻炼幼儿走、跑、跳、钻、爬等大肌肉的动作能力，以及穿、插、拼、贴、撕等手部小肌肉的动作能力，提高幼儿动作的协调性、灵活性，并培养幼儿坚强、勇敢、不怕困难的意志品质和主动、乐观、合作的态度。

（三）安全与卫生保健

安全与卫生保健具体体现在以下三个方面，一是安全教育。这主要包括饮

---

① 袁爱玲，马莉.学前儿童家庭教育［M］.长沙：湖南师范大学出版社，2016：15.

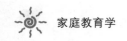

食的安全,玩具、游戏活动的安全,外出活动的安全,日常生活安全常识以及看电视的安全。二是疾病预防与治疗。这主要包括家长对幼儿疾病的预防、治疗和护理时的一些科学做法,还包括教给幼儿一些简单的预防与自我护理的技能,如根据天气的冷热加减衣服等。三是饮食营养。其一,家长要为幼儿提供营养科学合理的膳食,幼儿的饭菜要注意荤素搭配,还特别要注意粗细搭配。其二,家长要培养幼儿少吃零食的习惯,包括各种小食品和冷饮等,因为幼儿过多地吃零食会影响正常的一日三餐,且这些零食中多有油炸、膨化、高糖、含人工添加剂等对幼儿健康不利的因素。其三,家长要注重让幼儿通过正常饮食摄入全面均衡的营养,不宜给幼儿进补,如食用各种保健品等。

二 认知教育

认知教育的任务是发展幼儿倾听及理解语言的良好习惯及能力,进而训练幼儿的语言表达能力,主要指口头语言,也包括力所能及的书面语言的学习和使用能力。此外,还要结合生活内容,教幼儿了解简单的科学知识,培养其科学精神和态度,养成初步的科学的行为方式,激发幼儿的学习兴趣。具体体现在以下几个方面。

(一)语言教育

儿童的言语获得是学习的结果,家长在对幼儿进行认知教育的时候,要格外重视语言能力的培养。儿童认识世界、获得知识以及进行人际交往都要借助语言,语言的获得使幼儿的心理世界发生了重大变化,言语活动是双向的过程,既包括对他人言语信息的接受和理解,也包括个人发出和表达的言语信息[①]。幼儿期是学习语言的关键期,学习语言也是为进入小学做准备。良好的语言教育对学前儿童的发展具有重大的意义。

幼儿期家庭语言教育的内容包括以下几个方面:倾听理解方面,即倾听习惯、理解能力;表现表达方面,即表现欲望、表达能力;早期阅读方面,即兴趣习惯、阅读能力;书写准备方面,包括正确姿势、兴趣等。例如,别人讲话要认真倾听,不要随意打断他人的谈话;要坚持讲普通话,注意发音清楚正确;不断地丰富

---

① 李晓巍.学前儿童发展与教育[M].上海:华东师范大学出版社,2021:186.

幼儿的词汇；鼓励幼儿大胆发言，体验交流的乐趣，学习使用礼貌用语；接触优秀的儿童文学作品，培养幼儿早期阅读的兴趣，早期阅读是指儿童从口头语言向书面语言过渡的前期阅读准备，包含幼儿运用视觉、听觉、触觉、口语，甚至还有身体动作等综合理解色彩、图像、声音、文字等多种符号的所有活动[①]；锻炼幼儿的书写技能（如可以让幼儿涂画文字，让其抚摸凹凸不平的文字、描镂空的文字、用小棍摆文字等）。有条件的也可以同幼儿用多种语言进行交流，可适当地让幼儿接触和学习一种或几种语言，目的不是考级或赶时髦，而是为了从小训练其正确发音，培养语感，开阔视野，接受多元文化，培养民族情感和国际格局意识。

（二）科学教育

1. 自然科学常识

这主要包括自然、环境、科技等方面的知识经验，以及数量方面的经验，即时间、空间、形体、守恒、数字等简单基本的知识。同时，通过自然科学常识的教育发展幼儿的认知能力，即观察力、记忆力、注意力、概括能力、推理能力、判断力、想象力以及创造力等。良好的认知能力不是一朝一夕能够形成的，需要家长有意识地、持之以恒地培养。

2. 社会科学常识

这主要包括幼儿对周围的社会环境、社会机构、社会劳动与角色分工等的认识，以及对自己家乡、祖国风土人情的认识和对"地球村"的理解等。

3. 生命科学常识

结合目前我国学前儿童家庭教育现状，这里主要谈一谈对学前儿童的生命教育与性知识教育。第一，生命教育。在当前，"生命教育"是指通过对儿童进行生命的孕育、生命发展知识的教授，使他们对自己有一定的认识，对他人的生命抱有珍惜和尊重的态度，并让儿童在受教育的过程中，培养对社会及他人的爱心，使其在人格上获得全面的发展。生命教育的本质是尊重生命及其存在的价值，生命教育的最基本目标是培养儿童珍惜生命，即尊重生命、肯定生命的价值与意义，以及培养幼儿乐观向上、积极进取的生命价值观，避免自我伤害的发生，也避免伤害他人和动物。它包括四个层次的目标：敬畏生命、体悟生命、热爱生

---

① 李晓巍.学前儿童发展与教育［M］.上海：华东师范大学出版社，2021：196.

命、珍惜生命。第二，性知识教育。家长应当根据幼儿的需要，回答幼儿关于性知识的提问，并结合日常生活的恰当时机，帮助幼儿增进对性的认识和理解。例如，幼儿关于性别的提问，关于男厕女厕的困惑以及对于自己生殖器的好奇等，只要幼儿提出来，家长应尽量给予恰当的答复，介绍一些简单的性知识。

♥ 三 社会教育

幼儿期的社会教育主要是对幼儿进行社会认知、社会情感、社会行为等方面的教育。幼儿必然要认识周围的环境，与他人进行各种社会交往，学习各种社会交往形式，适应社会发展。家庭教育有一项重要的教育内容就是培养幼儿适应社会，为幼儿成为未来社会的合格公民打好思想和行动基础[①]。家庭是幼儿社会化的最初场所，幼儿期家庭社会教育的内涵丰富，其主要内容也比较复杂、多样，综合起来，主要包括以下几点。

（一）正确的自我意识

自我意识是一种认知心理结构，它组织、调整、综合着个体自身的行为。自我意识是学前儿童个性形成的重要组成部分。积极正确的自我意识，是个体进步不可缺少的内在动力，对学前儿童认知的发展和健全人格的形成具有重要作用。孩子从称呼自己的名字逐渐发展到用"我"来表达自己的愿望和态度，是自我意识发展过程中的一个重要转折，3～4岁以后，孩子的自主性进一步提高，在与同伴的交往中，开始把自己与别人的行为进行比较，逐渐形成初步的自我认识和自我评价。

自我意识主要包括三大方面，一是正确认识自己、评价自己、接纳自己。每个学前儿童都是与众不同的，家长应引导孩子真正认识自己，知道自己的身体特点，如"我是女孩""我皮肤很白"，明白自己的性格方面有什么优点，有什么缺点，对自己有一个相对全面的认识，如"我学得很快，但有时不够仔细"。在全面认识自己、评价自己的基础上，引导孩子不仅要接受自己的优点，也要正确看待并能够容纳自己的缺点，如"我弹琴不如他好，但是只要我努力，我一定会赶上他的"。

---

① 丁连信.学前儿童家庭教育[M].北京：科学出版社，2019：59－60.

二是学会调控情绪。学前期是个体情感发展的关键期,家长应该帮助孩子形成初步的情绪调控能力。首先,家长应该树立良好的榜样,让孩子在潜移默化中明白,每个人都有喜怒哀乐,都可以表达自己的情绪情感。其次,家长也应该明白孩子和成人一样,也有自己的喜怒哀乐,应在尊重孩子的基础上去有效地疏导孩子的不良情绪,引导孩子用恰当的方法表达自己的情绪,如告诉别人"我生气了",或者暂时不理人,但是不能打人、骂人、摔东西等。最后是让孩子学会自由选择、自我决断等。自由选择、自我决断是学前儿童独立性、自主性的重要表现。家长应该尽可能地多为孩子创造自我选择、自我决断的机会,如"明天我们一家人出去玩,植物园、动物园、博物馆、科技馆,你选哪个地方"。

(二) 生活的社会环境

社会环境是学前儿童生活游戏的场所,也是学前儿童各种秩序形成的场所。家长应丰富孩子的社会经验,增进孩子对社会环境(家庭、幼儿园、社区、家乡、祖国等)的认识,引导他们关心和了解社会事物和社会人员,发展他们的社会认识能力、社会知觉能力、移情能力和道德判断能力,提高他们对美、丑、善、恶、是、非、对、错的辨别能力,以及在社会生活中解决某些实际问题的能力。同时,还要注重培养孩子积极的社会情感,引导孩子认识并理解人与环境之间相互依存的关系,培养孩子爱护环境、保护环境的意识,引导孩子关注并参与周围社会生活,萌发各种社会意识。另外,传统节日是中华民族文化的有机组成部分,每一个节日都有它的历史渊源、美妙传说、独特情趣和广泛的群众基础,它们反映了民族的传统习惯、道德风尚。家长向孩子介绍传统节日的过程也是一个民族文化教育的过程,可以增强孩子对本民族文化的认同感。

(三) 社会交往的能力

社会交往对于学前儿童心理的健康发展和健全人格的塑造具有重要作用。社会交往能力是指人与人交往以及参与社会活动时所表现的行为能力。学前儿童正是在与不同的人打交道的过程中,逐步形成了待人处事应有的态度,获得社会交往的能力,促进了社会性行为的发展。家庭是学前儿童生活的主要场所,家长应为孩子创设交往的环境,使他们在与人交往的过程中,逐渐掌握符合社会要求的行为方式,并能初步根据社会规范来调节自己的行为,发展交往能力,使孩子成为顺应时代发展需要的人。家长在让孩子感受家庭温馨的气氛的同时,还应让孩子走出家庭,多接触外部的社会,比如,可以让孩子自己邀请其他的小伙伴到家中来做客,也可以让自己的孩子到小伙伴家中去玩耍。孩子在和别的小朋友相互交往的过程中,会逐渐学会尊重、分享、合作、同情、谦让等社会交往能力。

实施学前儿童家庭社会教育,家长应该尽力创设一个能使学前儿童感受到接纳、关爱和支持的环境,为学前儿童提供人际间相互交往和共同活动的机会和条件,让学前儿童在与成人、同伴的共同生活、交往、游戏中学习各种社会知识,培养积极的社会情感。

四 艺术审美教育

在重视素质教育的同时,越来越多的家长意识到艺术教育对开发幼儿智力、陶冶情操、激发自信、锻炼意志发挥着重要的作用。我国现阶段倡导传承中华传统文化、保护非遗传统艺术作品,这都需要人们具备一定的审美素养。

幼儿期家庭审美教育的任务是充分利用生活环境、事物、人物及生活事件等,引导幼儿感受日常生活美、自然美、欣赏艺术作品,发展幼儿感受美、享受美的能力,培养幼儿正确的审美观点,逐渐提高学前儿童的艺术素养,塑造幼儿美的心灵[1]。幼儿期家庭审美教育的内涵丰富,其主要内容综合起来包括以下几点。

(一) 日常生活的美

学前儿童的可塑性强,思维特点具有具体形象性,因此,家长对孩子实施艺术教育时,应注重运用孩子可以具体感知的、生动鲜明的形象,以增强艺术教育的效果。日常生活的美是学前儿童最接近、最熟悉、最容易感知的,学前儿童的审美能力也是从日常生活中熏陶出来的,家长应注意引导孩子感知、欣赏日常生活的美,在日常生活中实施艺术教育。在日常生活中到处都存在着艺术美,比如,家庭和社区内的花草树木,公园的楼台亭阁,小巷的青砖红墙,张灯结彩的节日街头、色彩缤纷的霓虹广告……日常生活中有许多美好的事物,家长要善于引导

---

① 丁连信.学前儿童家庭教育[M].北京:科学出版社,2019:63.

孩子留意美、欣赏美,抓住各种教育契机来进行艺术教育。比如,在日常生活中教育启发孩子理解整齐美(衣服整整齐齐是美的,头发梳整齐了才漂亮,玩具玩完以后摆放整齐才是美)。再比如,通过日常生活中的着装,引导孩子感知各种色彩以及色彩的搭配、服装的款式风格,对孩子都是一种潜移默化的审美教育。

(二)大自然的美

丰富多彩、富于变化的大自然是学前儿童家庭艺术教育的丰富源泉。苏霍姆林斯基就很重视大自然当中所蕴含的艺术教育的价值,他经常带着孩子到大自然中感受美、欣赏美。"静静的傍晚,我们来到牧场。伫立在我们面前沉思的柳树已绽出嫩叶,池水映照着深蓝的苍穹,成行的天鹅掠过晴朗的天空。我们凝神静听这优美黄昏的乐声。一会儿从池塘那边一个什么地方传来了奇妙的音响,好像有谁轻轻地触动了一下钢琴的琴键,似乎池塘、池岸和蓝天都发出了声音。"大自然具体、直观、生动的形象,容易为学前儿童所感知、体验、理解,并且容易引起学前儿童情绪情感上的共鸣。家长应多带孩子接触大自然,春踏青、夏游泳、秋远足、冬赏雪,让孩子们投入大自然的怀抱,感受大自然的美、享受大自然的美。在孩子感受绚烂多彩的大自然时,家长可以让孩子把体会最深、感觉最美的景色表现出来,比如看到形状多样、变化奇特的朵朵白云,孩子可以用语言描述出来,用肢体表现出来,用绘画描绘出来。千变万化、生气勃勃的大自然不仅满足了孩子的好奇心和探索欲望,孩子在与大自然的接触中也获取了多方面的经验和能力。

(三)艺术形式的美

音乐、美术、舞蹈等艺术形式美具体直观、鲜明生动、富有表现力,容易让学前儿童接受,引起情感上的共鸣,对发展学前儿童的审美能力具有极大的促进作用。因此,音乐、美术、舞蹈等艺术形式美既是艺术教育的重要手段,也是艺术教育的重要内容。单就音乐教育而言,音乐是美的音响艺术,它生动活泼、感染力强,悦耳的音乐使人精神愉快,增强活力,解除疲劳。家长可以通过音乐艺术启迪孩子的心灵,从形式和内容上进行美的教育,发展孩子的音乐感受力、理解力、表现力等各种音乐才能,培养音乐素质。此外,家长还可以让孩子接触真正的艺术作品。歌德说过"鉴赏力不是靠观赏中等作品,而是要靠观赏最好的作品才能

培育成的。"因此,家长应引导孩子欣赏本民族或全世界顶尖的艺术作品。

家庭是审美教育的摇篮,在对幼儿进行审美教育的时候,家长要尤其重视让幼儿用自己的眼睛去发现美,用自己的心灵去体会美,用自己的双手去创造美。

第三节 幼儿期的家庭教育方法

随着幼儿从婴幼儿期进入幼儿期,父母针对幼儿采取的教养行为也会发生变化。3～6岁的幼儿有两个重要的进入新环境的适应和准备的转折阶段,一个是已满3岁进入幼儿园的适应阶段,一个是将满6岁进行幼小衔接的准备阶段,父母在这些时期需要根据幼儿的身心发展特点和教育目标转变自己的教育观点和行为,以适应幼儿在转折阶段出现的行为和个性发展。已有学者就从发现个人能力、建立常规、对个人行动负责、区分社会角色、学习与人相处等方面具体探讨了如何实施3～6岁幼儿的家庭教育①。本章主要呈现在幼儿期的家庭教育中,父母如何发展幼儿各种认知能力、适应能力和运动能力,培养幼儿良好的品德行为和自我服务能力。

一 注重幼儿养成良好的习惯

幼儿阶段既是养成良好习惯的关键时期,也是容易沾染不良习惯的危险期。此时家长应着重注意与幼儿园老师保持密切的联系,并配合好家园合作的工作,与幼儿园保持一致且同步的教育②。经过不断重复和反复练习才能形成稳定良好的习惯,家长们需要对幼儿行为习惯的形成保持着坚定的决心、耐心和信心。

(一) 养成良好的用眼卫生、口腔卫生习惯

幼儿的视力与牙齿保健与他们的良好个人卫生习惯密切相关。所以,家长在家中要避免让幼儿连续长时间看电视、玩电子游戏,而要引导其多做户外运动;要保证阅读活动场所有足够的照明;要保持幼儿正确的阅读姿势;要定期检查幼儿的视力,并及时做好不良视力的矫正;要教育幼儿适当控制饮食,坚持饭

① 李洪曾.学前儿童家庭教育[M].北京:高等教育出版社,2002:191-197.
② 黄河清.家庭教育学[M].上海:华东师范大学出版社,2014:140.

后漱口，早晚刷牙，养成个人良好的口腔卫生习惯[①]。

（二）养成良好的饮食习惯

家庭中给幼儿调配饮食的原则是饭菜多样化，组成"平衡膳食"，使食物供应在物质上能满足幼儿对各种营养的需求。父母要教育幼儿从小养成不挑食、不偏食的良好习惯，同时要培养幼儿细嚼慢咽、一日三餐定时就餐的习惯。

（三）养成良好的睡眠习惯

首先，要保证睡眠时间。婴幼儿的神经系统发育尚未完善，大脑皮层神经细胞的耐力小、容易疲劳，需要睡眠的时间较长。一般来说，3～6岁的幼儿需保证11～12小时的睡眠时间。其次，家长应为幼儿创设良好的睡眠条件，如单独的小床，薄厚适度的被褥，安静的睡眠环境等。最后，让孩子养成正确的睡眠姿势和按时入眠的好习惯。正确的睡眠姿势是向右边侧身睡，这样可使偏于身体左侧的心脏少受压力，使位于身体右侧的肝即时得到更多的血液，更好地进行新陈代谢。

（四）养成良好的排泄、卫生习惯

养成幼儿每天定时大便的习惯，每次最好不超过5分钟。同时养成饭前、便后洗手，定时洗头洗澡的习惯。父母也应为幼儿创设良好的条件，给幼儿准备专用的各类小毛巾，挂在幼儿能够得着的地方，教幼儿用流动水洗手洗脸，培养幼儿独立盥洗的能力。

❤ 二　重视对幼儿的安全教育

家长在有效监护的同时，应适时适当地对幼儿进行自我保护的教育，提高其自我保护的能力。家长应通过详细系统的安全教育，让幼儿懂得哪些东西不能玩、哪些事情不能做、哪些地方不可以去，并强调让幼儿记住发生意外时如何呼救。父母的这些防范措施，可以减少甚至避免一些意外对幼儿人身安全构成的威胁。

---

① 袁爱玲，马莉.学前儿童家庭教育［M］.长沙：湖南师范大学出版社，2016：122.

（一）减少意外伤害影响幼儿健康成长

意外伤害已成为影响幼儿健康成长的"第一杀手"，在幼儿日常意外伤害事故中，所占比例较高的是跌落摔伤、烫伤烧伤、硬物夹伤和宠物咬伤等。家长须掌握诸如食物中毒、烫伤、溺水、车祸、跌落等突发事件的急救措施，提高监护意识，尽可能消除环境中的一切伤害性因素，如剪刀、刀具等锐利物品要妥善保管。结合生活实际事例，随时对幼儿开展有针对性的安全教育，从小培养幼儿分辨是非、善恶的能力，提高自我保护意识；减少对幼儿各种活动的包办代替，增加幼儿接受锻炼的机会，使他们掌握多种生存技能①。安全教育亟须加强，家长要采取安全措施保护幼儿。

幼儿的自我保护意识非常缺乏，本身所具有的自我保护能力相当弱。伤害事件的发生究其原因可能是家长对家庭安全知识的缺乏，安全防范的意识薄弱，对幼儿的监护措施、家庭安全教育不重视。同时对家庭可能产生安全隐患的物件和设施，例如沸水、剪刀、农药、燃料、电器、阳台和窗口等，没有加以适当的控制。家长还应对幼儿的一些危险行为活动，如爬高、奔跑、玩火、游水等加以劝阻、提醒和引导。并且时刻禁止幼儿在家居周边的河川、道路附近等存在安全隐患的地点游玩。

（二）给以幼儿正确的性别导向

3 岁以后，幼儿的性别角色得到发展，开始意识到男女之别，并且学习性别角色的不同职能。在这一过程中，父母的教养方式对幼儿性别角色的发展起着导向的作用②。在现实生活中有些成人总喜欢给幼儿进行异性装扮，也就是将男孩装扮成女孩，或将女孩装扮成男孩。这种异性装扮，对幼儿的心理发育是非常有害的，容易造成幼儿成人后性别角色的错乱，可能导致"异装癖""恋物癖"等异常心理，难以适应社会生活③。因此，幼年时期，父母应该给幼儿正确的性别角色教育，对幼儿性别角色的发展予以正确的导向。同时，父母还需要帮助幼儿建立保护身体隐私意识，例如教会幼儿不让他人随意亲吻、拥抱或抚摸自己，尤

---

① 黄河清.家庭教育学[M].上海：华东师范大学出版社,2014：142.
② 黄河清.家庭教育学[M].上海：华东师范大学出版社,2014：140.
③ 吕建国.家庭生态与教育[M].太原：山西教育出版社,1992：132.

其是衣服遮住的部分不能给他人触碰，遇到他人侵犯要和父母诉说、敢于求助。

三　开展各种游戏活动，培养幼儿语言、记忆、思维等能力

游戏是幼儿最主要的学习活动，也是促进幼儿心理发展最好的活动方式。家长可以给幼儿准备拼插玩具、计算玩具、识字玩具、拼图玩具等。根据幼儿的爱好，也可以给他们准备一些绘图工具、音乐用具、科学玩具、运动玩具等。在组织指导儿童的游戏活动时，可以组织一些如创造性游戏、音乐游戏、体育游戏，以及发展视、听、触、嗅、味等方面的感官游戏等①。

（一）提高幼儿语言能力方面发展

家长应遵循幼儿口语发展特点，培养其语言能力。如帮助幼儿掌握丰富的词汇，理解词义，确切地运用词语组成最简明的语句，使幼儿能正确、熟练地表达自己的思想。多给儿童语言刺激，丰富幼儿的生活经验，为儿童树立学习语言的榜样。这些都需要家长有意识、有计划、有目的地对儿童进行言语能力的培养。

（二）促进幼儿注意力、记忆力、想象力方面的发展

幼儿开始能有目的地集中注意某些事物，能持续一小时左右，注意的稳定性加强了。家长可以通过组织幼儿的游戏、学习、劳动等活动来培养他们的有意注意。家长要培养幼儿早期学习兴趣和记忆的目的性、自觉积极性，养成儿童及时复习的习惯。家长在培养幼儿的想象力时，要让幼儿广泛接触、观察、体验生活，以丰富知识，储存信息，促进想象力的发展②。

（三）培养幼儿思维能力的发展

幼儿开始有了逻辑思维的萌芽，即能运用已有的知识经验和语句的概括作用，将客观事物表达成比较抽象的概念，概括出事物的本质属性和内在规律。有经验的家长一般通过游戏、学习等活动，引导儿童对事物进行分析、综合、比较、抽象、概括；也可以通过分析讨论童话、寓言和故事的材料，有意识地发展幼儿的思维能力。

---

① 袁爱玲，马莉.学前儿童家庭教育［M］.长沙：湖南师范大学出版社，2016：122.
② 黄河清.家庭教育学［M］.上海：华东师范大学出版社，2014：141.

基于这一时期儿童的独立性及各方面能力的提高,父母要给幼儿提供条件,满足幼儿积极参加各种有益活动的要求。例如,经常带幼儿接触大自然,去博物馆、科学馆、动物园、公园、名胜古迹等场所,开拓儿童的生活领域,扩充见闻,以激发其学习的兴趣。家长应积极为幼儿创造多参加运动的条件,注意培养幼儿的动手能力,让幼儿在活动中亲身体验安全活动带给他们的愉悦。

四 注重幼儿良好个性的塑造

个性是指一个人比较稳定的,具有一定倾向性的各种心理特点或品质的独特组合,包括个性倾向系统、个性心理特征系统和自我意识系统三个彼此紧密相连的子系统[①]。个性倾向系统主要指人的兴趣、需要、动机、理想、信念等因素;个性心理特征系统主要指气质、性格、能力等方面的特点;自我意识系统包括自我认识、自我体验、自我调节。个性一般在 2 岁左右开始萌芽,3～6 岁具有雏形,20 岁左右才逐渐定型[②]。幼儿的个性在越小的阶段可塑性越强,父母需要针对 3～6 岁幼儿的个性发展有侧重的进行教育,主要是根据幼儿的气质类型和性格特征展开幼儿良好个性的培养。

(一)了解幼儿的气质类型并给予适当的教育

气质是人的三大个性心理特征之一,是一个人所特有的心理活动的动力特征。每个人一出生就具有独特的气质类型,气质类型无好坏之分。传统上根据神经类型活动的强度、平衡性及灵活性的不同,一般将人的气质类型分为四种类型:胆汁质、多血质、黏液质和抑郁质。① 胆汁质的幼儿容易激动,坦率热情,精力旺盛,但自我控制能力差,并且急躁易怒。父母对于胆汁质的幼儿要更有耐心,当他们犯了错误时,要用信任和委婉的口吻与其沟通,不要训斥。可以特意安排他们做一些细致的活儿,培养他们耐心细致的品质。② 多血质的幼儿对人亲切、善于交往,语言表达能力较强,但注意力常常不集中,做事浮躁、有头无尾。所以父母要特别注重培养他们的注意力,从小事入手,要求他们做事时专注、持之以恒,逐步养成专注持久、刻苦耐劳的品质。③ 黏液质的幼儿注意力不易转移,中规中矩,老实听话,情绪稳定,但行动缓慢,不灵活,因此,参与活动的积极

① 李晓巍.学前儿童发展与教育[M].上海:华东师范大学出版社,2021:231.
② 何俊华,马东平.家庭教育学[M].北京:清华大学出版社,2017:122-123.

性不够,父母可以和他们玩一些训练灵敏度和速度的游戏。他们对周围的事物好奇心不是很敏感,要特别培养他们的兴趣,引导他们与外界积极交往。④ 抑郁质的幼儿表现比较沉闷、孤僻、胆怯,缺乏信心,但他们韧性好,做事也比较细致。父母需要对他们多给予关怀,鼓励他们多参加集体活动,多与他人接触交流,注意培养他们的自信心,帮助他们克服自卑的缺点。

　　家长在对幼儿的教育还应该注意:第一,全面、正确、清楚地了解儿童的气质特点;第二,不要对幼儿的气质妄下结论。气质在相当大程度上受神经系统基本特性的影响,气质是人们出生时候就已经具备的特性,教育的目的不是设法改变幼儿的原有气质,而是要认识并尊重气质的缺点,发展气质的优点,使幼儿在原有气质的基础上形成优良的个性特征。

(二) 从小培养幼儿形成良好的性格

　　性格是个性中最重要的心理特征,也是最本质、最核心的部分,是对客观现实稳定的态度和习惯化的行为方式(包括对社会、对劳动、对人、对己,对事物的态度和行为)①。性格是在后天生活过程中与周围环境相互作用过程中形成的,3~6 岁的幼儿还未形成稳固的态度,因此性格还未定型,是良好性格培养的最佳时期。首先,在家庭教育过程中,父母尽量给孩子良好的照顾和爱抚,使幼儿从小得到安全感、信任感、主动感,形成良好的亲子依恋,为幼儿以后良好性格的形成打下基础。其次,父母要营造和谐的家庭氛围,幸福的家庭环境,使幼儿浸润其中并逐渐内化为幼儿性格中的良好因素。再次,父母要为幼儿提供好的榜样,父母的言谈举止以及处理问题的方式方法,都会成为模仿性极强的幼儿学以致用的模板,从而对幼儿性格的形成产生影响,例如成人自己总是而且要求幼儿把东西从哪里拿放回哪里去、物品放得整整齐齐、衣服扣子扣好、饭前便后洗手、起床叠被子等,这种耳濡目染的周围现实使幼儿在潜移默化中形成了逐渐稳定的态度和行为习惯,也就是爱惜物品、爱整洁、爱劳动、负责任性格特征的萌芽;又比如,幼儿买水果时候看见就拿、做客时候乱窜、见到好吃的不经同意就端到自己眼前、从不分享,如果家长不加以教育反而赞赏肯定,那么就会使幼儿逐渐发展成为独占、霸道、自私无理的个性。除此之外,父母在平时要注意观察幼儿,

---

① 何俊华,马东平.家庭教育学[M].北京:清华大学出版社,2017:123.

及时发现幼儿的兴趣,合理地区分幼儿的问题行为,并给予恰当的引导和教育;有意识地培养幼儿不怕困难,坚持不懈的意志品质。3～6 岁的幼儿性格特征活泼好动、好奇好问、模仿性强,父母重视并积极反馈幼儿,很容易使幼儿发展成为勤奋好学、进取心强的良好性格特征。

总之,幼儿时期是个性形成的重要时期,这个时期所形成的个性心理倾向对幼儿以后的心理发展具有深远的影响,学龄前的幼儿父母,对幼儿个性形成的影响是很重要的,要想把幼儿培养成具备善良、乐观、热情、友好、情绪平稳、社会适应能力强等良好人格特征的人,父母首先要注意自己的人格修养。凡事以身作则,给幼儿一面良好的镜子以助他们健康地成长,形成良好的个性品质。

五 注重幼儿良好情绪的培养

情绪是人们对周围事物和环境是否符合需要而产生的主观体验,幼儿的情绪情感虽然比 3 岁前有很大发展,但仍具有易变化、易受感染、易冲动、外露等特点。由于各方面知识不断增强,幼儿有时候会独自活动而不听成人的干预,虽然这种要求占有或扩大生活范围所表现出来的独立性是一种有积极意义的心理状态,但此时幼儿往往以一种"反抗"的形式表现出来[①]。因此,家长既要培养幼儿稳定、乐观的情绪,同时又要合理预防和处理各种不良情绪。

在日常生活中幼儿可能会产生各种各样的消极情绪,情绪也非常容易受到周围环境的影响和感染,例如与父母分离的焦虑、与同伴发生矛盾时候的愤怒、天黑怕鬼、户外怕高、胆怯不作声等,幼儿情绪的发展主要靠周围环境的熏陶,因此需要为幼儿营造良好的情绪环境。此外,目前家庭教育的现实中,有不少家长只重视幼儿的身体发展和智力开发,却往往忽视了幼儿情绪情感的培养,或者根本不懂得如何培养,这也必须加以重视和改进。

首先,保持和谐的氛围。家长要努力营造温馨和谐的家庭氛围,布置相对宽松舒适的环境,避免脏乱、嘈杂。家庭成员之间互敬互爱,父母多愉快积极地陪伴幼儿,建立良好的亲子关系。

其次,采取积极的教育态度。家长多鼓励、多肯定幼儿,耐心倾听幼儿的心声,积极肯定评价幼儿,这能够提高幼儿对活动的参与兴趣,激发积极的情绪体

① 黄河清.家庭教育学[M].上海:华东师范大学出版社,2014:140.

验。例如,看到孩子的表现都是正向的反馈:"太好了!孩子你今天拼搭得很认真,作品很美。""佩服你!刚才你哭着想放弃,但是最终坚持成功了。"

再次,正确运动暗示和强化的手段。如果孩子每次坚持摸高跳,你都说"我感觉你比之前更高大了",孩子就会更坚持,而且内心也会暗暗自信更有力量了。如果家长常常对别人说,尤其是当着孩子面对别人说"我家孩子很胆小,这个做不了"。孩子可能真的做不了,或者想做却容易气馁放弃。

最后,教会幼儿调节自己的情绪。当幼儿不能很好控制自己的情绪的时候,家长可以帮助幼儿转移注意力,比如孩子一直在大哭大闹,家长幽默地说:"这些眼泪很有营养,我家的花正好需要浇水,接一些去浇花吧。"孩子可能就破涕而笑。而有的孩子处于高度激动撒泼打滚、哭不停的时候,家长也可以采用暂时置之不理的冷却方式,慢慢消退这些情绪和行为,当孩子发现没有"观众"了,情绪也得到自然释放,儿童的消极情绪会随着时间变化而慢慢平复。

总之,幼儿的情绪易受成人情绪的感染,而且变化较快。因此,家长平时要慎重诋毁嘲笑和无故指责,尽可能多给予鼓励和帮助,培养儿童积极、乐观的稳定心态。家长表现得愉快、喜悦、乐观向上,幼儿长期受到感染,也容易形成愉快乐观的情绪。

六 发展幼儿的良好道德品质

"德"的教育位于首位,如果幼儿遵守纪律、关爱家人、关心他人、团结友好、热爱家乡、热爱祖国等,我们就认为幼儿具有良好的道德品质。道德观念比较抽象、综合,说教的方式很难让幼儿形成良好的道德品质,家长可以通过游戏开展道德教育,在游戏活动中让幼儿体验应该怎样做,引导幼儿主动帮助父母做一些辅助性的工作,关心父母;进一步巩固幼儿的公德意识,遵守社会公德,培养儿童的社会责任感。

(一) 对幼儿进行善良仁爱的双向引导

父母在爱幼儿的同时,也是双向地教育幼儿爱父母,培养了幼儿的善良仁爱之心。家长有必要让幼儿知道父母抚养他的辛苦,教育幼儿感恩父母,主动帮助大人做力所能及的事情。例如一起做家务,择菜、擦桌子、扫地、洗碗、晾衣服、整理房间等。要克服把独生子女当作"宇宙中心"的做法,让他懂得人与人之间应互谅互让、互敬互爱、互帮互助,例如父母生病了,孩子能进行关心和简单的照料。利用幼儿的生活实际,寓教于爱,随机对幼儿进行教育。比如,教育幼儿爱护花草树木、飞禽走兽以及比自己弱小的群体,既培养了幼儿的环保意识,又有助于培养幼儿同情他人、关心他人、为他人着想的善良仁爱之心。引导儿童主动帮助老师、同伴,培养集体意识,例如陪孩子一起看学校老师发的通知,按要求完成任务,去到学校向老师们、同学们打招呼,班级需要帮助则力所能及帮助班集体提供资源、共同建设。

(二) 巩固幼儿的社会公德意识和行为

家长让幼儿学习各种社会规范、行为准则,帮助幼儿获得良好的道德品质。幼儿爱国之心的培养可以从家长身边开始,家长教幼儿爱父母、爱家长、爱幼儿园等,从而将抽象的"祖国"变为形象具体的概念。家长需要从小在幼儿心中播下爱祖国、爱家乡的种子,进行爱祖国、爱家乡教育。家长们可以通过谈话将自己的成长经历分享给幼儿,把我国人民世世代代对祖国、对家乡的深情厚谊传递给幼儿;可以通过组织传统节日仪式传承中华传统文化,使幼儿长大后深情根植在祖国,成为建设国家的栋梁之材。家长可采用生动活泼的形式来丰富幼儿对社会公德行为的感性认识。例如,可通过讲故事、看电视、参观纪念馆等形式增加体验,对幼儿进行良好品德教育,还比如在日常生活里,提醒幼儿进行光盘行动、珍惜粮食、有序排队不插队、公共场合禁止喧哗、爱护公物不乱画、学会垃圾分类保护环境等。幼儿慢慢习得道德行为,长此以往就可以形成良好的道德品质。

七 做好幼儿入学前的准备工作

幼儿对入小学读书充满期望,但又并不清楚自己会遇到什么样的改变,因而心情既兴奋又忐忑,各方面准备也不充分。进入小学对幼儿是一个挑战,需要做好生理、心理、学习、社会性适应等多方面的准备。幼儿能否适应这一挑战,在很大程度上取决于家长的认识和做法,以及幼小衔接与幼儿园是否能配合一致。[1] 因此,在幼儿入学前,即5~6岁这一阶段,家长必须有计划地使幼儿在身

---

[1] 袁爱玲,马莉.学前儿童家庭教育[M].长沙:湖南师范大学出版社,2016:123-125.

体、心理、日常作息制度和生活习惯等方面为入学做好准备,既要为其做好物质上的准备,还要帮助其做好心理上的准备、学习上的准备和独立生活的准备,使其今后能更好地、更快地适应新的学习环境和学习生活[①]。具体可以从以下几方面入手。

(一)建设心理准备

在心理方面,家长要让幼儿觉得"做一名小学生是很自豪的事"。与幼儿聊天时,家长要有意识地聊一聊小学生及学校的事情,告诉幼儿上小学的种种好处。例如,可以认识很多新朋友、学到更多的知识等。要多鼓励、赞赏幼儿,并由衷地祝贺幼儿长大了。如家长可以说"今天玩具收拾得真干净,真像一名小学生"让幼儿从家长的口吻中,感受到成长的自豪,从而产生羡慕小学生、向往小学生活的情感。入学前,家长可以带着幼儿参观一下学校,家长要激发幼儿上学的愿望。一般来说,入学愿望强烈的儿童,入学后学习积极主动,表现较好。因此,家长要采取多种形式,如带儿童参观小学生上课,给他们讲少先队的故事等,从而培养儿童对学校的热爱和对少先队的向往,激发幼儿上学的愿望。

家长对幼儿进行初步的学习目的和学习态度教育。学生的学习态度端正与否,决定着学习的成绩与效果,学习态度端正的学生能够按时上学、上课,遵守课堂纪律,专心听讲,积极思考和回答问题,按时做作业,认真复习考试等。同时,要培养幼儿对待学习认真负责、积极努力、不敷衍了事的态度。幼儿对即将学习的内容的意义和目的认识越明确,学习态度越端正,他的学习积极性就越高,学习效果就越显著。入学前要培养幼儿做每一件事都要讲究认真、负责的态度,以便幼儿在进入小学后能以积极的态度学习知识、掌握技能。

家长要培养儿童对学校、对教师的感情。老师是幼儿智慧的启蒙者,使幼儿在入学前就形成对老师的良好印象,这在入学准备中是很重要的。父母要以本身尊敬老师、热爱老师的榜样去引导幼儿,使幼儿树立起老师和蔼可亲、知识渊博、热爱学生的第一印象。家长要向幼儿说明学校、教师的作用,注意维护学校、教师的威信。

---

① 何俊华,马东平.家庭教育学[M].北京:清华大学出版社,2017:124.

（二）做好学习习惯准备

家长要培养幼儿良好的学习习惯。一个人养成了良好的习惯,对他的生活、学习和工作都大有好处。对即将入学的幼儿来说,养成良好的习惯比获得知识要重要得多,良好的学习习惯是他们顺利进行学习活动的保证,所以,幼儿入学前,家长要培养他们良好的学习习惯,但要循序渐进地进行。首先,家长要培养幼儿专心学习的习惯。刚上小学时,幼儿对学习充满了渴望,对老师发给他的各种书本感到新奇,对课堂上的学习兴味盎然。家长应该抓住这种新鲜感、好奇心,强化幼儿的求知欲,尽量在家中把幼儿的学习安排得丰富多彩,如给幼儿安排一定的学习时间,要求幼儿学习时集中精力、专心致志、不东张西望、不边学边玩。其实,家长对幼儿注意力的培养,在幼儿上幼儿园前就应该开始进行。家长要有意识地安排幼儿在适当安静的环境中做事,让幼儿学会专注。比如,让幼儿静静地玩积木,玩的时候,家长不要以任何形式干扰幼儿,直到他们自己转移注意力,丢掉积木。很多时候,家长会无意识地打断正在投入玩耍的幼儿,分散他们的注意力。时间一长,幼儿的注意力就难以集中了。

家长要培养幼儿学习的兴趣。玩是儿童最重要的天性之一,顺应儿童天性的教育,就是要遵循儿童身心发展的规律来实施教育。对于幼儿的贪玩,家长不要反应过度,要动脑筋把文体类玩乐与学习知识的兴趣联系起来,也就是说为他们设计一些简单的游戏或活动,在游戏和活动中帮助幼儿发现问题、引发兴趣,如幼儿不肯读书,可以让他和小伙伴一起阅读,或者亲子共读。家长要培养幼儿爱读书的习惯。家长要自己做榜样,引导幼儿爱读书、会读书,在努力读熟、读懂课本的同时,充分利用课余时间阅读适合的报纸、杂志和课外读物。家长要培养幼儿勤动脑、好提问的习惯。幼儿面对大千世界,几乎每天都会有新问题、新发现,家长应鼓励幼儿提出问题,通过自己的思考找出答案,或通过请教别人、查阅资料来解决问题。开展一些科技类活动,增进幼儿的好奇心和探索欲,并使之成为习惯。

（三）鼓励独立性准备

幼儿入学之前,要培养良好的卫生习惯和一定的独立生活能力。例如,定时睡觉,早睡早起,保证有充足的睡眠,自己穿、脱衣服,整理床铺,一人单独睡小床,自觉地早晚刷牙,饭后漱口,能根据天气变化及时增减衣服,学会正确地握笔姿势,端正写字、看书的姿势等。要培养幼儿的独立意识、生活自理能力、动手操作能力。要让幼儿知道自己长大了,即将成为一名小学生了,生活、学习不能完全依靠父母和老师,要慢慢地学会生存、生活、学习和劳动,自己的事情自己做,遇到问题和困难要自己想办法解决。

家长要培养幼儿的时间观念,让他们懂得什么时候应该做什么事并一定得做好,什么时候不该做什么事,并控制自己的愿望和行为。此外,家长还要培养幼儿的生活自理能力和习惯,逐渐减少父母或其他成人的照顾,让孩子学会自理。家长要教给幼儿有关学校生活的常规知识,要求幼儿参加一些力所能及的劳动,学点简单的劳动技能,提高自我服务的能力。

(四) 提供物质准备

物质准备是指为幼儿购买必要的学习用具和生活用品。上小学的幼儿所使用的学习用品要根据年龄来选择,原则是有利于学习、使用方便,如书包、文具盒、尺子、铅笔、橡皮、彩笔等。家长在准备时,不用过于追求样式和数量,够用就行。在上学前,家长要教会幼儿正确使用这些用品,如会使用剪刀、铅笔刀、橡皮和其他工具,并要求幼儿爱护和整理书包、课本、画册、文具。此外,尽可能为幼儿准备一个较好的学习环境,有一个固定做功课、放文具的地方,使幼儿从入学第一天开始,就能有条不紊地安排学习,逐渐养成良好的学习习惯。另外,还要让幼儿懂得爱惜所有的学习用品。同时,服装鞋帽等生活用品,应以舒适、简单、安全、实用为主。

第八章
童年期的家庭教育

童年期是指从 6、7 岁到 11、12 岁的年龄阶段,也就是小学阶段,因此也被称为学龄期。随着生活范围的不断扩大和生活内容的不断丰富,这个阶段的儿童完成了幼小衔接的转型,他们将从游戏生活逐步过渡到有一定规范性的学习生活,社会性发展和心理发展方面也出现了新的变化。小学阶段,特别是小学低年级阶段,如若父母只顾自己安逸或者忙于其他事务,错过了打好基础的良机,孩子的学习、行为和心理就有可能出现偏差。

本章首先介绍童年期孩子的身心发展特征,并在此基础上展开对童年期家庭教育内容和家庭教育方法的阐释和分析。

第一节　童年期身心发展特征

学龄儿童在幼儿期生长发育的基础上,身体继续生长发育,身体各项功能也在不断分化、增强,其生理和心理发展方面均呈现出一些新的特点。

❤ 一　学龄儿童的生理发展

(一) 体格的发展

学龄期的儿童体格生长速度较前更趋平稳,较少患病。体重每年约增加 2 千克,身高每年增长 5.8～6.5 厘米。但到小学高年级即五六年级(10～12 岁)

时,部分儿童已进入青春前期,体格生长进入第 2 次发育加速期,每年平均体重增加可高达 4～6 千克,身体也突然长高,每年平均可长 7～8 厘米。

(二)骨骼肌肉的发展

学龄儿童的骨骼正在骨化,但骨化尚未完全,因此儿童不易发生骨折,但容易发生变形。不正确的坐、立、行走姿势可引起脊柱侧弯(表现为一肩高一肩低)、后凸(驼背)等变形。学龄期的儿童肌肉虽然在逐渐发育,但主要是纵向生长,肌肉纤维比较细,肌肉的力量和耐力都比成人差,容易出现疲劳。另外,儿童肌肉力量差,容易疲劳和损伤,肌肉群的发育不平衡,大肌肉群先发育,小肌肉群还未发育完善,表现为手脚动作比较笨拙,特别是手,还难以完成精细的动作。

(三)神经系统的发展

在神经系统的发展上,7 岁儿童的脑重量已基本接近成人脑的重量。从大脑各区成熟的程度看,到 6 岁左右,儿童大脑皮质各区都已接近成人水平,有利于儿童复杂精细动作的发展。学龄儿童神经过程兴奋与抑制发展不平衡,其中兴奋占优,易扩散,主要体现在活泼好动,注意力不集中,动作不协调、不准确等方面。另外,学龄儿童神经过程的灵活性高,因此,他们容易疲劳,但是恢复得也非常快。

学龄期是衔接幼儿期与青春期的中间环节,学龄初期和学龄晚期的儿童在生理发育上往往有很大的不同。在学校里,我们往往可以看到,低年级的小学生和高年级的小学生在体格、外貌、身体机能等方面的差异都比较明显,可见,学龄期是从孩童向成年人过渡的"始发站",因此,家长在对待不同年龄的小学儿童时要根据他们的年龄特点和身心发展规律采取不同的教育措施。

二 学龄儿童的心理发展特征

掌握学龄儿童的心理发育特点是有效开展家庭教育的前提。本部分将从认知、情绪、意志、自我意识和社会性等方面介绍学龄儿童的心理发展。

(一)认知特点

1. 感知
感知包括感觉与知觉。总体来说,学龄儿童的感知能力较差,抽象思维能力

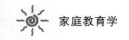

尚未形成,思维形式以感觉运动模式为主,模仿能力较强,他们往往对新颖动作的示范感兴趣,而对老师的讲解缺少热情。

2. 注意

在小学阶段,注意的发展主要有以下表现:① 由无意注意占优势逐步发展到有意注意占主导,小学低年级学生的无意注意仍起重要作用,他们的有意注意基本上是被动的。② 对具体生动、直观形象的事物的注意占优势,对抽象材料的注意处于逐步发展阶段,特别是低年级学生的知识水平和言语水平很有限,具体形象思维占重要地位。③ 注意有明显的情绪色彩。总体来说,学龄儿童的有意注意水平低,注意的范围狭窄,注意的稳定性、分配和转移能力以及自觉性和灵活性都较差。

3. 记忆

学龄儿童的有意记忆超过无意记忆成为记忆的主要方式;意义记忆逐渐占主导地位;词的抽象记忆的发展速度逐渐超过形象记忆;学龄儿童常采用的记忆策略有:复述、归类、整理并条理化,以此来帮助记忆。小学一年级的学生常用复述,从三年级开始,其归类、整理并条理化的能力随年级的增长而不断提高。

4. 思维

学龄儿童的思维能力发展,主要表现在以下几个方面:① 学龄儿童思维的发展是从具体到抽象,从低级到高级,既有连续性又有阶段性的发展变化过程。② 抽象逻辑思维发展不平衡。在整个小学时期,儿童的抽象逻辑思维水平不断提高,思维中抽象的成分日渐增多,但在不同的学科、不同的教学内容中表现出不平衡性。③ 抽象逻辑思维从不自觉到自觉。④ 辩证逻辑思维初步发展。学龄儿童辩证逻辑思维发展水平随着年龄的增长而提高。小学一、二、三年级是辩证逻辑思维的萌芽期,四年级是辩证逻辑思维发展的转折期。整个小学阶段辩证逻辑思维发展水平尚不高,属初级阶段。

(二)情绪特点

儿童进入学校以后,在集体生活和独自学习活动的锻炼和影响下,控制、调节自己情绪的能力开始发展起来,情绪的稳定性逐步增强。虽然学龄儿童的情绪仍然具有很大的冲动性,还不善于掩饰、控制自己的情绪,但他们的情绪已开始逐渐内化,11、12 岁的儿童已逐渐能意识到自己的情绪表现以及随之可能产生的后果,情绪的稳定性和平衡性日益增强,冲动性和易变性逐渐消失。

(三) 意志特点

儿童的意志特点是在其克服困难的活动中表现出来的。随着学习活动逐渐成为学龄儿童的主导活动,儿童的意志品质也迅速发展起来。学龄儿童意志品质的发展具有四个特点:意志的自觉性水平较低;意志的果断性较差;意志的自制性逐渐发展;意志的坚持性较弱。

(四) 自我意识特点

学龄儿童的自我意识正处于客观化时期,是获得社会自我的时期。学龄儿童自我意识的发展是随年龄增长从低水平向高水平发展的。在整个小学时期,儿童的自我意识不断发展,但不是直线的、等速的,既有上升的时期,也有平稳发展的时期。

1. 自我认识发展的特点

自我认识是个体对自己身心状况的认识,学龄儿童的自我认识是从比较具体的外部特征的描述向比较抽象的心理术语的描述发展的。比如,在回答"我是谁"这样的问题时,小学低年级学生往往会提到姓名、年龄、性别、家庭住址、身体特征、活动特征等方面。到了小学高年级,儿童开始试图根据品质、人际关系、动机等特点来描述自己。即使到了小学高年级,他们对自己的认识仍带有很大的具体性和绝对性。

2. 自我评价发展的特点

自我评价是自我意识发展的主要成分和主要标志,是在分析和评论自己的行为和活动的基础上形成的。学龄儿童自我评价的发展特点主要表现在以下几个方面:① 自我评价的独立性日益增强。② 自我评价的全面性有了进一步的发展。③ 自我评价的稳定性逐渐提高。

3. 自我体验发展的特点

自我体验主要是自我意识中的情感问题,发生于学前期 4 岁左右,在学龄阶段有了较大的发展。学龄儿童自我体验与自我评价的发展具有很高的一致性,自我体验的发展与自我认识、自我评价的发展密切相关。随着儿童理性认识的增加和提高,他们的自我体验也逐步深刻。自我体验的一个重要表现形式是自

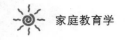

尊。自尊高的儿童往往对自己的评价比较积极,相反,自尊低的儿童往往自暴自弃。

4. 自我监控发展的特点

自我意识发展的另一个重要标志是个体不仅能认识自己,正确评价自己,而且在一定程度上能够自觉控制和调节自己的行为。小学阶段,儿童自我监控的发展趋势比较奇特,表现为低年级学生的自我控制分数比高年级学生高。教师和家长普遍感到小学低年级学生"听话",叫他们做什么就做什么,而到了小学高年级,教师和家长更多地感到"不听话了""不好管了""有主意了"。造成这种现象的原因主要是低年级学生处在"他律"阶段,易受权威人物(老师、家长)控制。这实际上是"外部控制"的结果。而高年级学生的独立性增强了,逐渐形成了自己的立场和观点,表现为自我监控的分数降低,这实质上就是自我意识发展的表现。

(五) 社会性特点

儿童社会化的发展总体上包括社会性认知发展与社会性交往发展两大方面。

1. 社会性认知发展

许多研究表明,儿童的社会性认知发展具有以下几个特点:从外表到内部,即从对外部特征的注意到更深刻的品质特征的注意;从简单到复杂,即从某个方面看问题到多方面、多维度地看待问题;从对事物呆板的认识到灵活的认识;从对个人及即时事件的关心到关心他人利益和长远利益;从对事物具体的思维到对事物抽象的思考;从弥散性的、间断性的想法到系统的、有组织的、综合型的思想。

2. 社会性交往发展

学龄儿童的社会性交往是在与自己发生密切关系的人的交往中得到发展的,包括与父母、与同伴、与教师的交往等。总的来看,随着学龄儿童的独立性与批判性的不断发展,他们与父母、教师的关系从依赖开始走向自主,从对成人权威的完全信服到开始表现富有批判性的怀疑,与此同时,具有更加平等关系的同伴交往日益在儿童生活中占重要地位,并对儿童的社会性发展产生重大的影响。

第二节 童年期家庭教育的内容

儿童进入小学后,开始接受系统的学校教育。无论哪个时代,哪个阶级,教育的培养目标始终都是培养能够适应一定社会生产、生活条件的合格公民。受教育的过程从本质上来看就是实现个体社会化的过程。童年期的家庭教育不仅要在前一阶段的基础上,进一步做好孩子良好生活习惯与身体素质的培养,更要积极配合学校做好儿童思想、行为、学习、心理等方面的教育,促进其社会化的发展,具体应该包括以下几方面:开展品德教育,促使孩子形成责任意识;进行学习指导,帮助孩子学会学习;开展劳动技能训练,提升孩子的自理能力;完善个性培养,使孩子拥有健康阳光的心理;加强安全教育,教会孩子应对生活中的危险等。此外,还要结合当今网络时代特点,引导孩子合理使用各种网络媒体资源,适应时代发展的潮流。

品德教育

一个孩子拥有良好的道德品质,才能拥有一个积极向上的精神面貌,为将来的人生发展打下一个良好的基础。品德的发展像涓涓细流,需要日积月累,成长中的孩子道德品质还没定型,需要家庭、学校乃至整个社会良好教育环境的营造,这个过程是由浅入深的。低年级的学生只是初步掌握一些道德上的判断,知道了一些诸如公平、自私之类的概念,并且形成自己的判断。到了高年级,他们才开始有了自己的标准,对一件事情或一个人做出比较独立的评价。要塑造好孩子基本的道德品质,家庭教育需要包含以下几个方面:一是培养孩子热爱祖国的情感,二是培养孩子学会对自己负责的责任感,三是培养孩子诚实守信的品行,四是培养孩子讲文明懂礼貌。

学习指导

儿童进入小学阶段,学习成为他们的主要活动,在学习活动的影响下,他们的思维性质、注意力和记忆力等都在发生变化。同时,学校生活也使他们对自己和他人的看法也发生了变化。家长应该帮助孩子适应学校生活,尤其要注重培

养孩子良好的学习习惯和学习方法,激发和维持孩子的学习兴趣。在小学生的家庭教育中,家长对孩子进行学习指导的重点是让他们学会学习,掌握正确的学习方法,培养良好的学习品质,从而奠定学习的自信心,为以后的发展夯实基础。要启发孩子乐于学习,体验学习的乐趣,消除学习上的心理压力。父母还需注意防止孩子出现学习求知欲望随年级升高而减退的现象。此外,家长要适度引导,将其兴趣转移到其他学习、任务和活动中,既使兴趣得到进一步发展,也促进孩子的全面成长。

三 生活习惯和身体健康教育

(一)帮助孩子养成良好的生活习惯

一些年龄小的儿童自制力相对比较差,良好的生活习惯的养成需要持续较长时间的训练和父母严格的要求及强化,才能得到有效的固化。父母可以有意识地从细节入手,教给孩子一些卫生及医学常识,如正确的刷牙姿势、科学的用眼习惯、合理的作息安排等,使儿童意识到自己是自己健康的第一责任人,学会爱护自己的身体,有饱满的精神和健康的体魄投入到学习生活中去。

(二)促使孩子坚持体育锻炼

学龄儿童正处于生长发育阶段,安排适当的体育锻炼,有助于孩子增强体质,促进发育。体育锻炼不仅有利于身体健康,也能促进人的智力发展。研究表明,经常参加体育活动能促进人体感知能力的发展,使思维更加灵活、协调。此外,孩子通过体育活动可以培养克服困难、遵守规则的个性品质。体育锻炼也能增进快乐,调节情绪。因此,父母要帮助儿童从小养成体育锻炼的习惯,为今后的学习工作打下良好的身体素质基础,使孩子受益终身。

(三)帮助孩子顺利应对青春前期的身心变化

随着生活水平的提高,在世界范围内,青少年性发育的总趋势是逐渐提前,学龄晚期的儿童到了 12 岁左右开始性发育。性激素的分泌,不仅影响着生理的变化,同时也影响着心理、情绪和行为上的变化。此时期孩子身体迅速发育,个子猛增,在生殖器官逐渐成熟后,出现第二性征。由于性器官和性功能的日益发育成熟,他们产生性兴趣、性欲望,但又缺乏性知识和性道德观念不适应。家长应正确看待由性发育带给孩子的困扰,及时疏导,避免孩子正常的性发育受到社会负面因素的影响。因此,父母在儿童11、12岁左右时要关注孩子身体和心理发展方面的变化,及时了解孩子的困扰,开展家庭性教育。家庭性教育要适时、适量、适度,要根据孩子的发展水平和个性特点选择适宜的性教育内容与方法。此外,父母要注意改变高蛋白、高脂肪的饮食结构,给孩子合理的饮食,一定程度可以避免孩子过早性成熟。

四　社会交往教育

父母的人际关系及家庭关系对孩子建立健康的人际交往具有潜移默化的教育作用。家庭成员之间的相互尊重、相互合作、互敬互爱、平等交流是对孩子进行人际关系教育的最重要的积极影响因素。童年期的家庭教育中,父母要致力于创建良好沟通的人际环境;家长支持孩子多参加学校组织的集体活动,在人际交往中学会与人合作;指导孩子正确处理人际交往中的冲突,使孩子在交往中严以律己,宽以待人,以诚恳、公平、宽厚态度对待别人;对孩子在人际关系处理中的困惑,要及时与孩子沟通交流,不要简单地用父母的权威和经验取代孩子的体验和思考。

五　劳动教育

从儿童权利的视角来看,做家务是儿童的权利,它是儿童参与权中对于家庭事务参与的一个重要体现,孩子通过做家务,可以养成良好的生活习惯,延伸来看,会做家务的孩子,长大了参加工作也会更具有条理性。而且,做家务可以强化孩子的责任感,有助于孩子以后在集体生活或工作中懂得责任与担当。做家务还可以丰富孩子的生活知识和体验,锻炼其动手能力,这一点在现今的教育中显得尤为重要。此外,在家务劳动中,孩子才能真正体会到劳动成果来之不易,懂得尊重他人的劳动成果,对于帮助孩子学会感恩和节俭也是十分有益的。父母要注重培养儿童劳动的兴趣与习惯,让孩子在参与各种家务劳动中逐渐养成自觉劳动、热爱劳动的品质,进而掌握服务自我与服务他人的技能。孩子生活自理能力强了,将来生活质量也会提高。父母要记住:只有现在舍得让孩子"吃苦受累",将来孩子才能少受"生活的累"。

六　引导孩子合理使用网络

随着信息技术和互联网的发展,信息化成为当前人们工作、学习和生活的新模式,并对传统的生活理念和运作方式产生了巨大的影响。网络对于儿童而言,有积极作用的一面,不仅可以丰富儿童的知识,还具有放松身心的作用,更为儿童搭起了一个很好的交流平台。不过,网络虽然给儿童的成长带来了一些好处,但如果不能科学地运用,将会严重威胁儿童的身心健康。家长应当教会和培养孩子的是一种习惯,合理使用网络、正确对待生活的习惯。预防网络成瘾比治疗它简单得多。因此,在学龄阶段的家庭教育中,父母要做好孩子的表率,帮助孩子树立正确的网络观念,引导孩子把网络当成学习的工具;围绕上网时间、上网内容、上网习惯给孩子制定上网规则,不断加强孩子的自律教育,培养孩子养成自觉地遵守规则的上网习惯。最重要的是,家长还必须加强与孩子的交流沟通,给孩子充分的亲情关怀,让孩子觉得生活充实而有意义,孩子与家长亲近了,自然也就远离网络、减少对网络的依赖了。

七　生命安全教育

《英国儿童十大宣言》中"平安成长比成功更重要"深刻揭示了生命安全重于一切的儿童教育理念。儿童和少年能否平安健康地成长,关系到千家万户的幸福,关系到社会的稳定。做好儿童和少年的安全教育工作,是国家,社会、学校和家庭共同的责任。学龄儿童由于年龄小,缺乏社会经验和自我保护意识,对社会了解不够,辨别是非能力差,容易被犯罪分子利用。还有的儿童不注意用电、用火安全,不注意出行交通安全,存在侥幸心理,往往容易造成安全事故,一旦遇到危险,他们又缺乏自救的技巧和能力,极有可能造成生命威胁。因此,关于生命与生存、避险与自救等安全教育问题迫切地摆在了少年儿童教育面前。

开展家庭生命教育是提高孩子生存技能和生命质量的需要,是解决孩子成长过程中已经出现或可能出现的有关生命安全方面问题的需要,更是父母不可推卸的责任和义务。因此,父母应该不断培养及提高孩子的安全意识,让孩子认识到珍爱生命的重要性,帮助孩子初步掌握交通安全、防溺水、灾害时的自救等基本技能,了解家庭用气用电安全、饮食安全等自我保护知识,学会识别可疑的陌生人等,使孩子具备必要的自我保护技能。

第三节 童年期家庭教育的方法

童年期是家庭教育的窗口期。这个时期,儿童进入小学,开始校园生活、接触社会,进入更加深入的社会化阶段。因此,童年期的家庭教育不仅要关注孩子的个性特征及身心发展的阶段性,还要在学习社会技能、遵守社会规范、培养社会角色方面给予引导与关心。基于童年期孩子的身心发展特征和家庭教育的主要内容,本节将从品德培养、学习指导、身体锻炼、心理辅导、网络教育、自我保护六个方面,从低、中、高三个年龄段阐述童年期家庭教育的方法。父母需要尽可能地学习和掌握教育孩子的科学方法,并根据实际情况,因材施教。

一 道德品质培养的方法

道德品质的培养扎根于家庭日常生活的琐碎点滴,并贯穿于孩子成长的全过程。培养孩子的品德,不仅要求家长要有长期坚持的耐心和细心,以自己的言行举止给孩子树立正确的榜样,还要注意不要轻视与孩子相处中的每一件小事,不要忽视孩子品德形成的连贯性。

(一)文明礼貌

小学低年级是培养儿童文明礼貌的敏感期,而文明礼貌是在交流互动中逐渐养成的。家长应该多鼓励孩子与不同年龄的人接触,为其创造去到别人家做客或是邀请朋友来家中做客的机会,以培养孩子待人接物的能力。如,首次去别人家做客前,家长打电话与对方预约到访时间、地点等相关事宜时,可让孩子在一旁倾听和观察;如果是邀请孩子相熟的朋友到家中做客,可以事先在家以游戏的形式练习如何礼貌邀请,然后再让孩子打电话进行实践。随着社交活动次数的累积,孩子会逐步认识到文明礼貌在人际交往中的重要性,从而开始学习以文明礼貌待人。

到了中高年级,父母应避免过多的说教,要充分利用自己与孩子共同接触他人的机会,给孩子做出正确的示范,同时,提醒孩子注意文明礼貌,让孩子在亲身体验和实践中理解文明、礼貌、热情的含义。如,家中待客时,有了礼仪意识的孩

子会主动问候客人、给客人倒水等,这时,父母应及时夸奖,让孩子得到肯定,以强化这一行为。值得注意的是,在这一过程中,如果孩子忘了打招呼或是忘记使用文明用语,父母不应当着客人的面批评孩子,最好是主动为孩子解围,过后再与孩子复盘,否则会在客人面前失礼,也让孩子产生不被尊重的感觉;如果孩子在待客时出现失误,如打碎杯子、弄脏地板等,父母也不应进行指责,首先应保护孩子的积极性,原谅他们由于缺乏经验而出现的过失。这样,才能避免孩子因自己表现不当而产生负面的心理,进而影响后续相关行为的培养和强化。

孩子文明礼貌行为的养成不是一蹴而就的,要靠父母平时不断地示范、提醒和训练。父母应经常为孩子创设情境,模拟各类生活情节让孩子不断练习、巩固,最终,使其成为一位受欢迎的人。

(二)助人为乐

助人为乐是一种优秀的道德品质,而家庭氛围的熏陶是形成这种优秀品质最为重要的因素。父母平时在家应多进行示范,如参加公益活动、社区志愿服务等,并创造机会让孩子参与其中,做些力所能及的事情。最初,孩子的参与也许只是因为有趣,但家长一定要及时肯定,表扬时要做到细致。如:"你给奶奶端水了,真能干!""奶奶说喝你送的水可甜了,谢谢你!"久而久之,孩子在互相帮助、友好鼓励的家庭氛围的熏陶下,自然地学会助人行为,主动地帮助家人,主动地做些力所能及的家务活。

此外,父母在教育孩子尊重长辈的基础上,还要有意识地引导,让孩子愿意为班级、为老师、为同学做些事情。如,低年级的孩子能主动打扫教室、主动帮老师搬作业等。当孩子从小在家庭、校园生活中给予他人帮助、获得他人帮助,就会将助人的行为内化为对自己的行为要求。到了中高年级,随着身体和心理的发展,孩子就会开始思考如何为社会做些贡献,如,在公共汽车上主动让座、参与公益活动、争当志愿者等,这些行为才能带给孩子更大的快乐,并让其真正感悟到"赠人玫瑰,手有余香"。

(三)诚实守信

低年级的孩子正处于自我意识的发展期,此时如果能得到父母或养育者的尊重与信任,则会更加懂得如何尊重、信任他人。首先,父母是孩子的榜样,培养诚实守信的孩子,父母自身必须诚实守信。父母向孩子许诺前一定要再三思考,不要轻易允诺却不兑现,应努力做到"言必信,行必果"。如遇意外不能兑现,也要及时向孩子解释原因,并诚恳致歉。其次,当孩子提出自己的需求时,家长应认真倾听,与孩子一同分析利弊,尽量满足合理的部分;对于不合理的要求,家长要温柔地坚持原则,敢于说"不",并说明理由。最后,当家长怀疑孩子说谎时,应先进行详细调查、辨别事件的性质和其行为动机,再根据不同的说谎行为采取相应的措施。如果是孩子由于认知水平较低而说谎(多为中低年级孩子),家长不必过分处理,只要引导孩子分清想象与现实间的差异即可;而对于孩子有意说谎的情况,家长发现后,要寻找与孩子独处的机会揭穿其谎言,并耐心询问其说谎的原因,让孩子认清撒谎的危害,承担适当的惩罚。需要注意的是,家长对孩子进行惩罚时要尽量控制情绪,不要对孩子实施体罚或语言暴力。家长要明确告知孩子,实施惩罚是因为他的撒谎行为,犯错后勇于面对、勇于改正才是更重要的。

(四) 遵纪守法

自觉学法、守法、用法是每一位公民应尽的责任和义务。而家庭是社会的最小单位,建立规则意识和守法意识要从家庭开始做起。孩子进入小学阶段开始,父母应制定家规以约束孩子在家的行为,如,制定关于吃饭、睡觉、安全、文明礼貌等方面的原则,和孩子讲清楚不遵守家规的后果,并坚定地执行。长此以往,不仅孩子的执行力会有所提高,还有助于他们形成遵纪守法的好品质。

低年级时,家长应经常提醒孩子在校要遵守校规,用《小学生守则》和《小学生道德行为规范》来约束孩子的行为,定期与班主任、老师沟通交流,了解孩子在校遵守纪律的情况,并及时表扬孩子守纪律的行为,强化其遵守纪律的意识,形成习惯。若孩子出现违反纪律的现象时,家长不可粗暴打骂孩子,以避免孩子产生逆反心理,应采用换位思考、角色扮演等方法教育孩子。

中年级孩子的社交圈逐渐由家庭、学校扩大至社会公共场所,如,博物馆、电影院等。家长应教会孩子认识到遵守公共秩序是每一个人在公众场所都必须遵守的行为准则。家长带孩子进入公众场所之前,应先和孩子约定,彼此都要按照所处环境的内部规定去行动,如,有序排队、不大声喧哗、不乱扔纸屑、爱护公共设施等。这些良好习惯的培养,都是在家长一次又一次的提醒和孩子一次又一

次的实践中落地的。

而对于高年级的孩子,家长则要侧重培养孩子的法律意识。家长可和孩子一同收看电视法治节目,如《今日说法》《天网》等,让孩子初步了解外界存在的不良诱惑,如金钱、物欲、虚荣心等,对于他人莫名的示好要提防警惕,在与人交往上尽量做到明辨是非,坚决抵制违法乱纪之事,遇到自己无法应对的事情时,应及时和父母反馈、沟通和寻求建议。抵制不良诱惑,不仅是孩子心智趋向成熟的标志,更是孩子遵纪守法的心理底线的体现。此外,家长还应常与孩子共读规则、普法相关方面的读物,通过多种方式帮助孩子树立法治意识。

二 学习指导的方法

进入小学阶段后,学习成为孩子的主要任务,激发学习兴趣、培养良好的学习习惯以及长期保持学习动力是保证其学习质量的关键。家庭是孩子学习的重要场所之一,孩子的学业水平与家长对其学习的重视程度、培养方式密切相关。家长可以从以下几个方面着手。

(一) 良好的学习习惯

小学生学习习惯的培养主要集中在"计划、预习、听课、复习、做作业和总结"六大学习环节,而他们的基本学习习惯主要有以下四种:高效执行、专注投入、独立思考和质疑请教。

1. "高效执行"习惯

小学低年级是学习习惯养成的关键期,需要长期、反复的训练以及全家人的支持。家长要有计划意识,与孩子一起梳理课外学习内容,共同制定学习计划。计划应该包括每天的学习任务、每项任务的预估时间。计划制定好后,家长要严格监督孩子执行,每完成一项就在"完成情况"处打"√",如遇到突发情况不能完成计划,要和孩子约定另行完成的时间并尽快完成。之后,还需定期与孩子就计划的完成情况进行小结,若计划执行率高,则进行奖励,若计划执行率低,要及时与孩子分析原因并进行调整。

2. "专注投入"习惯

在孩子学习时,家中要保持安静的环境,书桌上的物品应与学习相关且摆放整齐有序,学具尽量简单实用。对于低年级的孩子而言,家长应在其学习时坐在距离一米左右的位置陪伴,此时可进行静态活动,以不干扰孩子学习的活动为宜,如阅读就是适宜的活动;中高年级的孩子虽已经具备独立学习的能力,不需要陪伴,但家长仍要注意保护孩子的专注力,不要在孩子学习时随意同孩子说话或观看电视等,以防分散其注意力。就学习时长而言,孩子学习 40 分钟后,可进行 5 分钟的休息。家长要注意把握时间上的衔接,培养孩子能进入一环扣一环的状态里,快速投入到专注学习中去。

3.“独立思考”习惯

父母如果想要培养孩子独立思考的习惯,就需在与孩子相处和交谈中,常以商量的口吻,进行讨论式的协商,并留给孩子独立思考的余地和表达想法的机会。如,当孩子遇到不会做的题目向父母求助时,父母应先与孩子一同读题,抓住题目的关键词,询问孩子能否说出其中的含义以及关键词之间的联系,鼓励其试着画出关系图,引导孩子进一步深入探究,自发地进行思考。这是培养孩子独立思考的有效途径。

4.“质疑请教”习惯

“学贵有疑,小疑则小进,大疑则大进。”在孩子认知世界的过程中,质疑是不可缺少的重要部分。家长想要培养孩子的质疑习惯,尽力为孩子创设质疑的机会,并给予充分的宽容和保护。同时,家长还应努力提高自身发现问题、提出问题的能力,用自己学习的热情带动孩子质疑的行为。当孩子遇到问题想要请教时,家长应本着先思考后请教的原则,提醒孩子先进行独自思考。如果孩子经过思考后可以解答自己心中的疑惑,家长应及时肯定孩子,给出积极的反馈或进行鼓励。此外,家长还可以鼓励孩子大胆、有礼貌地请教他人,在得到帮助后应回以真诚的感谢。

当孩子进入高年级后,随着其认知水平的提高,所提的问题也许会超出家长们的解答范围。对于无法回答的问题,家长不能敷衍了事,应积极地与孩子一同寻找答案。对于自己回答错误的问题,家长应虚心向孩子请教,并表扬其质疑、追求真理的精神。此外,阅读也是培养儿童质疑能力的有效方法。家长可引导孩子在阅读时进行质疑,学习如何分析与推理,然后从文中寻找答案。

5.“网络学习”习惯

信息时代,学生运用网络查资料、搜集处理信息、上网课成为常态,网络已成为小学生的学习助手。对于中低年级的学生,家长要尽可能地陪伴他们上网,帮

助孩子养成良好的上网习惯,如上网前要明确目的、时间、所使用的软件等,避免孩子沉迷于游戏之中。网络信息往往良莠不齐,家长可以运用网络安全技术和产品,对孩子浏览的网站加以限制,如通过 IE 浏览器可以设置网络安全级别等。

对于高年级的孩子,家长可以经常就网络、手机、电脑等话题与孩子多多交流,探讨网络的用途、网课的利弊等,还可以学习彼此不会的网络技能,把网络教育当成一件日常生活中自然发生的事情,不必太严肃,也不必拘泥于说教的形式。家长应时常提醒孩子提高网络安全防护的意识,养成网络安全防护的习惯,保护个人隐私,做到文明上网。

(二)激发学习兴趣,保持学习动力

学习兴趣是推动儿童进行主动学习的内在动力。小学生的学习兴趣与他们的学习成绩、学习信心极其相关,如果对某一门科目有兴趣,学习成绩就会好,学习信心就会足。因此,对小学生学习兴趣的培养非常重要。

低年级的孩子通常对学习充满求知欲,学习兴趣浓厚,此时,家长要充分尊重孩子的兴趣,多给孩子些自由宽松的空间,让他们自己去选择感兴趣的、喜欢的科目与学习内容;家长还需根据孩子的个人兴趣特点,为他们提供相关的书籍,创造机会让其参与一些有益的活动和比赛。另外,家长还要学会把孩子的兴趣与知识学习联系起来,以培养和激发其新的兴趣。

到了中年级,所学知识的难度逐渐增大,有的孩子会出现畏难情绪,学习兴趣减弱、学习动力不足。这时,家长要及时关注孩子的情绪变化,耐心地询问孩子不想学习或不喜欢某一门学科的原因,不管孩子的理由有多么难以理解,家长都不能予以责骂或否定。父母在了解问题的原因所在后,就要想办法采取激励措施以转变孩子的学习态度。例如:可以向老师反馈孩子的情况,请老师多鼓励孩子;允许孩子写完作业后做自己喜欢的事情;作业在规定时间内高质量地完成后可予以奖励等,以帮助孩子解决学习上的障碍,恢复对学习的兴趣。

进入高年级,孩子的自我意识逐渐提高,有的孩子开始将自己的兴趣爱好与未来的职业关联起来。父母应抓住契机,与孩子一起讨论为了实现自己的理想需要具备哪些知识,让孩子明白,为了能在未来从事自己喜欢的职业,目前的辛苦学习是必须且必要的,从而保持孩子内在的学习动力。

生活习惯和身体健康教育的方法

培养良好的生活作息,坚持体育锻炼以及做好应对青春前期身心变化,对于正处在发育长身体阶段的小学生来说相当重要的。

(一) 培养良好的生活作息

小学阶段的学生正处于生长发育期,需要充足、有规律的作息来保障他们身心的健康成长,以充沛的精力、饱满的精神投入到学习与生活中去。低年级的孩子时间观念不强、自觉性欠佳,需要家长根据孩子的学习、活动、休息情况制定科学合理的生活作息时间表,并进行反复提醒、督促,以形成良好的习惯,切不可以"特殊情况"为理由,随便打乱规定的作息时间。中高年级的孩子则可遵循"早睡早起""劳逸结合"的原则,自己制定作息时间表,家长只需督促孩子严格执行即可。

在小学低年段,孩子作息规律的严格遵守,更依赖于父母,这就要求父母务必将陪伴孩子入睡的时间固定下来,勿因其他理由推迟或提前。睡前,家长应把灯光调暗,关闭电视、电脑、手机等电子产品,停止与孩子闲聊,或是准备一个固定的上床睡觉仪式,如睡前故事、亲子共读等,安静且平和、熟悉且固定的环境更易助眠。而对于已养成晚睡习惯的孩子而言,短期内是难以调整的。此时,家长不能急躁,应用循序渐进的方式帮助孩子做出改变,如:本周约定晚上十点半前入睡,下周提前至十点,第三周或第四周调整为九点半。

(二) 坚持体育锻炼

体育运动的种类丰富,父母应根据家庭的实际情况和孩子各年龄段身心发展的特点来选择适当的锻炼内容和方法,提倡全家一起参与体育锻炼活动。对于低年级的孩子,可采用体育游戏活动,增强趣味性,培养和激发孩子参与体育锻炼的兴趣。针对中高年级孩子好胜心强的特点,可选用竞技类的项目或者集体对抗项目,如篮球、羽毛球等,在活动中召集小区里年龄相仿的孩子一同参与,培养其体育爱好,有助于孩子集体观念的形成和良好体育锻炼习惯的养成。

在体育锻炼过程中,对于体力较弱或者身体协调性较差的孩子,家长应给予更多的关心和帮助,鼓励其进行更多的练习,避免其被拿来与其他孩子进行比较,要更加关注他们那些细小的进步之处。家长只有遵循由易到难、循序渐进、

持之以恒的原则,才能对培养孩子养成良好的体育锻炼习惯产生积极的影响。

（三）应对青春前期身心变化

青春期的孩子由于身体激素水平的提高,身体和心理都有了较大的变化。家长若依旧坚持原本的教育方式,就会显得不合时宜。这一时期的孩子容易出现情绪上的波动、叛逆,家长要保持冷静,可尝试使用以下方式与孩子沟通。

1. 将心比心,自我暴露

家长应尽量多抽出时间与孩子进行沟通交流,在交流中家长可以用"自我暴露"的方法,获得孩子的信任,为应对青春期来临打下良好的基础。如,家长可向孩子讲述自身的成长过程中难忘的经历或出糗的事情,让孩子明白,人在不同的阶段,身体和心理都会发生不同的变化,这是每个人都会经历的,家长也不例外,从而使孩子能够坦然面对,悦纳自我。

2. 适当示弱,鼓励独立

随着孩子年龄的增加,会越来越需要独立的空间和锻炼的机会,父母可以在必要的时刻,适度地表现出自己的无力,并给予孩子尝试和表现的机会,让孩子意识到在某些方面,自己的能力已经超过家长了,以增强他们的自信、鼓励他们独立性的发展。

3. 交友引导,自我保护

在小学阶段,尤其是进入中高年级后,家长要密切关注孩子的交友情况。家长要告诫孩子不要将自己的个人信息、隐私、秘密轻易告诉他人,不要毫无底线地迎合他人;中低年级的孩子与朋友外出需父母陪伴,高年级的孩子则要征得父母同意,并提前将行踪告知父母。在交往中要适当包容朋友的缺点,同时保持自我的独立性;要交品德优秀的朋友。当孩子突然变得注重自己的外表,与异性朋友走得很近时,家长不应指责、打骂,应多关心,多营造温馨有爱的家庭氛围,寻找合适的机会与孩子进行深入谈话,说明学业的重要性,一起学习自我保护的方法,或是发展其他兴趣爱好以转移其注意力。家长的言行应让孩子感觉到温暖与舒适,这样才能自然地拉近与孩子的距离。

四 社会交往教育的方法

社会交往发生在生活中的每一刻。如何进行人际交往,是孩子必须学习的内容。孩子如果有较强的社交能力,会得到更多快乐,也是一种高情商的体现,更愿意在大家面前展现自己,容易形成自信、乐观的性格。然而,但社交技能往往依附于社交环境,孩子难以在校园内的课堂上充分练习,而家长常与孩子出现在同一社交环境中,如公园、商场、朋友家等,对于培养学生全面的社交技能,拥有天然的便利。

小学低年级的孩子已具备自我介绍和情感表达的能力,家长可定期举办家庭聚会,邀请朋友及年龄相仿的孩子来做客,有意引导孩子做到举止大方得体、培养其分享意识,学习自我保护技能,不卑不亢,乐于帮助他人、互相谦让。进入中年级后,孩子往往已建立起较稳定的朋友圈子。此时,家长应关注孩子与朋友相处的情况,在孩子与朋友发生矛盾时要站在孩子角度、理解他的情绪和感受,然后再引导孩子进行换位思考。同时,也要鼓励孩子结交新朋友、乐于助人、欣赏他人。

而高年级的学生会逐渐形成2~3人的亲密朋友关系,他们渴望与同伴拥有更长时间的相处和更深入的交流,期待从同伴那里获得心理支持。男生们会更看重朋友义气,但自控力不足、易冲动、易出现攻击行为,喜欢用武力解决同学之间的矛盾;女生们更倾向于敏感多疑,易因一点小事生闷气,孤立他人或被孤立。当孩子人际交往不畅时,家长应让其先冷静,然后用自己的经历引发孩子的情感共鸣,让孩子自然、坦诚地面对问题、解决问题。家长应提醒孩子在校切勿张扬、炫耀或歧视、排挤他人;远离打架斗殴,不挑衅同学。如孩子已经遭遇校园欺凌,家长要首先做到多陪伴,及时向老师、学校相关部门反映情况,并向学校的心理老师或专门的心理咨询师求助。了解情况后,可根据实情做报警处理,通过法律的途径来解决问题。

总之,家长要关注孩子的社会交往情况,及时帮助孩子学会解决人际交往问题、为自己的行为负责,从而获得真正的成长。

五　开展家庭劳动教育的方法

2020年,中共中央、国务院颁布了《关于全面加强新时代大中小学劳动教育的意见》,切实要求各级各类学校大力推进劳动教育;2022年《义务教育劳动课程标准》颁布,将劳动教育设为必修课程。但事实上,劳动教育的有效落实,仅仅依靠学校单方面的努力是远远不够的。家庭应成为开展劳动教育的重要场所之

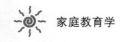

一，家长则是最主要的家庭劳动教育主体。家长开展家庭劳动教育的方法如下：

（一）适当放手

家长不要对家务活大包大揽，从培养孩子生活能力做起。孩子能做的事情，父母不要代劳。放手要采取循序渐进的方法，一步一步地教会孩子独立完成，切不可直接把事情抛给孩子。例如低年级的孩子可以从最基本的穿衣洗漱、整理房间开始做起；中年级的孩子在家可学习洗衣做饭，外出时尝试让孩子准确用品、当"总管"；高年级的孩子可照顾老人、弟妹，承担一部分家务等。家长尽量把任务化，让孩子逐步建立劳动意识和家庭责任，久而久之就养成了勤劳的习惯。

（二）引导鼓励

低年级的孩子出于对事物的好奇，其实是很喜欢帮助父母做家务的，有些家长担心孩子做不好而不让孩子参与，甚至言语不注意，无意中挫伤了孩子做家务的积极性。家长在孩子刚刚学习做家务时，不必追求完美，尽量用引导的方式教孩子做力所能及的家务，并且及时肯定和赞扬孩子的付出。

（三）创新方式

家长可以在时间宽裕的时候带孩子回老家或者到劳动教育基地，参加田间劳动；在保证安全的前提下，打扫家庭卫生；创新劳动教育方式，将科学探究融入劳动教育；在日常家务中让中高年级的孩子掌握做饭、炒菜、烘焙等劳动技能，营造积极的家庭劳动教育生态。家长还可以设计一个"劳动存折"，对孩子在家中的劳动情况进行记录，达到一定积分，家长可以满足孩子一个合理愿望，以多种多样的方式奖励孩子，慢慢地孩子就会由完成任务变为主动，最后让劳动成为习惯。

六 心理健康引导的方法

目前，家长们大多更重视孩子的身体健康、学习情况，常常忽略了同等重要的心理健康问题。但一个人只有保持着健康的心理，才能理性生活、直面人生中的困难，乐观向上。所以，当家长发现孩子遇到了心理问题时，需及时引导，持续地提供帮助，直至其摆脱负面情绪的影响。

（一）帮助孩子提升自信

自信是乐观情绪和坚强意志的基础之一。小学阶段是一个人自信心形成的重要阶段，家长可针对不同年龄段的孩子，采用不同的方法提升孩子的自信心。

低年级的孩子表现欲强，家长可鼓励孩子在集体活动中表现自我；在生活中提供机会让孩子多做尝试，并及时鼓励或表扬。中年级的孩子已有较强的参与意识，家长可邀请他们参与家中事务的决策。主人翁意识的建立会让孩子意识到自己很重要，并且，在实践中提升孩子的判断力与处理事情的能力，能带来直观且扎实的进步，这又能进一步让孩子在内心深处肯定自己。而对于高年级的孩子，家长平日应采用平等对话、商量探讨的方式进行交流，及时肯定孩子的优点；不在他人面前训斥、嘲讽孩子，更不应动手打骂。处理与孩子相关的事情时，要事先征求孩子的意见，在细节中给予孩子尊重，孩子才会更加自尊自爱。不过，高年级的孩子犯错后易产生消极情绪，家长要及时沟通，引导其放下包袱，重拾信心。

注意，过分夸大或笼统的称赞容易使人变得自以为是，无法分辨是非。所以，对孩子的肯定和鼓励应当是有根据的，要着重夸奖孩子的行为、能力和努力，这样才能正确地帮助儿童培养自信。

（二）帮助孩子提高抗挫力

抗挫力在面临挫折时能够起到决定人生成败的关键作用。帮助小学阶段的孩子提高抗挫能力，需要家长教育和引导其在面对挫折的时候如何解决问题、求助他人。首先，父母应给孩子搭建一个"家庭避风港"，为孩子提供可供信任的关系。这样，在孩子在遭遇失败时，才会觉得有依靠，进而做到不害怕，且不逃避批评性的建议。其次，当孩子在直面挫折，并出现沮丧等负面情绪时，如孩子考试没考好、被老师批评等，家长可以先让孩子在可控范围内释放负面情绪，然后耐心地陪伴、等待孩子独自消化、面对挫折。最后，让孩子学会为自己的错误行为买单，承认自己行为的失败，同时又保有不认输的积极心态，是家长引导的重要方向，此时，切勿火上浇油、指责其无能。

此外，当孩子有一定的阅读能力后，家长可让孩子阅读名人、伟人的励志故事，种下勇敢面对挫折的种子。而当孩子到了中高年级，家长可要求他长期负责

某项家务劳动,积极参加奉献社会、服务社会的公益活动。节假日里,徒步、登山、旅行等户外活动都能够帮助孩子培养起顽强的意志,家长应提供机会,让孩子学习应对生活中的不确定,锻炼自我、完善自我、超越自我。

(三)引导孩子进行情绪管理

稳定的情绪能够支持个人应对来自环境、他人和自身的变化,家长在孩子的成长过程中,要注意教会其调节情绪的办法,维持积极且健康的心理状态。当孩子情绪失控时,家长应在提供足够的安全感的同时,停止其不当的举动。然后,用温柔的语句安抚孩子,逐渐让其冷静。等孩子完全冷静后,家长再开启对话,告诉孩子情绪没有好坏之分,但如果人不能管理好自己的情绪而做出过激的行为,会造成可怕的后果。而高年级的孩子步入青春期后情绪波动较大,自我意识变强,不易听家长劝导。此时,家长可让孩子自己承担坏情绪带来的后果,在实践中学习管理和克制。

此外,若家长因孩子犯错而出现情绪失控,对孩子发火甚至打骂,事后,家长必须尽快向孩子道歉,告诉孩子你在事情前后的情绪、感受、想法的变化,为孩子做出正确处理负面情绪的示范,并修复双方关系。

第九章
青少年期的家庭教育

青少年期一般指十一二岁至十七八岁这段时期。初中阶段(十一二岁至十四五岁)被称为少年期,高中阶段(十五六岁至十七八岁)被称为青年初期。处于这两个阶段的青少年正值青春发育时期,故又被称为青春发育期,简称"青春期"。青少年期是个体社会化的关键期,在这一时期家庭教育发挥着至关重要的作用。

第一节　青少年期身心发展特征

青少年期是由儿童逐渐发育成为成年人的过渡时期,也是人体迅速生长发育的关键时期,可称为"人生第二个生长发育的高峰"。在这一时期,青少年在身体和心理两个方面蓬勃成长、急剧变化。

❤ 青少年期生理发展的特征

处于青少年期的学生在身体和生理机能两个方面均发生了急剧的变化,主要表现在身体外形的变化、体内机能的增强、性的发育与成熟等三个方面。

(一) 身体外形的变化

身体外形的变化是青春期最明显的特征,也是这一时期生理发育的外部表现,包括身高、体重的变化和第二性征的出现等。身高的迅速增长是青少年期外

形变化的重要特征之一。这一时期男女生的身高变化是有差异的,男生在十三四岁进入身高迅速增长的时期,之后身高增长速度逐渐下降。女生的这一过程要先于男生,大多数女生从 11 岁左右开始进入身高迅速增长的时期,14 岁左右达到高峰。体重的增长也是青少年身体外形变化的一个重要特征。体重的增长反映出身体内脏的增大、肌肉的发达以及骨骼的增长和变粗,也反映出营养及健康状况。青春期第二性征的出现是青少年性发育的外部表现。第二性征具有明显的性别差异,男生的第二性征表现为喉结突起,声音变粗,上唇出现浓密的茸毛或者有的男生唇部有须,额头的两鬓向后移,阴毛、腋毛先后出现;女生的第二性征表现为乳房发育,声音变尖,骨盆逐渐宽大、臀部变大,阴毛、腋毛先后出现且在时间上比男生约晚一年。

(二)体内机能的增强

青少年体内的各种机能都在迅速增长并逐渐达到成熟。这一时期心血管系统生长加速,心脏的密度成倍增长,心肌纤维更富有弹力。在机能方面,主要表现为心率、脉搏开始减慢,能更有效地调节心脏活动。心脏的收缩力增强,血压升高,已接近成人水平。男女生心血管系统的生长发育存在着一定的差异,女生在心脏重量、大小、每次收缩所排出的血量和血压均比男生低 10% 左右,而心率、脉搏则比男生快 8～10 次/分钟。同时,肺活量增大、肌肉力量增强[1]。这一时期,脑和神经系统发育变化比较明显,主要表现在五个方面:脑重量的增长、脑容积的变化、脑电波的发展、神经系统结构和机能的发育、兴奋和抑制的平衡,这一系列的变化为青少年期的心理发展,特别是逻辑思维发展提供了物质基础。

(三)性的发育与成熟

青少年期的学生随着性激素增多,性器官开始发育,性功能不断走向成熟。这一时期,男生、女生的性器官和性功能的成熟具有各自不同的特点。男生主要表现为雄性激素增多,阴茎、睾丸变粗变大等,女生表现为雌性激素增加,卵巢增大,出现月经初潮等。性器官和性功能的成熟都会给男女青少年的身心发展发挥着巨大的作用。青少年开始意识到自己向成熟过渡,产生性机能的好奇心与

---

① 林崇德.发展心理学[M].北京:人民教育出版社,2003:350.

新颖感,并逐渐产生性意识。这一时期,青少年开始意识到两性的关系,在感情上愿意接近异性,但在行动上又故意疏远,处于一种矛盾的心理状态。随着对异性好奇心的发展,他们会产生新的情绪、情感体验,开始爱美,注重自己的仪容外表等。

二 青少年期心理发展的特征

随着生理的发展,青少年期学生的心理发展也出现了一些新的特征,具体表现在以下几个方面:

(一)思维特征

这一时期,思维的创造性和批判性得到明显增加的同时,思维中的片面性和表面性的表现依然突出。一是思维的创造性和批判性日益明显。由于这一时期学生在心理上强烈的成人感以及高涨的自我意识,他们具有强烈的求知欲和探索精神,兴趣广泛、思想活跃、敏感,喜欢进行丰富奇特的幻想,喜欢别出心裁和标新立异,表现出强烈的创造欲望,例如,迷恋各种富有创造性的科技制作活动,在文体活动中也表现出极高的创作热情,在日常的学习中也充分体现出他们富有创造性的特点,极力展示自己的能力及才华,试图摆脱过去那种被动接触式的学习方法,以及对教师、父母和教科书的依赖。思维的批判性也明显增长,一方面表现在他们不愿轻易接受别人的意见,甚至有时持过分怀疑和批评的态度;另外一方面表现在他们开始严肃认真地对待自己的思想和主张,能够有意识地调节、支配、检查和论证自己的思想,开始热衷于探讨那些极为深奥而神秘的问题。二是思维的片面性和表面性依然存在。这一时期学生思维的片面性主要表现在思想偏激与极端,不能全面辩证地分析问题、解决问题,例如,容易陷入狂热的明星崇拜,在发饰、服装、姿态、言行上去竭力模仿某位明星,从中能获得心理上的满足感,而没有明确地意识到自己在现实生活中的身份及应追求的目标。另外,思维的片面性还使他们在思考分析问题时极易钻牛角尖,在从事一些创造性的活动时缺乏严谨的逻辑性和全面性。表面性主要表现为在分析问题时容易被事物的个别特征或外部特征所困扰,难以深入到事物的本质中,特别是在对某种社会现象或某种道德行为进行评价时也容易趋于表面化。

（二）情绪特征

这一时期的学生体现出半成熟半幼稚的特点，情绪表现出明确的两面性。一是强烈、狂暴性和温和、细腻性共存，即有时候情绪表现是强烈而狂暴的，同样一个刺激引起的情绪反应的强度相对大很多，有时候某些情绪又以一种较为缓和的形式表现出来，情绪体验非常细腻，情绪表现变得越发丰富和细致。二是情绪的可变性和固执性并存，即有时候情绪体验不够稳定，情绪表现的强度与情绪体验的深度并不成正比，一种情绪容易被另一种情绪替代。有时候又因为认识客观事物存在偏执性而导致情绪上的固执性，例如遭遇挫折后，易被无助和抑郁的情绪淹没，很长时间不能走出来。三是情绪的内向性和表现性共存，即有时候在某些场合将喜怒哀乐等各种情绪隐藏于心中不予表现，有时候在团体活动中为了从众或者其他的一些想法，又在情绪上加上一层表演的色彩。

（三）意志特征

青少年期的学生在意志行动中能够较为自觉地从自我出发确定目的，并根据目的任务制定计划，调控自己的行动，把行为结果看成是自己内部因素作用而造成的。在意志的执行决定阶段自觉性增强，独立性也有了较大的发展。但意志的果断性不强，在需要做出决断时，还要依赖外部力量，自制能力较差，较难控制自己的行为举止。随着年龄的增长，他们对自己的计划、行动的结果具有一定的认识，也能预计到执行过程中可能遇到的问题而多方考虑，对行动的目的有了较明确的认识，并能自觉地调控自己的行动，独立性进一步增强。

（四）自我意识特征

自我意识是自己对自己的认识。自我意识在青少年期开始了第二次飞跃。这一时期学生自我意识增强主要表现在内心世界越发丰富，在日常生活和学习中，他们不仅关心自己的外在形象，希望给别人留下好印象，而且常常将很多心智用于内省，经常沉浸在关于"我"的思考和感受中，"我到底是个怎么样的人？""我的特征是什么？""别人喜欢我还是讨厌我？"等一系列关于"我"的问题开始反复萦绕于他们的心中，开始进行自我观察、自我反省、自我批评和自我期望等活动。由于经常沉浸在关于"我"的思考和感受中，容易导致他们个性上的主观偏执性：一方面，他们总是认为自己正确，听不进别人的意见；另一方面，他们又感到别人似乎在用尖刻挑剔的态度对待他们，总觉得周围人时时刻刻都在批评他，因此而感到压抑、孤独，甚至神经过敏。与此同时，随着自我意识的高涨，他们更倾向于维护良好的自我形象，追求独立和自尊，但有时候他们的某些想法及行为不能被现实所接受，屡遭挫折，于是就产生一种过于偏激的想法，认为其行动的障碍来自成人，遇到这样的情形时容易出现反抗心理①。

（五）人际交往特征

一是与朋友的关系。进入青少年期的学生更加认识到朋友的重要性，认为朋友之间应该能够同甘苦、共患难，希望能够从对方那里得到支持和帮助，对朋友质量的要求也比较高，认为朋友应该坦率、通情达理、关心别人、保守秘密。于是逐渐改变了团体交友的方式，交友的范围逐渐缩小，选择朋友的标准主要包括：有共同的志趣和追求、有共同的苦闷和烦恼、性格相近、在许多方面能够相互理解等。朋友关系对于这一时期的学生发展各种心理水平和情绪稳定性非常重要，他们会因为有朋友而表现得更热情、更积极、更富有信心和勇气、更好地发展各种社会性能力等。这一时期的学生与异性朋友之间的关系变得微妙。双方彼此都开始意识到了性别问题，并对对方逐渐发生了兴趣，但是却经常用一种相反的方式予以表达，或在异性同学面前表露出一种漠不关心的态度，或在言行中表现出对异性同学的轻视，或以一种不友好的方式攻击对方。二是与父母的关系。青少年期学生从情感、行为、观点等方面与父母关系脱离，父母的榜样作用被逐渐削弱。这一时期由于他们在情感上有了其他的依恋对象，对于父母的情感变得不如以前那么亲密了。他们要求独立的愿望十分强烈，在行为上反对父母对他们的干涉和控制，对于任何事件都喜欢自己进行分析和判断。随着生活范围的扩大，会有其他成人形象通过各种途径进入他们的心目中，而且随着思维水平和认识能力的提高，他们会逐渐发现存在于父母身上的各种缺点，相比之下父母就黯然失色了。三是与教师的关系。这一时期的学生不再盲目接受任何一种教师，喜欢那些知识渊博、授课水平高、热情和蔼、关心学生成长的教师，并能在行动上对这些教师做出最好的反应。同时，对他们所不喜欢的教师的各种意

① 林崇德.发展心理学［M］.北京：人民教育出版社，2003：370.

见都持拒绝态度。

 三　心理发展水平

从整体来看,青少年的心理发展水平呈现出以下特征:成熟性与幼稚性并存、反抗性与依赖性并存、闭锁性与开放性并存、勇敢和怯懦并存、高傲和自卑并存,等。

（一）成熟性与幼稚性并存

青少年期的学生开始对成熟有了追求和强烈感受,基于这种感受,他们在对人对事的态度、情绪情感的表达方式以及行为的内容和方向等都发生了明显的变化。同时,他们也渴望社会、学校和家长能给予他们成人般的信任与尊重。幼稚性主要表现在其认知能力、思想方式、人格特点及社会经验等。例如,虽然已经以抽象逻辑思维为主要形式,但水平还比较低,处于从经验型向理论型的过渡时期。由于辩证思维刚开始萌发,所以思想方法带有很强的片面性及表面性,在人格特点上还缺乏成人的深刻而稳定的情绪体验。缺乏承受压力、克服困难的意志力,社会经验也十分欠缺。

（二）反抗性与依赖性并存

这一时期所产生的强烈的成人感,促使他们形成了强烈的独立意识,对一切都不愿顺从,不愿听取父母、教师及其他长辈的意见,常处于一种与成人相抵触的情绪状态中,但是又不能完全摆脱对父母的依赖,依赖的方式更多表现为希望从父母那里得到精神上的理解、支持和保护。因此,他们的许多外在行为有时是想通过这种途径向外人表明他们已具有了独立的人格,但在生活中的许多方面,他们还需要成人的帮助,尤其是在遭受挫折的时候。

（三）闭锁性与开放性并存

处于这一时期的学生虽然心理活动日益丰富,但越来越少的表露于外在行为,将自己的内心封闭起来。但与此同时,他们又感到非常孤独和寂寞,希望能有人来关心和理解他们。因此,他们不断地寻找朋友,一旦找到就会推心置腹,毫无保留。因此,他们的心理活动在具有闭锁性的同时又表现出很明显的开放性。

（四）勇敢和怯懦并存

在某些情况下,处于这一时期的学生能表现出很强的勇敢精神,但由于他们认识能力上的局限性使其经常不能立刻判断出某一危险的情景,因此往往带有莽撞和冒失的成分。有时候他们也会表现得比较怯懦,例如,他们在公众场合常羞羞答答,不够坦然和从容,未说话先脸红等。

（五）高傲和自卑并存

处于这一时期的学生尚不能确切地评价和认识自己的智力潜能和性格特征,很难对自己做出一个全面而恰当的评价,容易凭借一时的感觉对自己轻易下结论。例如,他们会因着一次偶然的成功即认为自己是一个非常优秀的人才而沾沾自喜,又会因着一次偶然的失利认为自己无能透顶而极度自卑,这两种情绪往往交替出现于同一个人身上。

这一时期,由于青少年在身体和心理两个方面的发展所表现出来的独特性,对家长开展家庭教育提出了特殊的要求和更大的挑战。

第二节　青少年期家庭教育的内容

根据埃里克森的社会性发展阶段理论,青少年期的基本任务是要发展或者建立自我同一性。自我同一性是一种关于自己是谁、在社会上应占什么地位、将来准备成为什么样的人以及怎样努力成为理想中的人的感觉。因此,青少年期家庭教育及其内容相对于其他阶段具有一定的独特性。

❤ 青少年期家庭教育的特点

基于青少年的身心发展特征及其心理发展水平,这一时期的家庭教育具有复杂性、冲突性、挑战性、示范性等特征。

（一）复杂性

有研究表明,根据青少年期的不同表现,按照年龄又可以将其分为不同的阶段,在不同的阶段,青少年表现出不同的特点,例如:11～12 岁的青少年天真、多变、缺乏安全感;12～14 岁的青少年好奇、易怒、不稳定;14～15 岁的青少年合群、冲动、喜欢刨根问底;15～16 岁的青少年叛逆、冒险、勇于尝试;16～17 岁的青少年标新立异、理想化、不切实际;17～18 岁的青少年关注未来、积极主动、对未来有畏惧心理等等[①]。因此,青少年期的家庭教育需要根据不同年龄阶段的特点,不断调整家庭教育的内容、方法等以引导青少年积极成长,这个教育过程充满了复杂性。

(二) 冲突性

亲子关系在青少年自主性、责任心发展方面起着至关重要的作用。由于青少年生理上成熟较快,心理上对父母去理想化,并开始追求自主性。因此,这一时期容易出现亲子冲突。亲子冲突是指亲子之间由于认知、情感、行为、态度、价值观等的不相容而产生的心理或外显行为的对抗状态[②]。亲子冲突形式大致分为三类:情绪对立、言语冲突和身体冲突。情绪对立包括故意冷落对方、瞪对方、生气、发火等,言语冲突包括争吵、争论、当面讽刺、嘲笑、辱骂和大声叫喊等,身体冲突则包括打耳光、拳打脚踢、推搡棒打、关禁闭等[③]。我国学者研究表明青少年期的学生与父母冲突最多的和最激烈的三个方面是日常生活安排、学业和做家务[④]。由此可见,青少年亲子冲突的内容主要反映在生活和学习两个方面,由于家长急切期待孩子进入良好状态,为此对孩子的行为进行强制约束和控制,由此带来的学生厌学、沉迷网络游戏、成绩下降等,成为青少年亲子冲突的主要问题。一般而言,低水平的亲子冲突,有利于青少年同一性和社会性的发展,并且同样会提供给孩子一个关于如何处理同他人关系的模式,提高青少年处理问题的能力以及控制情绪的能力[⑤]。但是,众多研究和实践都显示,亲子冲突与青少年的社会适应不良有非常直接的关系[⑥]。亲子冲突的增加伴随着青少年心

---

① [美] 乔希·西普著.解码青春期[M],李峥嵘,胡晓宇,译.长沙:湖南教育出版社,2019:64-81

② 王云峰,冯维.亲子关系研究的主要进展[J].中国特殊教育,2006(7):77-82.

③ 方晓义,张锦涛,刘钊.青少年期亲子冲突的特点[J].心理发展与教育,2003(3):46-51.

④ 方晓义,张锦涛,刘钊.青少年期亲子冲突的特点[J].心理发展与教育,2003(3):46-51.

⑤ Laurence Steinberg, *We Know some things: parent-adolescent relationships in retrospect and prospect* [J]. *Journal of research on adolescence*, 2001, 11(1): 1-19.

⑥ Shek, Daniel. T. L. *A longitudinal study of the relations between parent-adolescent conflict and adolescent psychological well-being*[J]. *Journal of Genetic Psychology*, 1998, 159(1): 53-67.

理健康水平的下降、学业成绩的下降、不良行为的增多、违法犯罪、酗酒、吸烟、吸毒等行为发生率的上升。

（三）挑战性

如前所述,青少年期的学生大脑和心智正在经历一系列剧烈的变化,他们开始像成年人一样思考,追求走向独立,但是这一时期青少年的心理发展水平表现为成熟性与幼稚性并存、反抗性与依赖性并存、闭锁性与开放性并存、勇敢和怯懦并存、高傲和自卑并存等,因此当他们在参加聚会活动、进行手机社交、注重服装打扮等方面,以及面对网络安全、同辈压力、校园霸凌等问题时,其认知能力、思想方式、人格特点及社会经验等方面还不能完全脱离父母的支持和帮助。因此,这一时期的家庭教育如何能让青少年感到自由又能保护他们的安全? 如何帮助青少年形成健康的价值观? 如何改善与青少年的交流? ……这一系列的问题使得这一时期的家庭教育充满了挑战性。

（四）示范性

2018 年 9 月,《全国家庭教育状况调查报告》中指出,超过 20％的中学生见到或经常见到父母做出不良行为,包括不守诚信、不讲礼仪、不遵守公共秩序等。部分家长只知道对孩子提出各种道德行为要求,但是自己却没有做出表率,不能以身作则。报告显示,家长在孩子面前表现的不良行为越多,孩子将父母选为榜样的倾向性越低。由此可见,父母言行对青少年期学生的道德发展有着深刻影响。因为青少年期学生的道德推理变得更加原则化,他们注重判断某个行为或是某个现象是否得当。当父母的行为不符合社会普遍认同的道德原则时,他们便难以认同家长的行为,进而难以信服家长的教育。在家庭教育中,父母要意识到以身作则的重要性,要求青少年必须做到的,自己首先要做到,这样有利于青少年期的学生养成良好的道德观念,践行正确的道德行为。因此,这一时期的家庭教育具有较强的示范性。

二　青少年期家庭教育的具体内容

青少年期家庭教育的主要内容有:确立理想信念的教育、树立价值观的教育、塑造完美人格的教育、开发智能潜力的教育、处理社会交往的教育、性卫生与

性教育、健康使用网络的教育等。

（一）确立理想信念的教育

青少年时期的学生身心发育逐步成熟、认识水平不断提高、参与社会生活的能力逐步增强、思想意识也趋于稳定，对世界、人生的根本看法也基本形成，家长帮助孩子树立科学的人生观和世界观，是首要的家庭教育任务。家长要积极配合学校教育，给孩子分析当今世界上多种多样的人生观、世界观，让孩子逐步明白：马克思主义人生观强调对人类、对社会的贡献，强调贡献与索取的完美统一，反对剥削和不劳而获。只有以马克思主义为指导的人生观、世界观才是最科学的。同时，还要通过家庭日常生活贯穿对孩子的理想信念的教育，要让他们懂得怎样做人、人为什么活着、怎样对待自己的国家和民族、怎样对待现今的社会和社会的发展等。要使孩子建立起爱人类、爱国家、爱社会、爱他人的心理，乐意维护和遵守社会道德规范和人伦规范，成为合格的当代文明人。教会孩子心胸宽阔，吃苦耐劳，增强对社会的责任感，愿意为社会做出贡献。

（二）树立价值观的教育

青少年期是价值观形成的重要阶段。这一时期学生虽然能够独立进行一些社会活动，在心理上也进一步成熟，并具有一定的社会分辨能力和社会态度。但是，青少年期也是学生的价值观极不稳定的一个阶段。在这个时期，学生极容易受到外界各种观念的迷惑和干扰，对于真善美的理解也往往容易出现偏差，他们在行为上更容易冲动、缺乏理智。因此对青少年期学生进行价值观教育是家庭、学校和社会都必须重视的内容。青少年期学生的价值观教育离不开家庭的影响和支持。在国际 21 世纪教育委员会向联合国教科文组织提交的报告中，主席雅克·德洛尔指出："家庭是一切教育的第一场所，并在这方面负责情感和认识之间的联系及价值观和准则的传授。"[①]

（三）塑造完美人格的教育

现代社会需要情操高尚、意志坚强、个性强烈、创新性强、人格独立的人才。

---

① 彭立荣.家庭教育学[M].长沙：湖南教育出版社，1995，34.

在孩子性格形成的青少年时期,要培养孩子具有高尚的道德情操、强烈的独立意识和能力、坚强的意志力、刚强的性格、富有创新精神等优秀品质。这是塑造孩子成为具有完美人格的人的重要环节。父母要把子女的道德情操教育、独立能力培养、意志力锻炼、良好个性养成等方面作为对青少年子女教育的重要内容,有意识地贯穿于日常生活中的方方面面,拓展教育层面,取得更大实效。

(四) 开发智能潜力的教育

青少年时期的教育是成人和成才教育的关键,也是人学习的黄金时期,能获得更多的知识积累。潜能的开发是人成才的基础,是人才的价值所在。因此,家庭教育只有很好地与学校教育、社会教育相结合,把孩子的智能开发放在突出的位置,才能为孩子今后的成才打下良好的基础。父母要努力发现、挖掘孩子的优势,对其进行重点培养。每个孩子都有其自身的特点,父母在注意培养孩子全面发展的同时,要密切观察,发现孩子的优势,为他们以后的成才打下坚实的基础。对孩子潜能的发挥,还要努力发挥家传的作用,特别是技艺方面的家传优势。通过遗传素质和环境熏陶,对子女会产生极大的影响,使其具有某方面的特长,而家庭又有培养子女得天独厚的条件,应该充分利用这些条件。家庭教育还要融入学校教育、社会教育的潮流中,父母要通过鼓励、协助等方式为孩子在学校教育、社会教育中取得更好的学习成效助力。要鼓励孩子树立远大目标,使其勇于攀登科技的高峰。要鼓励孩子尽可能深入高等学校,在人才培养的专门场所刻苦学习,接受深造,逐步形成自己的专长;鼓励孩子进行社会实践,在社会这个培养人才的大课堂里,根据社会的需要,争取成为社会主义现代化建设事业所需要的有用人才。

(五) 处理社会交往的教育

青少年时期是孩子最早接触社会,独立与人交往,解决一些人生问题的转折期,要让孩子成熟起来,顺利地跨入社会,家庭教育必须对孩子应如何与人交往给予指导,让他们学会交往,能正确处理交往中遇到的问题。孩子首先要学会在学校建立与老师、同学的良好关系。孩子在学校这一小社会中会形成自己最初的交往关系,并通过自己在班级中的地位表现出交往关系的状况。一是成为同学中的核心人物;二是成为大多数同学积极合作者,受人欢迎;三是成为同学排

斥的对象，被孤立起来。父母要了解孩子在班上的地位，有针对性地引导和帮助孩子学会交往。如果孩子是同学中的核心人物，父母在肯定孩子活泼、能团结同学、有威信、有号召力等优点的情况下，要认识到这类孩子支配别人的心理比较强，容易产生高高在上的优越感。父母应帮助他们学会尊重别人，懂得谦虚、宽容和忍让。如果孩子比较合群，是一个受人欢迎的合作者，父母从孩子身上看到谦和、忍让和宽容的品质，以及缺乏果断和自我决断、爱随大流等弱点，父母就要在生活中帮助他们多进行一些自我判断和自我决断，逐渐掌握一定的自我原则，学会坚持正确的立场和观点，帮助孩子将来成为有主见、独立性强的人。如果孩子被排斥在同学关系之外，是不受欢迎的、孤独的人，父母就要给予高度重视，与孩子进行交流，了解他对此事的看法，冷静客观地分析出孩子出现交往障碍的原因，有针对性地找出具体办法，帮助孩子积极走出这种困境。

（六）性卫生与性教育

性的成熟和性意识的产生，是青少年期具有决定性意义的变化。这一时期学生开始在伙伴中讨论有关性的问题，对男女同学关系十分敏感，行为上故意回避异性，内心又渴望接近异性，常常陷入"趋避—冲突"之中。所有青少年都会经历生理性过渡，最终发展到与成人发展水平相同的身体上的成熟。这意味着青少年的性特征将会在青春期显著呈现，所以向青少年传递性知识变得尤为重要。家庭是给青少年普及性知识的重要场所，家长必须担负起科学传递性知识的责任。但是绝大多数家长没有找到与子女谈论与"性"有关的话题的最佳方式，感到难以启齿，甚至达到了谈性色变的程度，长此以往十分不利于青少年身心的健康发展。2014年，中国教育科学研究院在北京、黑龙江、四川等地对2万多名中学生进行了调查，调查结果显示超过46％的中学生家长从来没有提过相关知识，6.36％的中学生是通过低俗的成人小说和成人影视对性有所认识。家长对性知识避而不谈、含糊其词等行为反而加重了中学生的好奇心和迷茫感，在一定程度上阻碍了青少年学生的身心健康发展①。因此，对这一时期的孩子的性教育应该要有科学的态度，父母要树立正确的性教育观念，不能给性蒙上一层神秘的面纱，或者灌输性是肮脏的观念，甚至培养性的罪恶感。应帮助孩子把性视为

---

① 李晗.青春期家庭教育——探析家长的角色定位[J].基础教育研究，2020(3)：86-90.

一种自然的生理现象,形成正确的性道德观念,培养孩子对性的责任感和严肃性。同时,父母在孩子性成熟之前把有关性发育的知识适当的传授给子女,使他们在青春期来临时不至于茫然、困惑。这些知识可以包括:性生理基本知识,如身体外形、运动能力、男女生殖器官的构造与功能、性的发展等青少年期身体发育知识;性卫生与保健知识,如经期卫生、乳房护理、包皮过长等青少年期的卫生知识和疾病防治,以及青少年身体发育指导方面的认识;性心理知识,如青春期心理发展的基本特点、青春期心理的发展与表现、青春期心理保健知识等。另外,还要对孩子进行有关性道德的教育。培养孩子良好的性道德认识,形成男女平等、互尊互爱、自尊自爱等思想意识,向孩子讲明性生理现象要受到社会道德和法律的制约,正确对待性活动的责任,形成合乎社会规范的两性交往方式。消除性冲动的诱因,及时疏导孩子因性成熟而产生的问题与心理障碍。

(七) 健康使用网络的教育

伴随着网络的普及,青少年期网瘾现象日益严重,成为社会和家庭普遍关心的问题。造成青少年网瘾的主要原因有:父母忽略孩子的心理状况和情感需要、与孩子缺少沟通导致其安全感降低、父母的不良教育方式等。因此这一时期,家长要与孩子多沟通,时刻关心孩子的内心世界,满足他们的情感需要。同时,想方设法丰富孩子的业余生活,培养孩子多方面的兴趣,引导孩子正确使用网络,使网络成为有利于孩子学习、增长知识、开阔视野的得力助手。可以和孩子通过协商制定包括上网时间、上网内容等在内的计划,保证孩子健康的使用网络。另外,父母要以身作则,在上网的时间控制等方面自我约束,为孩子树立良好的榜样。

以上所述的几个方面是青少年期家庭教育的基本内容,在开展家庭教育过程中不同的家庭还会根据具体情况出现一些特殊的内容。

第三节　青少年期家庭教育的方法

家庭教育在青少年成长及其社会化过程中至关重要,已经引起全社会的广泛关注。因此,这一时期掌握常用的家庭教育方法和一些基本的家庭教育技巧等就成为每位家长必备的知识经验。

一 青少年期家庭教育常用的方法

这一时期常用的家庭教育方法有：榜样示范法、实践锻炼法、表扬激励法、暗示提醒法、自我教育法等。

（一）榜样示范法

榜样示范法是指通过他人高尚的思想，模范行为以及卓越成就等来影响和教育子女的一种方法①。青少年期的孩子可塑性很强，通过树立良好的榜样，能给他们指出正确的方向，指导他们积极努力向上。家长可以通过树立典范和自身示范两种方式进行。

1. 树立典范

典型人物的言行是对各种符合社会要求的道德规范的具体化、人格化，因其崇高的理想信念、正确的价值观、完美的人格等受到青少年的崇敬和爱戴，对青少年的身心发展具有直接的激励作用。因此，家长可以借助革命领袖、英雄模范、历史上的伟大杰出人物、文艺作品中的正面典型形象以及学校、生活中的优秀人才等树立典范，挖掘这些典范先进事迹中的教育元素，引导青少年向榜样学习。

2. 自身示范

家长是青少年最直接、最经常的学习对象。父母为子女树立榜样，是对青少年开展家庭教育的一种重要手段。父母要以身作则，严格要求自己，努力以规范的言行、优雅大方的举止、严谨的生活作风、正确的为人处事方式等潜移默化的影响青少年的身心发展。

（二）实践锻炼法

实践锻炼法是指父母根据青少年自身的发展和社会的需要，让他们参加一些力所能及的社会实践活动，从中锻炼思想、增长才干、养成优良的品德和行为习惯的教育方法②。父母根据青春期家庭教育的内容、家庭的实际情况和家庭成员各方面的条件，对青少年进行实践锻炼，充分地利用社会生活开展教育活动，让他们在社会生活中亲身实践和体验，增强心理承受能力和社会适应能力。

---

① 黄河清.家庭教育学［M］.上海：华东师范大学出版社，2014.
② 黄河清.家庭教育学［M］.上海：华东师范大学出版社，2014.

1. 加强过程指导

由于青少年的心理发展存在成熟性与幼稚性并存、勇敢和怯懦并存、高傲和自卑并存等特征,因此父母要加强对青少年实践锻炼的过程的关注,鼓励他们积极参与,指导他们掌握科学的方法,科学利用时间,能将学到的知识运用到实践中等,对于所取得的成绩要及时给予肯定和奖励。

2. 正确对待错误

当青少年在实践中出现错误的时候,父母不能过多责备,更不能因噎废食,而是要帮助他们分析导致错误的原因,总结经验教训,鼓励他们战胜困难,勇于参加更多的实践锻炼。

(三) 表扬激励法

表扬激励法是指对青少年好的思想品德、好的行为表现给予积极肯定评价的家庭教育方法[①]。在受到表扬激励时,人会产生一种愉悦的情绪体验,这种情绪具有渲染作用,会让人产生奋发向上的动机。因此,通过表扬激励,使青少年明确和肯定自己的优点、长处和进步,可以激发他们不断进步的愿望和信心。表扬激励包括:赞许、表扬和奖赏。

1. 表扬激励要实事求是

家长能够实事求是地对青少年具体的所作所为、所取得的成绩进行恰如其分的表扬,可以使他们深刻感受到受表扬的原因,并且能对自己的能力、个性、意志等进行恰当的自我评价,有利于青少年形成正确的自我意识。

2. 以社会性奖赏为主

奖赏包括物质奖赏和社会性奖赏。青少年时期应该坚持以社会性奖赏为主、物质奖赏为辅。社会性奖赏的方式有:走亲访友、外出旅游、一起看电影,以及购置文具、文娱体育用品等。

(四) 暗示提醒法

暗示提醒法是父母运用含蓄、间接、简化的方式和方法对青少年产生影响,并能迅速产生效应的家庭教育方法[②]。这种方法能充分体现父母对青少年的了

---

① 吴航.家庭教育学基础[M].武汉:华中师范大学出版社,2010.
② 吴航.家庭教育学基础[M].武汉:华中师范大学出版社,2010.

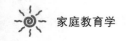

解、信任和尊重,有利于调动、发挥青少年的主动性、积极性和自觉性,进一步密切父母和青少年之间的关系。暗示提醒包括直接暗示提醒和间接暗示提醒。

1. 直接暗示提醒

父母将意图直接告知给青少年,使其快速理解。究竟孩子怎么做,不直接说出来,而是由孩子在家长的讲解过程中自己去领悟。

2. 间接暗示提醒

父母借助其他媒介将其意图和对青少年的要求、期望等,间接地提供给青少年,使他们迅速而无意识地接受。

(五) 自我教育法

自我教育法是指青少年基于自我认识,对自身的各方面发展提出一定要求、任务,并自觉地进行自我评价、激励、控制和思想转化的家庭教育方法[①]。这种方法能充分体现青少年在家庭教育过程中的主体作用,调动他们自主发展的积极性。

1. 激发自我教育的愿望

让青少年明确意识到父母提出的要求是符合要求的、正确的,并确信经过自己的努力即可实现,从而产生自我教育的愿望。

2. 指导青少年自我教育

传授给青少年自我训练、自我检查、自我体验等自我锻炼的方法,也可以教给他们一些自我教育的方法,比如说自我激励、自我监督和自我控制等。

二 青少年期家庭教育的基本技巧

基于青少年期学生身心发展的特征,以及这一时期家庭教育的常见问题,在家庭教育过程中,家长对孩子应该做到:理解与认同、尊重与欣赏、接受与支持、宽容与信任等。

(一) 理解与认同,疏解亲子双方的压力

在亲子关系中,得到父母支持的青少年能够更好地寻求自我同一性,而与父

---

① 黄河清.家庭教育学[M].上海:华东师范大学出版社,2014.

母发生冲突、处理不当的青少年更容易出现各种情绪和行为问题。因此,理解和认同对方的需求,共同找到照顾双方需求的解决方案就显得非常重要。父母要给予他们自主表达,自主充分表达需求的机会,尊重并尽可能地满足孩子对同伴交往、课外娱乐、户外活动、体育锻炼等基本的诉求。同时,要培养自己的同理心,加强与孩子的情感沟通和交流,关心孩子的情绪感受,理解孩子的想法,需要主动提出变通的建议,努力与孩子达成共识。

(二)尊重和重视孩子的情绪

与孩子相处的时候,父母要让孩子知道父母了解他们的感受,同时也尊重他们的感受。与孩子说话的时候,尊重孩子的话语以及他所说的话语的弦外之音,重视亲子对话的沟通效果,教子女接纳自己的情绪,并学会如何表达。针对其行为或其付出的努力与成果进行称赞,当孩子出现问题的时候,重点在于提出建设性的意见,避免引起亲子间的冲突。在与孩子沟通的过程中,父母允许孩子说话并做出自己的选择,接受孩子的感受并予以正确的反映,正确表达父母自己的情绪感受。能够接受孩子的倾诉,了解孩子的感受,探索孩子的感受。允许孩子在毫无罪恶感及害怕的状况下去拥有任何感受,协助孩子接受自己的情绪经验,让孩子能自由表达自己,只有孩子被了解与接纳时,才不会有不良的行为发生。

(三)适度放手,接受孩子从依附走向独立

青少年期是一个过渡时期,也是青少年自我审视身在何处、欲往何方的时期。他们极度渴望能够被当作成年人一样对待,少一分管教,多一分自治。而作为父母则期望孩子能够在行为上表现得像成年人一样成熟稳重。但由于青少年的实际能力还不能完全达到独立处理问题的程度,其能力与愿望不匹配容易导致矛盾甚至冲突发生,且多发生在日常琐事中。一般来讲,青少年期学生在涉及道德原则问题的事件时,容易接受父母制定的规则,但是在面对诸如穿什么样的衣服、弄什么样的发型这一类非原则性问题时,如果父母将自己的想法强加给孩子,要求他们严格遵照自己的意愿执行,他们则会做出强烈的反抗行为。由于青少年期学生的自主性不断加强,自我意识萌发,他们对发型和衣物等的选择不会轻易做出妥协。家长过于约束青少年的非原则性选择和行为,往往会激发青少年的叛逆心理。家长的管束过于严格,会导致青少年在父母面前隐瞒自己的想

法和行为,家长进行家庭教育的难度就会大幅增加。因此,父母必须在内心深处经常提醒自己,孩子长大了,很多事情可以自己做主了,放手让孩子追求自由和坚持自我独立性。

(四) 欣赏孩子,支持孩子的决策尝试

青少年期学生不再满足于事事听从父母的规定和管教,而是总要寻求自我价值的肯定与实现。这是青少年萌发主体意识的表现,是他们想要摆脱占据其儿童时期主要时间和空间的家庭权威的重要步骤,也是他们成长必要的自我身份认同。父母的唠叨在"孩子最反感的父母行为"名列榜首,不少青少年都表示:"我知道他们说的是为了我好,但是有些话讲一遍就够了,说的次数多了我心里会越来越不耐烦。"甚至还有部分青少年表示:"有时候我明明没有这么做,但是他们一直在说,我反而就要做给他们看了。"由此可见,父母的唠叨不仅不利于维持良好的亲子关系,反而容易激发青少年的逆反心理,使他们做出叛逆的行为。心理学上有一个著名的心理效应——超限效应,它主要指因刺激过多、过强或是刺激的作用时间过久,从而引起心理极不耐烦或逆反的心理现象。因此,父母与青少年交流时,过于唠叨、喋喋不休,会更有可能引起孩子的逆反心理。如果父母唠叨的时间过长、次数过多,青少年就会失去倾听的耐心,父母说什么孩子都无动于衷,导致亲子沟通出现问题,极易引发青少年的心理问题和行为问题。青少年顺利实现自我同一性,关键在于家长鼓励并支持他们不断尝试,在亲身体验中逐渐形成自己独特的世界观、价值观和人生观。因此,父母应该欣赏孩子开始挑战独立的人生历程,并能愉悦接受。同时,这一时期的学生在批判性的思考父母观点的同时,尝试自己做出决策,并敢于面对决策所带来的后果,承担必要的责任和代价。父母在这一过程中,一定要尊重孩子这种决策行为,把它看作是成长的自然现象,支持孩子从最小的决策开始尝试,逐渐对自己的决策变得更为肯定,进而形成自己的思维模式和判断标准[①]。

(五) 永远宽容和信任孩子,给予孩子归属感

研究发现,家庭友爱的青少年出现情绪和行为不当等问题的概率较小,父母

---

① 冉亚辉.青春期家庭教育的六大基本原则[J].中国德育,2016(16):23-25.

的宽容和信任可以为他们提供一个应对青春期压力的有力缓冲。要懂得尽管孩子会叛逆、会犯错，还可能会过分追求独立，但只有经历这个过程并得到父母积极有力的引导和关爱，孩子才能成为一个具有社会责任感的人。因此，父母在任何时候都不能放弃对子女的保护和教育，永远宽容和信任孩子，给予青少年坚定的归属感。只有这样，这一时期的孩子才能形成独立的人格，也能达到父母的期望。

第 十 章
青年期的家庭教育

一项研究①显示,在询问青年人"你是否认为自己已经进入成年期"这一问题时,多数 18～25 岁的个体答道:"既是,又不是。"回答者觉得自己虽已脱离青少年期但还不是完全的成人。即使到 30 岁前后,还有约 1/3 的人认为自己尚没有完成向成年期的过渡。尽管我国法律对成年人的界定为"年满十八周岁的人",但由于大学学业的花费,个人事业的起步等诸多现实因素,年轻人真正意识到自己成年往往要比法律意义上的成年晚一些,在很多人的观念中,经济上的独立是成年的重要标志之一。青年期个体结束了少年期,但依旧无法承担成年人的责任,经济上的依赖使青年群体难以对成年身份产生自我认同。

第一节　青年期的身心发展特征

青年期在此特指学龄晚期后的时期,自 17、18 岁开始到 25 岁,这一时期又被称为成人早期(early adult)、成年初显期(emerging adulthood),在这一时期,有些个体进入高等教育阶段,有些个体完成了义务教育和职业技术教育,进入职业生涯。

❤ 青年期生理发展的特征

青年期的身体变化是多维度、多方向的,既有成长,又有衰退。在这一时期,

---

① Jeffrey Jensen Arnett. *Emerging Adulthood A Theory of Development From the Late Teens Through the Twenties*, 2000(5), *American Psychologist*, 469 - 480.

生理结构的能力和效率在继续发展,逐渐达到高峰。

这一时期,个体的身高和身体比例已经定型,个体的大脑重量逐渐增加并达到顶峰,随后体积会缩小,大脑灰质的修剪过程继续,髓鞘化程度持续提高,这些变化支持这一时期的认知发展。视觉、听觉、味觉、嗅觉和肤觉在这一时期持续保持灵敏状态。许多运动技能在 20～35 岁达到顶峰。免疫系统的抗病能力在青少年期提高,20 岁以后下降,这一切生理变化都使我们大多数人在 20 岁左右身体健康、精力旺盛。

二 青年期心理发展的特征

15～17 岁时期,个体在认知发展与社会性发展上都达到了一定的成熟水平。进入青年期(成年前期)后,就转入到稳定期。这种稳定性体现在这个阶段的绝大多数人的身上,具体表现为心理发展,尤其是情感过程趋于成熟,性格已基本定型①。在本部分,心理发展将分为个体的认知发展、智力发展、人格发展三个部分进行讨论。

(一) 个体认知的发展

这一时期,脑的进一步发展为个体的认知发展提供了生理基础,个体的计划、推理和决策能力有所提高,这些能力的提高帮助个体应对这一时期更加复杂的社会环境与人生任务,更加复杂的环境与任务也反过来促进了脑的机能和认知能力的重组与提升。

在这一阶段,随着个人的努力和阅历的增加,人们的思维方式更加理性、灵活和现实,人们更能应对现实情况的不确定性和变化。和学龄期相比,青年期个体所遇到的情境更加复杂微妙,并非简单的黑白分明,而是出现了一些灰色地带,思维的本质在这一时期发生了质变。个体思维不仅基于逻辑,还需要以实际经验、道德判断和价值观为基础,从假设性思维过渡到实用性思维。这一阶段,个体会依据个人价值观和信仰,对情境的所有方面进行权衡。比如大学生对于男女朋友的选择上,一开始会罗列出一些具体的条件,比如身高在某个数值以上,有一些性格方面的标准,而在随后的择偶过程中,又不会完全按照自己预设

---

① 林崇德.发展心理学(第二版)[M].浙江教育出版社,2002:420.

的标准进行选择。

这一时期的年轻人考虑问题更加全面和现实,甚至开始变得"圆滑",并非像上个阶段那样对事物存在绝对化的认识。这一阶段,人们的"认知-情感"复杂性在不断上升,即个体能意识到相互冲突的情感,并把它们协调成一个复杂有组织的结构,这有助于个体更好地认识自己和他人的观点和动机。"认知-情感"复杂性较高的人能辨别积极情感与消极情感,以包容开明的方式对待人和事,面对困难和负面信息能进行理性思考①。这一阶段的个体会用相互联系的视角去看待问题或处理事情。例如,一家三口家庭月收入为 10 000 元,其中父亲为 8 000 元,女儿为 2 000 元,母亲无收入。如果母亲找到一份月薪 5 000 元的工作,家庭总收入会怎样? 处于前一阶段的个体会认为家庭总收入是直接累加到 15 000 元,而青年期的个体则会认为有更多可能性:如果母亲的收入激发父亲或女儿工作更加努力,则家庭总收入将超过 15 000 元,如果母亲的收入使父亲或女儿认为不用那么努力,则家庭总收入将低于 15 000 元。在这一阶段的个体看来,因果关系是环形的、封闭的。例如,班级学习氛围差、学生厌学、教师敷衍塞责这三个因素中,哪个是因,哪个是果? 青年人会认为这些因素是相互影响、相互制约的,他们的思维更灵活。由于个体在大学生活中承担了复杂且接近成人的角色,他们的认知观点发生了变化。在大学低年级,学生持二元论思维,把信息、价值观、权威分成对与错、好与坏等对立的观点,对教师的观点和书本上的知识多持认同接受态度;高年级的学生则持相对论思维,认为知识处于特定的思维框架中,对同一个问题存在不同看法,不存在绝对真理,真理是多元的,每个真理都有其相应的背景,认为教师和书本上的观点只属于某个人或某个群体,并不是绝对的真理。当个体形成这种思维,就不会机械地在相互矛盾的观点中进行选择,而是将各种观点整合,形成自己的合理观点。综上所述,与少年时期相比,青年人在看待问题时,更多地考虑了现实世界的复杂性,并能够得出更为微妙复杂的答案。

(二) 个体智力的发展

心理学家斯皮尔曼提出智力结构的二因素说,把智力构成分成 G 因素和 S 因

---

① Michael E. Lamb, Alexandra M. Freund. *Dynamic Integration of Emotion and Cognition: Equilibrium Regulation in Development and Aging*, Part II. *Social and Emotional Development, The Handbook of Life-Span Development*, 2020(9).

素,即一般能力与特殊能力。一般能力是在不同活动中表现出来的共同能力,包括观察力、记忆力、想象力、创造力、抽象概括能力、言语表达能力等,是从事一切活动所必备的能力的综合。特殊能力是指从事某种专业活动所必备的能力的综合,如数学能力、文学能力、艺术表演能力、绘画能力等,是顺利完成某一项专业活动的心理条件。青年期个体在一般能力发展上获得齐全而成熟的表现,几乎达到"高峰",在职业能力、人际关系处理能力、管理能力、适应能力等特殊能力上有不同程度的提升。

(三) 人格的发展

心理学家埃里克森将人的毕生人格发展分为前后相接的八个阶段。青年期对应着埃里克森理论的成年早期,这一时期个体面对的主要矛盾冲突是亲密对孤独。人格发展任务是培养亲密感,避免孤独感,障碍者会表现出与他人或社会疏离的状态,体验孤独感。

埃里克森认为,人生某个阶段的矛盾若不能达成良好解决,问题会延续到后面的阶段。在这一时期,有些个体还在忙于完成上个阶段的任务:构建自我同一性。但是本阶段的任务经营亲密关系却需要个体舍弃一部分独立的自我,或根据双方的价值观和兴趣重新定义自己的同一性,这就存在两个阶段主要任务的冲突,个体会陷入两难的境地。安全的自我同一性有助于亲密关系的建立,同一性的实现与关系中的忠诚呈正相关,同一性发展较好的个体能更好地与人合作,对人宽容。同一性发展不好的个体则对建立亲密关系存在疑虑,他们不喜欢合作,担心亲密关系会对自己产生威胁。上一时期的同一性的良好发展有利于这一时期亲密感的建立,这一时期建立良好的亲密感也有利于下一时期个体获得良好的繁殖感,青年期的亲密关系可以预测更强的繁殖倾向。

在这一时期,个体在生理和心理上达到成熟水平,这为个体接受高等教育和独立生活奠定了物质基础,但个体在人格与社会性发展方面的发展依旧需要引导教育与实践历练。

第二节 青年期家庭教育的内容

这一时期的家庭教育在个人发展中处于辅助地位,主要是配合学校教育和

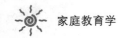

个人主观能动性发挥作用。这一时期,一部分个体结束高中学习进入大学继续接受高等教育,一部分个体结束职业教育进入职业生涯。家庭教育应关注个体在生理和心理两方面的发展,主要涉及的内容包括对青年期个体在身份转变、人际交往、生活方式、恋爱与性、学业发展、职业规划六个方面。

❤ 一　身份转变

在义务教育阶段,个体需要掌握社会生活中的基本知识,养成教育者所期待的思想品质和行为习惯,义务教育结束后,个体发展进入了升学和就业两个不同的轨道,其中一轨接受普通高中教育,进入大学,个体身份从高中生转变为大学生;另一轨接受完义务教育后,进入职业教育学习职业技能,然后进入职业生涯,或在接受完普通高中教育后即开始职业生涯,个体身份从学生转变为独立的工作者。

身份转变并非一蹴而就,而是贯穿于个体的整个大学生涯或者职业生涯,身份转变是全方位的,涉及个体生活的方方面面。随着环境的变化和人生任务的丰富,个体身份逐渐呈多样化、社会化发展。针对大学生群体,学业生涯的轨迹一般为:大一年级对新生活充满新鲜感,迷茫并积极探索;大二生活步入正轨,更专注于专业学习;大三专注于专业提升和职业准备;大四应对毕业、就业或升学考试的多重任务。个体从不具备完全行为能力的未成年人到独立自主的成年人,个体开始独立承担责任,包括法律上完全承担民事与刑事责任,这是一个人成熟和完全走进社会的重要标志。个体在更复杂的情境中,应对更复杂的事件,需要个人承担的责任空前增多,小到日常的生活花销,大到关乎个人前途的毕业选择,负责任已经成为成年人个人生活与人际交往必不可少的一种品质,在这个阶段关于新角色身份的责任教育更应引起重视。

❤ 二　人际交往

在大学阶段,个体与他人合作的契机明显增多,面临更复杂的人际关系,在这期间的人际交往带有中学时期的习惯,但活动中要求的自主性更强,与他人的协作程度更深,最初个人的交往意识和能力可能难以满足人际交往需求。在大学中,青年个体可选择参加的群体组织非常丰富,正式学生组织有学生会、自管会、分团委等,非正式组织包括各种兴趣小组、研究小组、协会等。这些组织虽然都有指导老师和学校学生工作部门的管理,但在具体运作中,学生是主体并要发挥主观能动性。在课堂上,无论是理论知识的学习还是实践操作,教师的授课方式相比初高中时期都展现出来更多的学生参与和人际合作。除了学校生活,青年个体还会将更多的时间投入社会实践,兼职、见习、实习等活动,需要学生参与更大范围的人际合作。这一切与人交往的活动,都需要学生独自应对,教师和家长的作用有限。作为将来人际关系的模拟,这一时期的人际关系处理的意识与技能培养至关重要。

在关注现实人际交往的同时,还应特别注意青年人的网络人际交往。一份来自互联网数据挖掘机构艾媒咨询在 2021 年的调查①显示,我国大学生群体中有 45.8% 的人日均使用手机时长为 3～6 小时,有 26.4% 的人日均使用手机时长为 6～8 小时。网络正承载着越来越多的人际交往内容,并影响着现实中的人际交往。网络人际交往有不同于现实的方式与内容,形成了众多主题、风格不同的社交群体,甚至衍生出来相应的亚文化。网络中人际交往有着便捷性、即时性、虚拟性等特点,这些特点在重塑人们对人际关系的认识。但网络人际交往模式同时也可能对现实中的人际交往带来不良影响,比如逃避现实中人际交往、现实交往意愿减弱、交往技能退化、处理人际问题能力低下甚至形成人际关系障碍。因此,家长可以关注子女的网络人际交往和现实人际交往的均衡调和,帮助青年个体区分网络与现实人际关系,建立合理的人际关系认知,提高人际交往的意识与主动性,掌握人际交往的技巧。

三 生活方式

有些个体在初中或者高中阶段开始住校,有些则到大学才开始第一次离开父母独自生活。18 岁是个体从法律意义上成年的开端,成年在某种程度上意味着要独立生活。在初高中阶段,孩子的生活被主要任务——学习所占据,生活方式多围绕升学考试这一主目标。当青年期的个体脱离了升学考试这一主目标后,生活方式日渐多样丰富起来,加之物理距离加大,父母也减少了对子女生活方式的管束。

对高中升入大学的个体来说,最大的生活方式变化是从封闭到自由,这种自

---

① 艾媒咨询.2021 年中国大学生消费行为调研分析报告[EB/OL].[2022－7]https：//report.iimedia.cn/repo7－0/39445.html?acPlatCode＝IIMReport&acFrom＝recomBar_1061&iimediaId＝86911.

由是全方位的,包括衣食住行各个方面,高度的自由也带来了复杂的生活内容,在烦琐复杂且自由度高的生活中,自律成为重要的品质。个体有选择自己生活方式的权利与自由,但生活方式也存在优劣之分,应倡导健康的生活方式,识别并远离不健康的生活方式,面对并解决生活方式中存在的普遍问题,大学生群体的问题集中在熬夜与睡眠、肥胖与饮食运动、烟酒的使用等方面。

一项 2020 年的研究[①]调查了某高校 1000 名在校生,发现熬夜现象在大学生群体中十分普遍,不熬夜的学生仅占受访学生的 5%。该研究认为,在熬夜的主观原因中,娱乐活动和作息是两大主因,自我控制能力和时间管理能力在熬夜行为中起部分中介作用。时间管理倾向高的个体,具有较高时间价值感与监控感,熬夜行为出现率较低。时间管理能力差导致拖延行为的出现,即大学生将白天未完成的任务拖延到夜晚。有研究[②]显示,就寝时间过晚是大学生代谢综合征发生的危险因素,长期良好的就寝习惯可以预防代谢综合征的发生。很多学生对熬夜的危害认识停留在表面,如"黑眼圈""气色不佳",而忽视了熬夜对身体器官的慢性伤害和对精神健康的消极影响。父母可以帮助孩子全面深刻意识到熬夜对身体造成的伤害,督促孩子做出作息改变并监督孩子长期执行。

2021 年《国家学生体质健康标准》测试抽查复核工作显示,全国学生体质健康"不及格率"基本呈下降趋势,但视力差、肥胖相关数据却在不断上升。在全国各学段学生体质健康的不及格率中,大学生群体最高,为 30%,大学生的肥胖率为 5.5%。大学生的饮食相对于高中时期丰富度得到了极大提升,可自由选择的范围无限扩大,个人在饮食的时间、品类和数量上有着高度的自主权。饮食和运动在生活方式中占有很重要的位置,直接关乎个体当下的健康和未来的发展。肥胖和严重的健康问题密切相关,包括高血压、循环系统病症、动脉硬化、中风、成年期发作的糖尿病、肝胆疾病、关节炎、睡眠和消化机能紊乱,以及大多数的癌症。此外,肥胖的成人还容易受到来自社会的压力甚至歧视,在学业、求职、社会交往等方面遇到隐性或显性的障碍。父母要关注孩子的饮食与运动状况,倡导科学饮食与运动。

生活方式中还有一项容易忽视的问题,即大学生对烟草和酒精的使用甚至

---

① 朱业静,熊凤,吴宗振,朱治国,唐玲.大学生熬夜现状调查与分析,数学学习与研究[J],2020(4):148.
② 程华玲,何琼,周启帆,张梦笑,朱鹏.大学生就寝时间与体质指数、腰围和血压关联的 1 年随访研究,卫生研究[J],2016,45(4):614-619.

依赖。中国疾控中心发布的《2021年中国中学生和大学生烟草流行监测结果》显示,大学生现在吸烟率为7.8%,使用过电子烟的比例为10.1%,现在使用电子烟的比例为2.5%。饮酒是比吸烟在大学生群体中更常见的现象,饮酒成为部分大学生的度过节假日、度过重要生活事件的方式,甚至成为某些大学生日常生活的一部分。长期饮酒会导致身体损伤,与心血管疾病、胃肠功能紊乱和某些癌症有关,同时还会导致大脑损伤,导致性格冷漠、记忆力下降、学习障碍。饮酒会抑制和损害大脑控制思想和行为的能力,造成社会治安问题、交通事故,甚至是严重的暴力犯罪。家长应帮助孩子认识到烟酒的危害,减少或消除烟酒的使用。

个体生活中的花销规划是家庭教育需要重视的内容。个体在大学阶段的花销大部分由家庭提供,家长会综合考虑家庭经济状况、大学所在地的消费水平、子女的花销事项等因素给予子女经济支持,子女拥有几乎全部的花销支配权。很多人是自幼以来第一次自己支配如此大金额的钱财,也从未接受过花销规划等方面的教育,叠加完全自由的生活环境与各种诱惑,很容易无节制消费,导致生活陷入困顿,甚至陷入网络诈骗、非法借贷的陷阱。

四　恋爱与性

根据心理学家埃里克森的人格发展理论,这一阶段的个体发展的主要矛盾是"亲密对孤独",这一时期是与他人建立良好关系特别是亲密关系的关键时期,如发展不好会产生孤独感,进而影响个体今后的发展。这一阶段个体生理发展进入巅峰状态,有经营亲密关系的生理基础和心理渴望。没有亲密关系,年轻人将面临埃里克森所说的成年早期的消极后果:孤独和自恋。

个体在本阶段会置身于自由选择的恋爱环境。从相互吸引到确立亲密关系,从短期的激情到长久的相处,家长可以在支持与鼓励孩子积极探索与尝试的同时,给孩子相关建议。首先家长应当帮助孩子意识到,由于个体差异,恋爱观念也呈现多元化发展。要注重对积极恋爱观念的引导,同时帮助孩子探索男女对爱情与性的不同认识、面对问题的不同思维与行为方式。家长应帮助孩子意识到,情感不是永恒不变的,是一个动态的过程。恋爱是双向奔赴的过程,亲密关系中,双方要保持学习与成长的心态,用心经营。在亲密关系中总会经历各种困难和障碍,在双方合作解决这些困难时,不仅加深了感情,更促进了个人成长。

同时家长也可以分享一些两性交往的小技巧,比如及时发现对方优点并进行夸赞、善于制造惊喜等。

五 学业发展

学业发展应作为学生在校生活的主要内容。在大学阶段,个体所处的情境与以往完全不同。在义务教育与高中教育阶段,学习生活作为绝对主要内容,占用每天除睡眠以外的绝大部分时间。学习被认为是生活中最重要的任务,其他生活活动会围绕学习这一主任务展开。在大学生活中,学习虽然也占据重要地位,但生活更加丰富,生活规划更加多样,生活的自由度也空前提高,自由的环境对个体的自我管理能力提出了更高的要求。尽管从童年时期开始,教师和家长一直在要求孩子"自觉""自我管理""养成良好的学习习惯"等,但真正面对没有管束的环境,部分个体的表现却不尽如人意,出现了无法在规定时间内完成学业或各门学科,自学效果不佳的现象。

学业发展需要个体对自身专业具有认同感并主动学习,在学习过程中逐渐形成对将来所从事行业的认识。学业发展也需要一定的自我管理和时间管理能力,对自己的学习生活有大体规划,协调好各项事务的时间,按学校要求完成学业任务并积极自我探索。家长应主动关注子女的学业发展,了解学校的学习内容和进度,对子女在学业发展中遇到的困境给予建议和帮助。

六 职业规划

青年期做出的选择会影响人的一生,在所有选择中,最为重要的一项便是职业规划。人们在自我介绍时总是会提及自己的职业,这是构成个人角色的重要部分,工作的选择涉及个体同一性的核心部分,工作能够帮助个体更好地构建自我同一性。第一份工作塑造了成年人对社会的初步认识、职业认知和今后的职业习惯,家长应鼓励孩子要把握机会多进行职业尝试,在个人经验与信息充足的情况下,综合考虑诸如薪资水平、发展前景、工作强度、社会地位等多方面因素,做出充分准备和理性选择。

家长总是想在更多的方面给予孩子指导,除上述六个基本项目外,家长还要结合子女的个体情况,调整教育内容。

第三节　青年期家庭教育的方法

　　这一时期的多数父母意识到了子女已经是法律意义上的成年人,有了生活的自主权。由于子女的外出上学、工作和离开父母居住,多数父母与子女已经在物理上拉开距离。作为家庭教育的最后一个阶段,这一时期家庭教育的内容由生活照料逐渐转变为帮助个人发展,父母的角色也从照顾者逐渐变成建议者,随之而来的还有教育行为上的转变。

 家长应做出的转变

　　这一阶段,家长做出的转变应包括身份角色的转变和相应的行为转变两部分。

　　青年期的学生在生理和心理上都进入了一生中最巅峰的状态,这奠定了个体独立发展的基础,无论是能力基础还是现实需要,独立自主已经成为该阶段的个人发展要务和主要特点。在过往阶段,父母身份中有一个重要角色是孩子生活上的照顾者,随着青年阶段父母与子女在物理距离上的拉开,父母难以直接对孩子的生活施加影响,“生活上的照顾者”这一角色面临削弱或者中断,更多的是作为建议者、引导者、解惑者的角色。

　　这一时期父母和子女的互动具有了间接性、延时性等特点,父母对子女的生活影响更多是通过各种媒介传递,而子女也有了更多的自主性,会根据自己的需要选择性地接受父母施加的影响。同时,由于个体在日常生活中遇到的事情具有情境性,父母难以给予及时有效的实际帮助,甚至无法提出有用的建议。这些情况都激发了个体的主观能动性,自愿或被迫地自己尝试解决问题,在第一次尝试后,事情结果反馈会激发学生持续自我解决问题的想法,问题的解决也为个体提供了经验积累,促成了其他问题情境中的经验迁移。个体在这一阶段需要减少或消除对父母的依赖,寻求独立自主的发展。

　　父母由于长时间的与子女互动的习惯,可能难以适应角色的转变,会在子女的生活中有意无意地施加过多的影响。子女在初次独立生活中,也会面临各种难以解决的问题,可能会不假思索地直接向父母求助甚至要求父母包办代替,双方对于老角色的“迷恋”导致之间互动存在惯性,这不利于培养子女的主观能动

性,最终会影响个体发展。父母在这一阶段要相信孩子具有自主解决问题的能力,鼓励孩子多进行尝试,并做好经验积累和失败总结,提升孩子自我解决问题的意识和能力。

教育角色的转变带来教育行为的转变,父母作为孩子发展的建议者、引导者、解惑者等角色,教育行为要通过子女自身的主观能动性起作用,父母的教育行为要注重子女是发展的主体,尊重孩子的主体性。

二 青年期家庭教育的具体方法

由于亲子之间物理上的距离逐渐拉远以及孩子精神上的独立,父母对孩子的教育影响基于子女主动分享生活事件,父母给出问题解决方案源自子女对所遇困难的求助,父母的建议是否被接纳取决于子女对事件和父母的态度。子女成为父母了解事件情况的主要渠道甚至是唯一渠道,如果此时子女选择性报告事件或者不报告,父母对事件基本无从得知,进而也没有后续教育行为。子女对事件报告的意愿受事件本身、子女和父母方面诸多因素影响,父母可以通过营造民主的家庭环境、非批判式的沟通方式来增加子女的沟通欲望。特别是子女在负面生活事件上与父母进行分享并寻求帮助时,父母应意识到子女是解决问题的主体,避免对子女的指责或包办代替。基于上一部分的家庭教育内容,家长应学习如下的教育方法。

(一)帮助孩子从容应对身份与任务转换

初入大学,怀揣着对一切的好奇和离开家庭管教的无拘无束,从单纯的应试学习到丰富多彩的校园生活,一切都充满诱惑,学生们积极尝试各种新鲜事物,也由此引发了对大学生活适应不良、生活学习规划不合理,与他人交往和参加集体事务受挫等诸多问题。父母此时要做的是鼓励孩子分享学校中的生活,做好聆听者的角色,积累与学生的共同话题素材,由于父母的成长环境、受教育经历、所处情境等与孩子存在巨大差异,父母并不一定要为孩子提供意见或建议,更要避免基于自己的情境替孩子做出决断并要求孩子遵照执行,有时倾听与讨论能给孩子更大的心理支持。

1. 大学生涯的不同身份与任务

大一年级,家长要注重树立孩子的自信心,鼓励孩子尽快适应新生活、积极探索新角色,参与丰富多彩的校园活动,根据个人情况做好大学规划。大二年级进入更深层次的基础课程学习,并逐步增加专业课程的学习,孩子减少了大一时的新鲜感与忙乱,更加具有目标指向性,专业学习也开始入门,适应性问题得到较为良好的解决,开始平稳地经营人际关系。该阶段家长要鼓励孩子参加集体活动,在活动中构建良好的人际关系,培养与他人交往合作的能力,更好地经营友谊或者亲密关系,鼓励孩子遇到问题就近向学校辅导员或者心理健康教育专业人员求助。大三年级的专业学习内容更加细致深入,学生开始谋划个人未来发展,关于考研或就业,如是否从事本专业的就业或继续进行本专业的研究学习等。这一学期,学生也开始密集参加各种专业等级、职业资格类考试,有些专业已经开始安排见习、实习。这一时期家长可以为孩子提供更多样的他人视角或者更丰富的专业发展信息,丰富学生在进行未来规划时的可用资源。支持鼓励孩子进行相关职业等级或资格考试认证,积极参与学校组织的见习、实习,巩固所学知识做到学以致用,同时把握可能的职业机会,为将来工作做准备。大四年级学生开始为大学后的个人发展忙碌,有些在进行紧张的考研学习,有些在为工作积极奔走,有些马不停蹄地考取一本又一本从业资格证书,同时还有毕业相关的论文、实验、设计、展演等任务。这一时期的家长要注意倾听与了解孩子的境况甚至是抱怨,理解孩子面临的多重任务与心理压力,为孩子提供心理和智力支持,同时与孩子分享自己对于专业发展、就业等问题的看法,为其拓宽思路,同时善用相关资源,为孩子提供帮助。

2. 应对角色转换中断与失败

大学四年也存在因角色转换不顺利而导致的发展问题,比如难以适应大学生活导致出现心理问题,因学习方式转变不适应导致的学业失败,因专业学校选择问题导致的厌学,或因专业学习中的困难无法解决而自暴自弃等,个人可能会选择休学、退学或者被学校给予惩戒处分,这些都会导致角色中断或角色失败。此类事件应引起父母反思,主动与学校沟通寻求问题的解决方法,同时接纳孩子的情绪反应,给予孩子积极反馈,为孩子提供物质、精神和智力支持,积极寻求解决问题的方法。

若个体在此阶段没有继续学业而是进入了职业生涯,则面对的个人评价标准完全社会化,从学生向社会工作者的身份转变要尽快达成。孩子若继续以过去的"好学生""好孩子"的标准来要求自己则会出现适应不良等问题,甚至会出

现工作上的疏漏,导致在现有社会评价体系下的不良评价,挫伤工作积极性,轻则引起个人不良情绪,重则引起个人对所从事行业和社会整体的主观厌恶,最终影响个人发展。父母要在这一阶段向孩子呈现职场的现实,引导孩子以后要更加灵活地看待社会和自身遇到的问题,在学校教育中我们一直强调"重结果更重过程",但社会有更加简单快速的评价方式——结果导向,相伴随的是对个人的高要求与低容错率,家长应引导孩子更加客观理性地面对社会评价,把对事件的评价和自我评价区分开来,避免形成消极的自我认知,给自己带来更多负面影响。

3. 引导孩子对生活独立负责

个体成长的过程是一步步脱离父母独立生活的过程,成年个体已经成为完全民事行为能力人,应独立承担诸多责任。提高孩子的责任意识与负责任的能力是家庭教育、学校教育和社会教育的共同责任,三者要形成一致和连贯的合力。父母要减少对孩子事务的包办,在孩子需要父母帮助时,更多是提供经验分享、意见建议和心理支持。引导孩子学会自己做决定、自己处理个人事务,自行承担个人责任,逐步达成个体独立。在独立完成事务的基础上,学习社会运作的规则,勇于和善于承担属于自己的责任,为将来进入社会的完全独立打好基础。

(二)为孩子人际关系的经营提出建议

1. 梳理家庭教养方式

这一时期,家长首先要对家庭成员关系进行梳理,回顾孩子在家与家长的互动模式,如孩子是否成长在民主宽容的环境中,家长与孩子的沟通是否顺畅,家长与孩子的互动是否积极。在民主的家庭环境中,孩子培养出来积极、乐观、主动的品质,这种品质在人际交往中往往收获更多的正面反馈,更好地被人接纳和与他人合作。生长在专制家庭中的孩子,容易形成自卑、懦弱、冷漠、恐惧、敌意负面性格,更多地体会到的是人际关系的紧张、压迫,这种性格在人际关系中收获更多的是负面反馈。专制家庭的父母有些已经意识到问题的存在,并尝试与孩子沟通,但长时间积累的交往习惯一时难改,而更多专制家庭的父母会认为自己是"仁慈专制",是作为家长应有的尊严与权威。无论是否意识到自身问题,在此阶段,家长都要明确孩子已经摆脱家长控制开始自主生活,在与孩子交往中要减少控制欲望,相信孩子会探索出一条适合自身的与人相处之道。

2. 引导孩子合理看待人际关系

家长还应引导学生设置合理的人际关系期待和人际交往尺度。经营好人际关系虽是过好大学生活的一项基础能力,但并非接受高等教育的全部目的所在,主要精力仍要放在个人发展上,比如对于专业知识的学习,对专业技能的训练。在发展自己的道路上,有时是结伴而行,但更多时候是靠自己,此时要引导孩子正确应对"孤单寂寞",避免盲目从众,花费过多的时间和精力在人际关系上而忽视了自我发展。在对人际关系的期待方面,家长应帮助孩子了解一些不合理的思维,比如人际关系中的"反黄金法则",即期待别人以你对他的方式来对待你。在人际关系交往中,提醒孩子识别和控制不合理信念:绝对化要求、过分概括化和糟糕至极。绝对化要求是指个体以自我意愿为出发点,认为某件事必定会发生或不会发生的一种信念。这种信念往往是"必须"和"应该"联系在一起的。比如,孩子认为"你必须对我好""你应该支持我"等,这种过于绝对化的要求,通常是不可能实现的,因为世界上的万事万物都有自身的运转规律,不以个人意志为转移。过分概括化即以偏概全,它是一种个体对自己或他人不合理的评价,用某个单独特征来评价自身或他人整体价值的一种思维。以点概面,以偏概全,容易对一个人的价值和能力产生误判。家长要引导孩子对人的评价应该是去评价他的某一行为,而不是他的全部行为或这个人本身。糟糕至极是把事情的后果想象推论到非常可怕,非常糟糕的地步,这种基于想象的悲观推定容易产生灾难性和非理性信念。如一个人删掉你微信,你可能就会认为他是要和你绝交,甚至从此和你势不两立。以上三种不合理信念基于心理学家阿尔伯特·艾利斯(Albert Ellis)的合理情绪疗法,家长应引导孩子在出现以上不合理信念时,马上觉察并进行理性的驳斥,阻断不合理认知在头脑中蔓延,避免孩子被脱缰的负面情绪不断反刍导致情绪持续低落,影响自己的行为进而引起更多的人际关系问题。同时,家长应引导孩子注意人际交往的尺度,过度疏远和过度亲密都会引起人际交往中的诸多问题,每个人都有自己的生活,人与人之间应有边界意识,意识到个人是独立的个体,尊重他人的生活方式,根据个人需要把握好人际交往的远近亲疏。

3. 传授经营人际关系的技巧

当孩子在人际关系上出现问题时,父母应耐心倾听孩子遇到的烦恼,帮助学生了解诸如热情、主动、平等等人际关系交往中的普遍原则,帮助孩子分析问题

所在。引导孩子以平等观念与他人相处，做到不卑不亢、理性平和。了解孩子是否存在观念上的误区，如专业能力强的人不需要人际关系，人际关系是拉帮结派、人际关系要靠虚情假意维持、人际关系会带来生活中的诸多烦恼等。这种情况下，家长需要向孩子呈现出多样的人际关系，帮助孩子意识到人际关系是各行各业普遍存在的，是个人生活的必需品，人际关系的基础是真诚相待；关注孩子是否存在自我认知问题，如自负自傲，瞧不起其他同学，不屑于与人平等交往，或者自卑敏感，夸大自身缺点并认为他人会瞧不起自己进而回避与他人交往。这种情况下，父母应当引导孩子正确看待自己和他人，以平等的姿态与他人交往。观察孩子是否缺乏人际交往的技巧，比如自己的表达常引起别人误解，自己难以长时间经营好人际关系，这种情况下，家长需要传授孩子经营人际关系的技巧，传授基本的礼仪常识。同时，家长应该帮助孩子意识到维持人际关系需要开展活动，但要注意活动内容的均衡选择，有利于人际关系发展的活动并非只在每日的游戏中，避免在社交上投入过多的时间和精力，耽误自身发展。避免在人际交往中忘我地投入感情，减少不良人际关系带来的伤害和关系"降温"带来的失落感。家长和子女有都要意识到，由于人天生具有不同的气质类型，后天成长中又形成了不同的性格，有些人的交往模式清淡如水，有些人的交往方式甘甜如饴，交往的外在表现并不能直接反映人际关系的内在质量，孩子的人际交往并没有完美的模式和绝对的标准，这需要在父母的鼓励和支持下自主探索，找到适合自己的人际交往模式。

4. 帮助孩子养成良好的生活习惯

在此阶段，有些家长依旧将孩子视作需要严加管理的"小孩子"，从饮食到睡眠事无巨细地"全方位指导"，若因距离等原因无法对孩子进行实时指导，孩子不给及时反馈或者表示顺从，家长则会体验到挫败感，甚至认为孩子"翅膀硬了"胆敢忤逆长辈，这种情绪可能会激发家长愈发旺盛的控制欲，引起更强的亲子对抗，有些家长则会选择无奈接受甚至放任自流。有些家长在理智上接受孩子的独立生活，情感体验上却有较强的失落感，进而转换成内心担忧却难以表达的状态，在和子女交流时流露出负面情绪。上述家长无法真正地将生活的主动权交给孩子，帮助孩子形成对自己生活的掌控力。

1）帮助孩子合理安排休息与娱乐时间

在睡眠方面，父母应当和孩子一起分析造成熬夜或睡眠障碍的原因，有针对性地进行改善,如减少游戏娱乐的时间,合理安排学习进度,宿舍同学相互监督促进,建议学校出台管理措施等。孩子遇到生理性的睡眠障碍,家长应建议孩子去医院咨询或进行专业的心理辅导,检查是否存在器质性问题,通过心理咨询调节认知,引导孩子理性看待睡眠障碍和其对生活的影响,借助放松、冥想等形式帮助孩子改善睡眠。除睡眠外,家长应帮助孩子做好时间管理,每天安排合理的学习与娱乐时间,劳逸结合防止偏废,特别是对于娱乐时间的把握。游戏、影音等手机应用容易上瘾,会在生活中占用大量时间,对于未成年人尚有防沉迷系统,而对成年人并不存在使用时间上的技术约束。家长可以帮孩子制定合理的时间表并监督执行,或与学生商议制定短期和长期目标,必要时与学校辅导员沟通,防止学生网络沉迷。倡导孩子参加运动、集体活动等积极向上的娱乐方式,减少娱乐活动对个体造成的身心损耗。

2)帮助孩子正确认识肥胖与烟酒的危害

不良的生活习惯可能会导致肥胖,进而引发其他疾病。个体这一阶段的肥胖可能延续自童年时期,并可能成为将来进入职业生涯肥胖的基础,作为生理发展的巅峰时期,家长要提醒孩子深刻了解肥胖的危害,鼓励孩子参与体育运动。选择健康饮食并适当控制饮食,注意合理安排饮食时间,均衡搭配营养,控制总热量的摄入,特别是有节制地食用外卖食品,谨慎食用高糖高热量休闲食品,减少零食和饮料的摄入。保持身体健康状态,延缓人体的衰老。父母应向孩子呈现吸烟与饮酒危害健康的案例和数据,帮助孩子了解到烟草与酒精对身体的危害,自觉抵御烟草与酒精的诱惑,避免成瘾。对已经酒精或烟草成瘾的孩子,建议父母用科学的方式帮助其戒除。同时纠正孩子对于烟酒的错误认识,避免将烟酒作为个体缓解压力的方式,不把烟酒作为社交的唯一方式。

3)帮助孩子合理规划金钱的使用

学生在此阶段还要依靠家庭的经济支持,家长应向孩子展现真实的家庭经济状况,鼓励孩子在课余时间参与一些有偿的劳动。这一阶段,个体发现自己可支配的金钱较上一个阶段大幅增加,有些人会倾向于储蓄,有些人则会进行消费,孩子作为成年人对自己的金钱有支配权,但家长应对孩子进行财产规划与使用方面的教育,对于金钱的合理利用进行引导,警惕消费陷阱,特别是网贷和电信诈骗,比如让孩子养成记账的习惯能更好地帮助他量入为出、适度消费。在吃穿用住方面要避免盲从、理性消费。父母也可以通过网络或者送孩子入学的机

会,了解学校所在城市的消费水平和校内的消费水平,根据消费水平估算孩子所需要的生活费金额。如本阶段已经进入职业生涯的个体,父母要帮助孩子培养独立的经济意识,养成储蓄的习惯,为将来的人生目标和不确定性做好准备。

(三)做好恋爱与性的参谋

在本章节第一部分人格发展的内容中,我们认为良好的同一性发展有助于亲密关系的建立。如果个体在上一时期未能发展好自己的同一性,问题会一直延续下去,但这同时也是面对问题与解决问题的契机,在亲密关系中,个人也可以继续进行自我同一性的发展。家长可以帮助子女从个人发展的角度去审视自己在亲密关系中或者追求亲密关系的过程中所遇到的问题,特别是与同一性相关的问题,帮助孩子意识到,亲密关系中的相互适配并不阻碍个人对自我同一性的探求,同时还可以从他人的视角建立良好的自我同一性。

1. 帮助孩子树立合适的恋爱观念

经营亲密关系的首要问题是恋爱观的问题。个人需求不同,则恋爱需求也呈多样化,有些人把恋爱当作生活的补充,应对无聊生活,有些人把恋爱当作攀比的资本,有些人只是对恋爱好奇。恋爱观念是个人的选择,但不同恋爱观指导下的行为会对亲密关系的维持和个人发展产生不同影响。家长应和孩子讨论恋爱观念的问题,呈现不同的恋爱观念指导下的交往方式及其结果,帮助孩子在认识充分的情况下做出理性选择。同时,家长还应该帮孩子意识到,经营亲密关系需要个体放弃一部分独立自我,若孩子在上个阶段的发展自我同一性的任务没能完成,这一时期的个体就会在自我同一性发展和亲密关系的发展中陷入矛盾,比如既想要独立又渴望亲密关系,需要平衡这两种需求。父母要鼓励孩子积极面对这种现实中的两难情境,在矛盾中做出选择,比如想把时间更多用于自我探索与发展还是用来经营亲密关系,比如和男女朋友关系太亲密带来自我丧失感还是关系疏远导致的不安感,比如不想为了双方关系和谐让渡出去自己的某些权益等,家长要引导孩子在经营亲密关系时有所取舍,更重要的是思考上述情境中的两难选择是否真的相互矛盾顾此失彼,能否找到一种行为方式同时兼顾个人发展与亲密关系。

2. 帮助孩子提升个人吸引力

两性关系起源于相互吸引,家长可以与孩子讨论如何提升个人吸引力。人们总会选择态度、人格、受教育程度、智力等与自己相似的伴侣。女性更看重经济地位、智力、抱负和道德品质,男性更看重外表魅力和生活能力。女性更喜欢同龄或年龄稍长的伴侣,而男性更喜欢年轻的伴侣。家长可以引导孩子表现出一些自己追求的对象相类似的特质或态度,根据男女性不同的关注点来打造自身吸引力。

在学校范围内,学生的人际关系较社会中人际关系范围更小,类型也较为单一。有研究表明[①]在大学生群体中,男性在长期和短期择偶中均最关注面孔,其次是身材,最后是人格特质;并且男性在短期择偶中对外部吸引力的重视程度显著高于长期择偶中。女性的择偶偏好与男性的择偶偏好存在一致的趋势。因此在大学生的择偶过程中,面孔漂亮起到了最大的锦上添花效果。家长要给出可行的建议提升对孩子的吸引力,基于现有的外表基础进行优化,如学会基本的皮肤护理知识,打理自己的发型与衣着,通过体育锻炼来优化自己的身材,在能力所及的范围内搭配服饰,同时塑造自己的内在价值,增加自己的自信心和人格魅力。家长应引导学生追求自然美,若选择医疗美容,要帮助孩子知晓医疗美容的难度与风险,切勿轻信医美宣传,严格考察医美机构的能力与资质,做出谨慎决定。

3. 理性平和地面对恋爱问题

这一阶段个体要在交往中学习恋爱。个体在与恋爱对象的相处过程中,有幸福甜蜜的同时也有矛盾分歧,父母要帮助孩子意识到,爱情不仅有在一起的甜蜜,还会遇到各种问题。很多问题源自男女生的思想与行为差异,比如,在恋爱中,男生先热后冷,女生先冷后热。男生将确立关系视作达到目标,女生视为新的开始。恋爱过程中,男生更在意事情结果,女生更在意事态过程细节。发生矛盾时,女生更注意情绪态度,男生更注意解决问题等。家长可以向孩子呈现出对于同一个问题男女生的不同认识和处理方式,引导孩子换位思考,基于对男女两性恋爱观念差异的认识,孩子能更好地相互理解,应对追求和维持亲密关系中遇到的问题。家长要帮助孩子意识到,恋爱初期的甜蜜可能会掩盖很多矛盾,长期相处中双方应注意常发生分歧的问题,反思自己为何会对此类问题敏感,双方应如何在解决每一次问题中达成共同的成长。父母也可以向孩子展示一些提升亲

---

① 宋静静,李俊男.大学生的短期和长期择偶偏好:比较面孔、身材和人格特质,心理科学.2022,45(01):61-67.

密关系的小技巧,增加孩子在亲密关系中的幸福感,比如推荐孩子进行一些恋爱心理学知识的学习,或者建议孩子寻求专业的心理服务。鼓励孩子以发展的眼光和成长的心态面对亲密关系中遇到的问题,理性平和地解决相处中的矛盾,避免出现伤人害己的极端行为。同时,父母还要提醒孩子警惕在亲密关系中遇到的风险,是否会被欺骗与伤害,提高自我保护的意识,学会自我保护的方法。

(四) 做孩子学习的促进者

1. 帮助孩子正确认识所学专业

学习规划要从对所学专业的认识开始。首先家长要引导子女在专业学习之前通过多种渠道了解所学专业,可以在开始大学学习的前一个暑假,了解包括所学专业的发展历史、现状与前景,树立对专业的基本认识,做好学习准备。家长可以在开学初了解学生的课表,掌握课程开设的情况。在大一年级,学生会学到通识性的知识和专业基本入门知识,这奠定了学生对专业的认识基础。家长要鼓励学生学好诸如英语等通识性科目,掌握基本的学科入门知识和研究方法,为更深层次的学习打好基础。家长虽不能在专业的角度给予引导,但可以和学生讨论相关领域的问题与专业研究方法,诸如专业发展现状与前景、生活中的专业知识应用等话题,引导学生扎实学好专业知识,打好专业基础,尽早谋划个人专业发展。

2. 帮助个体合理规划学习时间

学业规划主要是学习时间的安排。家长应了解子女在校学习的基本进度和时间安排。和子女一起梳理出日常生活和学习的基本事务,比如上课学习、课后自习、社团活动、人际交往、休闲娱乐等类目。听取子女的时间规划方案,并对方案提出自己的建议,启发子女思考短期收益与长期收获之间的关系,思考大学生涯的主要任务和次要任务之间的关系,引导子女将主要时间和精力放在学习上,协调好学习与其他事务的时间安排。家长可以向学生呈现自己所了解的专业发展前景与升学就业形势,增强子女的目标指向性和时间紧迫性,以应对以下情况:沉迷于网络放弃学业;想方设法赚钱忽视学业;醉心于恋爱将学习抛诸脑后;投身于学生社团组织或志愿服务活动荒废了学习;认为"六十分万岁、多一分浪费",对学业敷衍马虎,学习不肯花时间下功夫等。这些问题若不引起重视可能会导致学业失败,如延迟毕业、无法毕业或拿到学位、甚至中断学业离开大学走向社会。在对时间进行整体规划的同时，父母也应关心孩子一日内的具体时间安排与活动配置，如每日的作息时间，有多少时间花在学习上，多少时间放在休闲娱乐上，多少时间放在社团组织或兼职活动中。与子女讨论更合理的每日时间规划，有利于个体把握住碎片化的时间，让生活更加充实与有意义。

3. 帮助孩子合理安排学习内容

大学还会涉及除专业内容外的其他内容的学习，如英语和计算机的学习，职业资格证或者等级考试内容的学习，为将来升学或就业进行备考的学习。家长要引导子女在这些方面提前规划，找准自身发展需要，尽早进行相应的准备，比如建议子女大学一年级入校开始就报名英语四级，大二年级报名英语六级，英语四、六级通过后可以进行托福、雅思等考试准备，若有留学相关打算，则要积极收集海外学校信息，提前准备申请材料，按标准打造绩点排名等。家长要建议子女根据自身专业特点和未来职业倾向参加职业资格类考试，如司法职业资格、教师资格证等考试，提早为将来的职业考试进行复习，比如提前进行公务员、事业单位招聘考试复习。学生根据个人的专业兴趣和职业前途选择继续深造时，父母要尊重孩子的专业学习规划，同时给出自己对专业和未来事业发展的观点，建议子女提前进行本专业或跨专业考研准备等。大学时期个体能保持较好的学习状态，有相对充分的学习时间和良好的学习环境，比社会考生更具有备考优势，家长要帮助学生意识到自由的学习时间与环境弥足珍贵，合理规划好大学生涯的学习时间和内容会受益终身。

（五）做好职业规划的引路人

1. 与孩子一起整理职业认知

家长在职业选择上给出的建议主要是基于自己的认知经验，这些经验有些来自亲身体会，有些则为替代性经验，同时也受当下经济状况的影响，在经济萧条期，父母的建议更倾向于稳定的工作。在我国目前学校教育的体系中，小学和初高中阶段职业生涯规划类课程虽已经被一些学校开始纳入学业课程中，但还处于探索阶段，父母在这一阶段也将孩子的任务聚焦于学习和考试。在填报志愿阶段，仍有不少孩子和家长会首先想到的是基于孩子的高考表现进入最好的大学，对专业的选择会考虑兴趣、就业前景等。个人兴趣应基于丰富的参考信息，特别是对职业的了解，而非想当然的主观臆断和道听途说的职业了解。志愿

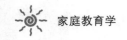

专业的选择不应只局限于专业排名和当下的"热门职业",应从宏观行业发展趋势和微观个人层面综合了解信息,渠道可以是互联网和个人的人际关系,要和孩子一起对丰富的相关信息进行汇总讨论。父母应和孩子明确,对就业前景的把握往往是基于现在的行业发展情况,由于认知的局限性和未来发展的不可控,就业前景的估计可能存在偏差。专业选择还应综合考虑家庭资源对将来孩子职业的支持。

2. 帮孩子走出职业生涯规划的误区

家长要帮助孩子走出一些职业生涯规划的误区,如计划赶不上变化,规划了也没用;大学毕业前再规划也来得及;我能力强不需要规划;我能力弱规划了也没用;船到桥头自然直,顺其自然就好;一切等父母和学校安排等。父母要帮助孩子增强对职业生涯规划的认同,客观了解自己和职业。在大学里有专门的职业生涯规划的相关课程和就业创业指导服务中心等专门机构,大学生可以在相关课程或专门部门获得关于职业生涯规划的信息,对职业规划形成正确的认识。大学也会在就业创业方面给予学生专业知识、实践机会、政策咨询、甚至资金场所等方面的支持。家长可以鼓励孩子重视职业生涯规划课程,积极参加职业规划相关活动或竞赛。家长也可以与学校相关部门或辅导员联系,了解相关的政策措施,与学生一起充分利用相关资源支持。

3. 帮助孩子清晰自身特点和职业诉求

父母要关注孩子的气质类型,这是一种与生俱来的、无法改变的秉性。多血质的孩子擅长与人沟通,但做事可能会三分钟热度、虎头蛇尾。胆汁质的孩子积极进取、直率豪爽,但容易急躁、行事鲁莽。黏液质的孩子沉稳踏实,但不够灵活。抑郁质的孩子感受性强,但容易情绪波动,陷入消极心境。气质类型无好坏之分,难以在后天改变。父母要建议孩子正确认识自己的气质类型,按照不同类型匹配职业,考虑如何在所选定的职业中发挥自身的气质特长,同时注意自己的气质缺点。父母可以鼓励孩子多与老师、朋友进行交流,请周围的人谈谈对他的印象,归纳自己的特点,帮助孩子通过他人的评价客观认识自己,根据自己的优缺点进行职业规划。还可以鼓励孩子进行一些性格测试比如迈尔斯-布里格斯类型指标(MBTI)测试、霍兰德职业测试等。父母可以多和孩子讨论对职业和个人未来的诉求,比如在这份职业中希望获得什么,是高收入还是展现才能,是工作稳定轻松还是能挑战自我,是福利待遇还是发展机会。美国职业指导专家埃德加·施恩（Edgar H. Schein）教授提出了职业锚的概念，职业锚是指一个人不得不做出选择的时候，他无论如何都不会放弃的职业中的某种至关重要的东西或价值观，是人们选择和发展自己的职业所围绕的中心。家长可以询问孩子：以下哪些东西是他不能放弃的？如待遇、安逸、尊重、发展等，让孩子做出选择并对选择进行讨论从而明确自己的职业认识。在职业规划的初始阶段，孩子可能对这些问题答案尚不明确，认为一切都想要，但在现实规划过程中，他们会发现不能全面兼顾，需要有所取舍。同时个体在职业发展方面的兴趣并不固定，可以在多次尝试中逐步清晰或培养对一个行业的兴趣。家长可以鼓励孩子通过各种渠道广泛涉猎，利用兼职等机会多实践多接触不同职业，把握学校见习、实习的机会，多参加招聘会。在经历过多次尝试的情况下，孩子会根据自己的职业表现和收获的反馈等多种因素进行考量，逐渐清晰自己的职业兴趣和职业需要，调整自己的职业期待，或许孩子会发现，真实的某项工作和想象中的存在各种差异，自己可以做出认知调整、专业提升或者转向其他职业。

4. 帮助孩子提升职业胜任力

一般能力是人们在不同活动中表现出来的共同能力，是从事一切活动所必备的能力的综合，包括观察力、记忆力、想象力、创造力、抽象概括能力、言语表达能力等。父母应关注孩子一般能力的培养，不管孩子将来从事什么工作都需要这些能力，同时也要针对孩子的专业和选定职业有意识地培养其从事这项职业的特殊能力。父母还应帮助孩子在一些被雇主所看重的特质上加强修养，按照新加坡义安理工学院和 Glints 公司做的一项职业调查，以下是雇主招聘时最看重的特质（从高到低排列）：积极主动、职业道德、适应能力、关注细节、乐于助人、自信、有创意、有战略思维、有创业精神并敢于冒险，有工作经验、学业优异、有领导经验、参与过课程辅助活动或志愿活动、有出国旅行或活动的体验。这些特质基本是非智力因素，可以在后天经过学习与训练进行培养。一般能力和特殊能力的综合培养，叠加参考用人单位的喜好要求，可以帮助孩子全面提升自己的职业胜任力。

除了进入职业生涯，个人毕业后的选择可能还会有继续深造学习或进行体验活动。家长要和孩子一起，对个人能力、性格特点、专业前景和家庭经济状况等因素进行综合考量、谨慎分析判断后再做出抉择。

对很多孩子来说，大学是他们第一次离开家独自生活，有些人带着对家庭的

不舍,有些人则带着离开家的庆幸。有些学校的心理辅导老师在辅导过程中发现,很多来访者谈起自己的家庭都会说出各式各样的问题,有的孩子带着埋怨甚至带着仇恨诉说着家里的种种,当辅导老师试图和这些孩子多聊聊自己的生活时,仿佛自己的人生不值一提,所有的关注点都在自己"失败"的家庭。

近来,"原生家庭"成为一个热词,也成为一个万能的箩筐,似乎个体遇到的所有问题都能在原生家庭中找到"病根",诚然家庭总会有各种各样的问题,但似乎不存在完美的家庭。家庭的问题当然会延续,但可以延缓甚至减轻,童年的创伤当然会致郁,但也会治愈。正如埃里克森所认为的,一个阶段的矛盾如果得不到解决,问题会一直延续下去,但这恰恰是改变的机会所在,如果你不信任别人,可以从第一次尝试信任别人开始;如果你不勤奋,可以从明天早起开始;如果你发现自我同一性有问题,从尝试真诚地邀请他人聊聊对自己的看法开始。时值当下,如果你害怕孤独渴望亲密,那就尝试从提升自我外在形象、第一天进行体育锻炼开始,改变的最好机遇就是每一个当下。同样的,如果你为人父母,当你为自己的人生感到遗憾时,现在做出改变正是时候,当你对曾经自己教育孩子的方式感到后悔时,好在问题会延续,现在正是做出改变的最好时机。当然,这并不是要你把自己未竟的事业强加给孩子,让孩子完成自己的梦想,而是给孩子支持的力量,帮助他走自己的人生路。

家庭教育从出生开始,到青年期已接近尾声。个体开始了独立自主的生活,父母和孩子的连接会以家庭教育以外的方式进行下去。

拓展阅读 10-1

在涉及"性"的教育内容上,家庭教育尚存在很大缺失。《2019—2020 年全国大学生性与生殖健康调查报告》显示,57%的大学生从来没有和父母谈论过"性"。在家庭性教育中,避孕与预防疾病应该放在首要位置。家长应引导子女掌握基础的避孕知识,及发展健康、安全、负责任的性行为。性行为之前要考虑安全措施,预防意外怀孕和包括艾滋病病毒感染在内的性传播感染,当经历意外怀孕,应以科学的方式应对,减少处置方案对自身的伤害。

在谈及性的问题上还有一个沉痛的话题:性骚扰与性侵害。《2019—2020 年全国大学生性与生殖健康调查报告》显示,约有 1/3 的大学生经历过不同形式的言语性骚扰,女生相较于男性更容易遭受严重的性侵害。在经历过性骚扰或性侵害的大学生中,性骚扰或性侵害行为的实施者主要是：同学/朋友、男/女朋友或配偶、网友、非网友的陌生人。在经历性骚扰或性侵害后,56％的大学生没有向他人诉说或求助。在经历性骚扰或性侵害后,大学生较少寻求正规组织的帮助,倾诉与求助对象主要是同学、朋友、男女朋友、长辈的亲属。家长应把预防和应对性骚扰与性侵害作为这一时期家庭教育和性教育的重要内容,帮助孩子防范相关风险,减少相关事件对自身的伤害。

第十一章
特殊需要儿童的家庭教育

家庭教育是特殊需要儿童成长的起点,对特殊需要儿童的发展有着深远而重要的影响。在融合教育的背景下,本章选取我国当前学校教育中比较常见的学习障碍、情绪与行为障碍两类特殊需要儿童,分别对这两类特殊需要儿童的家庭教育进行分析与阐述。

第一节　特殊需要儿童家庭教育概述

特殊需要儿童(children with special need)是一个内涵丰富的术语。特殊需要儿童有不同的分类,不同类型的特殊需要儿童的表现也不尽相同。特殊需要儿童和普通儿童一样,也需要其家庭对他们的支持。在本节内容里,我们将学习特殊需要儿童的定义、特殊需要儿童的分类、特殊需要儿童家庭教育的定义和特殊需要儿童家庭教育的特点。

❤ 特殊需要儿童的定义与分类

(一) 特殊需要儿童的定义

特殊需要儿童是指在身心发展或学习、生活中与普通儿童有明显差异,需要给予区别于一般帮助的特殊服务的儿童。包括高于正常发展的超常儿童,学习困难儿童,有视觉、听觉、智力等各种残疾的儿童,在某一方面某个时期在发展或学习中需要短期或长期的各种特殊服务的非残疾儿童。①

（二）特殊需要儿童的分类

关于特殊需要儿童的分类，不同国家或地区在不同时期从不同角度进行分类，由于界定的范围不同，分类也有所不同。根据《特殊需要儿童家庭教育》，②本书将特殊需要儿童分为以下 12 类，即视力障碍、听力障碍、智力障碍、情绪与行为障碍、孤独症、学习障碍、智力超常、轻微违法犯罪、肢体障碍、言语障碍、多重残疾和学业不良。

二　特殊需要儿童家庭教育的概念

家庭教育是指父母或者其他监护人为促进未成年人全面健康成长，对其实施的道德品质、身体素质、生活技能、文化修养、行为习惯等方面的培育、引导和影响。③ 基于家庭教育的概念界定，在这里，我们把特殊需要儿童家庭教育看作是特殊需要儿童家长（包括监护人）为促进特殊儿童全面健康成长，对其实施的道德品质、身体素质、生活技能、文化修养、行为习惯等方面的培育、引导和影响。

三　特殊需要儿童家庭教育的特点

特殊需要儿童首先是儿童，具有儿童的本质特征，因此，特殊需要儿童的家庭教育要遵循一般家庭教育的基本规律，如家长的教育理念要一致，建立良好的亲子关系、尊重孩子等。但由于特殊需要儿童在生理和心理上有着自己独特的表现，如身体器官的损伤或身体器官的功能超常，或者是在认知、情感、个性心理特征等方面的能力均落后于常态或者是认知超常等，因此，特殊需要儿童的家庭教育有着其独特的一面。与普通儿童家长相比，特殊需要儿童家长在养育特殊儿童的过程中需要面临更多的困难，特殊儿童家庭往往易出现不良的家庭氛围，家长与特殊需要儿童更难建立良好的亲子关系，亲子沟通面临着更多的障碍。因此，特殊需要儿童的家长需要针对特殊需要儿童的自身特点对其开展有针对

---

① 朴永馨.特殊教育辞典(第三版)[M].北京：华夏出版社,2014：2.
② 刘全礼,邢同渊,毛荣建.特殊需要儿童家庭教育[M].北京：北京师范大学出版社,2020：10.
③ 中华人民共和国教育部.中华人民共和国家庭教育促进法[EB/OL].(2021 - 10 - 23).http：//www.moe.gov.cn/jyb_sjzl/sjzl_zcfg/zcfg_qtxgfl/202110/t20211025_574749.html.

性的家庭教育，对特殊需要儿童多一点理解、爱与关心，教育过程中要多一些耐心、细心与恒心，强调差异性、突出个别性、关注特殊需要孩子的异质性，教育方式方法更加灵活多样。

此外，家长需要学习不同类型特殊需要儿童的特殊教育知识，掌握一些易于操作的教育干预训练方法，积极配合专业人员对特殊需要儿童进行适当的教育干预训练，更加注重和特殊需要儿童的就读学校、康复机构以及所在社区的协同育人。

第二节　学习障碍儿童的家庭教育

学习障碍（learning disabilities），又称学习困难（learning difficulty）。作为一个独立的概念，由美国特殊教育专家柯克（S. A. Kilk）于 1963 年提出。[1][2] 学习障碍儿童（children with learning disabilities）又称为学习困难儿童，是特殊需要儿童的一种类型，也是我国学校教育中常见的一类特殊需要儿童群体，常指智力发展正常，但在学校学习中有明显的学习障碍或困难的儿童。[3] 具体表现为听、说、读、写、拼字、推理和数学计算能力的不完善，通常分为发展性学习障碍和学业性学习障碍两大类。[4] 其中，发展性学习障碍是指在儿童在发育过程中，经常显露出心理和语言发展的某些方面偏离正常的发展状况。主要表现有：语言能力障碍、思维障碍、记忆障碍、注意障碍、知觉障碍；而学业性学习障碍指的是学科学习方面或学习技能方面存在困难，是基本心理过程导致的学习中的具体问题。主要表现为：阅读障碍、拼写障碍、书写障碍、算术计算障碍等。[5] 当前，无论是在普通教育领域还是在特殊教育领域，学习障碍都受到了越来越多的关注。由于难以进行学习障碍的早期鉴定，因此，作为学龄前孩子的家长，可以通过一些现象和事件来预测儿童是否存在学习障碍，如儿童是否有接受性词汇有限、表达性词汇减少等口语理解或表达缓慢的现象；是否有命名物体与颜色的速度慢、对文字的兴趣有限等自然出现的读写机能发展迟缓现象；是否有粗大动作

① 赵微.学习困难儿童的发展与教育（第二版）[M].上海：华东师范大学出版社，2020：3.
② 朴永馨.特殊教育辞典（第三版）[M].北京：华夏出版社，2014：328.
③ 赵微.学习困难儿童的发展与教育（第二版）[M].上海：华东师范大学出版社，2020：3.
④ 朴永馨.特殊教育辞典（第三版）[M].北京：华夏出版社，2014：328.
⑤ 朴永馨.特殊教育辞典（第三版）[M].北京：华夏出版社，2014：329-330.

和精细动作存在障碍、握笔和用笔存在困难、平衡能力差等知觉动作技能发展迟缓的现象等。① 如果经过仔细的观察，家长怀疑儿童存在学习障碍的现象，应做到尽早采取干预措施。

❤ 一　学习障碍儿童的家庭教育需求

学习障碍儿童群体是一个高异质性群体，其内部存在着很大的差异，每个学习障碍儿童都有着自己的问题与特征，因此很难有一致的特征足以代表这个群体。他们在认知发展、学业表现、语言发展、个性、情绪行为表现、同伴关系和社会认知上都有着其独特的特点，如注意力容易分散、无法很快地准确认读字词、书写字迹难以辨认、语言理解能力比普通儿童差、自我评估较低、容易受到同伴的排斥、容易冲动、在社会信息知觉上偏于消极和敌意、易遭受挫折等。② 不同类型的学习障碍儿童，其学习障碍的表现不尽相同，其成因也错综复杂，且具有较大的个体差异性。

目前，关于学习障碍的成因，国内外学者和专家有的从神经心理学的角度进行探讨，主要是从脑损伤、脑功能异常以及大脑的生化过程等方面来探讨学习困难的成因；有的从认知心理学的角度进行探讨，主要从信息加工和处理的过程及其环节对学习困难的原因加以解释；有的从教育学的角度，多从教育不当、学习方法和技能缺失、非智力因素发展方面进行探讨，这些因素主要包括教师因素、教学因素、学生自身因素等；还有的则从社会学的角度进行探讨，如学校、家庭环境、社会环境等都会对学习困难产生影响。③ 影响儿童学习障碍的原因复杂，大量的调查研究结果都表明家庭环境对学习障碍儿童有影响，例如学习障碍儿童家庭成员不和谐的关系对学习障碍儿童身心健康有着不可忽视的影响，使得学习障碍儿童安全感缺失、自卑、焦虑等，进而引发心理、行为、社会性等一系列问题，从而影响学业状况。同时，家庭教育的缺失已经成为导致儿童学习困难现象的关键因素。④ 魏宝玉等人对家庭环境与学习障碍儿童行为的相关分析研究中发现，在家庭环境因素中，学习障碍儿童家庭结构因素（如亲密度、情感表达、知

① 刘全礼,邢同渊,毛荣建.特殊需要儿童家庭教育[M].北京：北京师范大学出版社,2020：230－231.
② 刘全礼,邢同渊,毛荣建.特殊需要儿童家庭教育[M].北京：北京师范大学出版社,2020：222－227.
③ 赵微.学习困难儿童的发展与教育（第二版）[M].上海：华东师范大学出版社,2020：20－35.
④ 房娟.学习困难儿童的教育与转化[M].武汉：华中科技大学出版社,2018：32.

识性)评分明显比普通儿童家庭低,而学习障碍儿童家庭结构的矛盾性评分则明显比普通儿童家庭高,因此学习障碍儿童的学习障碍与其家庭结构不良有关。[①] 由此可见,家庭教育在学习障碍儿童的教育中担当着重要的角色,发挥着重要作用。

由于表现与成因各异,因此不同学习障碍类型孩子对家庭教育的需求也不尽相同。总体而言,学习障碍儿童家庭教育的需求主要表现在家长应正确理解孩子的学习障碍及其成因并持有正确的教养态度、掌握正确的教养方式、掌握一些简单而有效的教育干预方法对孩子进行教育干预,做好家、校、社协同育人工作等。家长能科学、正确地帮助和指导学习障碍儿童,使学习障碍儿童能勇敢、积极、正确地应对学习障碍所带来的困难与挑战,可以有效改善其出现的学习困难现象及困难程度。

❤ 二 学习障碍儿童的家庭教育方法

(一) 科学的教育理念和教养方式

父母是学习障碍儿童的第一任老师,学习障碍儿童家长的教育理念和教养方式对学习障碍儿童的发展有着重要的直接影响作用,科学的家庭教育理念和教养方式有利于学习障碍儿童的健康成长。但现实生活中,相当一部分学习障碍儿童的家长并没有真正重视孩子所存在的学习障碍,往往把孩子学习障碍的原因简单地归结为孩子懒惰、学习不用功、对学习缺乏兴趣和学习动机等,认为只要严加管教或等孩子年龄再大点就能解决问题了。黄旭等学者(2001)研究发现,儿童学习困难与家长的焦虑和对子女学业、健康的担忧及家长的不良教育方法有关。[②] 另外也有研究发现,和一般儿童相比,大多数学习障碍儿童的父母采取惩罚严厉、过分干涉和拒绝否认的教养方式,对孩子的关心、理解和鼓励不够。这既影响了亲子关系,同时又加剧了孩子的学习困难,形成恶性循环。[③] 可见,简单粗暴的教养方式对孩子学习障碍现状的改善起不了正向作用,反而让亲子

① 魏宝玉,金正勇,池永学,陈英玉,李红子.家庭环境与学习障碍儿童行为的相关分析[J].中国妇幼保健,2004(15):70-72.
② 黄旭,静进,黎程正家,陈学彬,李艳芳,阮世晓,王云娥,罗平,何淑华.儿童学习困难及其家庭影响因素的研究[J].中国儿童保健杂志,2001(05).
③ 赵微.学习困难儿童的发展与教育(第二版)[M].上海:华东师范大学出版社,2020:155.

关系变得越来越紧张,孩子也变得越来越消极或者是更叛逆,学习障碍程度也越来越严重。

学习障碍儿童不仅需要家长了解、接纳、关心他们,而且需要家长能科学、正确地帮助和指导他们。学习障碍儿童家长应对学习障碍有正确的认知,学会理解每一位学习障碍儿童的特殊表现和其成因,不排斥、不误解他们的特殊表现,不给他们贴上笨、懒惰、不爱学习等的负面标签,树立起"以人为本"的现代家庭教育理念,在对学习障碍儿童的日常教养中应掌握和践行家庭教育的正确方法。

例如,学习障碍儿童的父母应亲自养育孩子,工作之余亲自陪伴孩子,提高陪伴质量;在对孩子的养育中,父母应共同参与,共同承担孩子的养育责任,充分发挥父母双方的作用;教育中尊重孩子的身心发展规律和个体差异,并根据孩子的年龄和个性特点进行科学引导;父母对孩子的教育一致,宽严相济,对孩子关心爱护与严格要求并重;和孩子平等交流,认真倾听孩子的心声,做孩子忠实的倾听者,对孩子予以尊重、理解、关心、帮助和鼓励;以一颗平常心理性地、积极地教育和评价孩子,对孩子有信心与耐心;相机而教,寓教于日常生活之中,善于发现和肯定孩子身上的闪光点;潜移默化,言传与身教相结合;给予孩子适当的、耐心的课后辅导;重视家庭环境的建设,尤其是家庭心理环境的建设,努力构建文明、积极、温馨、和睦、平等、包容、合作、相互支持、相亲相爱的家庭成员关系,给孩子提供一个安全、轻松、和谐、有利于其身心健康成长的支持性家庭环境等。

总之,在对学习障碍儿童的教养过程中,家长应端正教育理念,采取温暖的、宽容的科学教养方式对学习障碍儿童进行教育,不打、不骂、不动气,与孩子建立和谐亲密的亲子关系,激发孩子的学习动机,努力做到具体问题具体分析,以提高学习障碍儿童的问题矫正效果。

(二) 正确的、适当的教育干预

由于学习困难的长期存在,使得学习障碍儿童较少获得肯定、鼓励等正面评价,常常生活在负面评价的环境中,缺乏成就感、荣誉感和自信心,表现出退缩和抑郁倾向,或对立违抗行为及品行问题,而不良行为和情绪又直接影响儿童学习能力的发挥,对学业产生负面作用,厌学情绪严重。[①] 学习障碍儿童的学习困难情况是

---

① 肖德卫,鲁永辉,杨再兰,余云珍,刘树清.58 例儿童学习困难因素分析[J].贵阳医学院学报,2012,37 (01):76-78.

比较复杂的,在其成长的过程中需要一定的教育干预。父母既是孩子的养育者,同时也是孩子的教育者。学习障碍儿童所需要的教育干预,除了需要专业人员提供之外,其家庭也应承担起对他们的教育干预任务,因此学习障碍儿童的家长应在专业人员的指导下,学会一些易于掌握和操作的教育干预方法对孩子进行辅导,配合专业人员对孩子进行积极有效的训练,采取适当的有效措施来干预和改善学习障碍儿童的学习、情绪与行为等问题,以促进学习障碍儿童获得较好的发展。

例如,对于注意力难集中,写字经常多笔画或少笔画、颠倒偏旁部首、形近字混淆、书写潦草字迹难以辨认、易抄错答案的书写障碍儿童,家长可以对其进行注意力、精细动作、手眼协调能力的教育干预训练,如剪纸片、抛接球、串珠子、描纸片、投球、走迷宫、拍皮球、描红等;对于在阅读时经常出现跳字、串行,朗读时增字或减字的阅读障碍儿童所存在的注意缺陷,家长可以采用多种形式的重复阅读、识记图形训练、听音训练、在文章中标记特殊符号等策略对其进行教育干预训练;对于学习障碍儿童因为学习障碍而产生的不良行为问题,如公开的攻击性或破坏性行为,家长可以采用问题行为矫正的方法,如正强化法、负强化法等对其进行干预;而对于学习障碍儿童由于学习障碍而产生的不良情绪问题,如消极、焦虑等,可以通过对学习障碍儿童宽容理解、给予支持和鼓励,增加家庭成员之间的和谐、融洽,改善家庭心理环境等方法来对其进行教育干预。同时,可配合专业人员指导学习障碍儿童学习和掌握积极、恰当、正确的情绪宣泄方法,提高自我的情绪调控能力,从而降低其不良行为的发生概率,改善学习障碍儿童的情绪与行为问题,提高其心理健康水平,从而能积极面对学习中的困难,建立良好的人际关系,提高其社会适应能力。

总之,在学习障碍儿童的家庭教育中,家长应在专业人员的指导下正确掌握多种教育干预方法,灵活应用、循序渐进、持之以恒,积极做好学习障碍儿童的家庭教育干预。

(三) 家、校、社协同育人

《家庭教育促进法》第十九条提出:未成年人的父母或者其他监护人应当与中小学校、幼儿园、婴幼儿照料服务机构、社区密切配合,积极参加其提供的公益性教育指导和实践活动,共同促进未成年人健康成长。[①] 家庭、学校、社会是促

---

① 中华人民共和国教育部.中华人民共和国家庭教育促进法[EB/OL].(2021 - 10 - 23).http://www.moe.gov.cn/jyb_sjzl/sjzl_zcfg/zcfg_qtxgfl/202110/t20211025_574749.html.

进儿童健康成长的共同体,因此,作为学习障碍儿童的家长,应充分认识到家、校、社协同育人的重要意义,自觉与学校、社会相互配合,主动参与家、校、社协同教育,为孩子提供支持和指导,共同促进孩子的成长。

例如,积极参加孩子就读的学校或康复机构组织的家庭教育指导和实践活动;加强与学校或康复机构的沟通合作,与孩子的老师建立良好的沟通关系,主动向老师通报孩子在家学习、生活等方面情况,同时也主动向老师了解孩子在校的表现,与老师相互支持;积极配合学校或康复机构拟订和实施孩子的个性化教育计划,共同研究和实施学习障碍儿童的教育干预策略和方案,使学习障碍儿童的教育效能最大化;同时,学习障碍儿童家长应积极参加社区等组织的家庭教育指导和实践活动,与其他学习障碍儿童一起交流教养孩子的经验,并学会理性地表达个人的诉求,科学合理利用社会的各种教育资源,为孩子的成长获取有效的社会支持,有利于学习障碍儿童的发展。

学习障碍儿童家长应树立起"家、校、社协同育人"的家庭教育理念,积极主动配合学校、社区共同做好孩子的发展与教育工作。

第三节 情绪与行为障碍儿童的家庭教育

对于情绪与行为障碍儿童,目前国内外并未有一个统一而严格的定义,已有的定义大多只是进行一些描述性的界定。有的将情绪障碍与行为障碍分开,分别下定义;有的从医学角度,认为这是一种心理或精神障碍;有的从教育学角度,认为这是一种可矫正的情绪不稳和行为不良。尽管对情绪与行为障碍儿童的界定颇有争议,但这些孩子的主要行为特征还是比较明显的,主要表现为其行为表现大幅度落后于与其文化和年龄相匹配的群体。[①]

一 情绪与行为障碍的鉴别

情绪与行为障碍有许多不同的临床表现,比较常见的类型有焦虑症、注意缺陷多动症等。

---

① 李闻戈.情绪与行为障碍儿童的发展与教育[M].北京:北京大学出版社,2012:1-2,4.

（一）焦虑症的鉴别标准[①]

（1）以烦躁不安、整日紧张、无法放松为特征,并至少有下列两项:易激怒,常发脾气,好哭闹;注意力难以集中,自觉脑子里一片空白;担心学业失败或交友被拒绝;感到易疲倦,筋疲力尽;有肌肉紧张感;食欲不振、恶心或有其他躯体不适;睡眠紊乱。

（2）焦虑与担心出现在两种以上的场合、活动或环境中。

（3）明知焦虑不好,但无法控制。

注:一般于 18 岁以前会有以上行为发生且行为持续至少 6 个月;需排除是否由于药物、躯体疾病及其他精神疾病或发育所致。

（二）注意缺陷多动症的鉴别标准[②]

（1）满足 A 或 B。

A. 注意缺陷:有下列 6 项以上,至少持续 6 个月,达到难以适应的程度,并与发育水平不一致。

① 在学习、工作或其他活动中,往往不能仔细注意到细节,或者常发生粗心所致的错误。

② 在学习、工作或游戏活动时,注意力往往难以持久。

③ 与之对话时,往往心不在焉,似听非听。

④ 往往不能听从教导以完成功课作业、日常家务或工作。

⑤ 往往难以完成作业或活动。

⑥ 往往逃避、不喜欢或不愿参加那些需要精力持久的作业或工作。

⑦ 往往遗失作业或活动所必需的东西,如玩具、课本、家庭作业、铅笔或其他学习工具。

⑧ 往往易因外界刺激而分心。

⑨ 往往遗忘日常活动。

B. 多动—冲动:有下列 6 项以上,至少持续 6 个月,达到难以适应的程度,并与发育水平不一致。

① 手或足往往有很多小动作,或常在座位上扭动。

---

① 王辉.特殊儿童教育诊断与评估(第三版)[M].南京:南京大学出版社,2018:78.
② 王辉.特殊儿童教育诊断与评估(第三版)[M].南京:南京大学出版社,2018:79-80.

② 往往在教室里,或在其他要求坐好的场合,擅自离开座位。

③ 往往在不适合场合过多地奔来奔去或爬上爬下。

④ 往往不能安静地参加游戏或课余活动。

⑤ 往往一刻不停地活动,似乎有个机器在驱动他。

⑥ 往往讲话过多。

⑦ 往往在他人问题尚未问完便急于回答。

⑧ 往往难以静等轮换。

⑨ 往往在他人讲话或游戏时予以打断或插嘴。

(2) 多动—冲动或注意问题都出现于 7 岁以前。

(3) 某些表现存在于两个以上场合,如在学校、在工作室(或诊室)、在家。

(4) 在社交、学业或职业等功能上,有临床缺损的明显证据。

(5) 排除广泛发育障碍、精神分裂症或其他精神障碍的可能,不能用其他精神障碍进行解释,如心境障碍、焦虑障碍、分离性障碍或人格障碍等。

(三)构成情绪与行为障碍的条件

以上是关于焦虑症和注意缺陷多动症的鉴别标准,但在特殊教育领域,情绪与行为障碍儿童的鉴别标准还是比较笼统的,综合国内外的鉴别标准,构成情绪与行为障碍有三个决定性条件:

(1) 情绪与行为的困扰已干扰到这个儿童的日常生活、社会人际关系以及学校的学习活动(年龄较大的青少年则干扰到职业上的表现)。

(2) 问题的出现已经有一段历史,通常是指超过 6 个月。

(3) 问题已演变为固定的模式而且经常发生,也就是说,这个儿童在某种情境中这种固定的行为模式会经常出现。

通过以上鉴别标准可以快速帮助家长初步识别孩子是否属于情绪与行为障碍,但希望家长明白:在现实生活中,情绪与行为障碍儿童的表现往往是异质性的,形成原因也是多种多样的,每个孩子都有不同的潜能和需求。作为情绪与行为障碍儿童的家长,一方面要"用爱理解"孩子,找出情绪与行为问题背后的原因,并认识到"问题孩子"所面临的挑战有很大一部分来自他人的偏见和复杂的环境;另一方面,又要"用对方法",帮助孩子积极面对挑战、克服障碍,发现孩子的闪光点,支持孩子更好地成为自己。

情绪与行为障碍儿童的家庭教育需求

情绪与行为障碍儿童的外部表现、内部心理特征以及形成原因都是错综复杂的。有情绪与行为障碍的儿童因为没有能力用社会认可的方式表达自己的情感,结果导致出现大量的、无法被社会接受的不恰当的行为。当父母对情绪与行为障碍儿童评价较低或孩子自我评价较低时,孩子更容易自暴自弃地做出不恰当行为;而当他(她)们对自己的情绪控制能力充满自信的时候,就会用社会认可的、亲社会的行为方式来表达自己。[①]

因此,情绪与行为障碍儿童家庭教育的需求主要在于两方面,一是如何理解孩子的情绪与行为问题;二是如何帮助孩子更好地管理自己的情绪和行为。

情绪与行为障碍儿童的家庭教育方法

(一) 正确理解情绪与行为障碍儿童的情绪问题

情绪问题发生的主要原因包括生理原因、表达需求、固定习惯/事件受到限制或改变、逃避任务、家长的教育方式不当等,具体如下:

1. 生理原因

部分情绪与行为障碍儿童有不同程度的脑部机能障碍。他(她)们有时不能控制情绪直至崩溃发作,但这不代表他(她)们在故意捣乱,不代表他(她)们就是"熊孩子",有可能是因为他(她)们自身大脑结构出现异常或缺陷,造成了他(她)们对情绪的感受、觉察、控制、协调等方面出现了问题,再加上认知方面、行为方面、社交方面、感觉方面的种种刺激,使得他(她)们呈现出各种情绪问题。

2. 表达需求

由于语言、认知等障碍,部分情绪与行为障碍儿童无法用恰当的沟通方式表达需求——当自己的需求得不到满足,他(她)们可能会用情绪行为来表达自己。

3. 固定习惯/事件受到限制或改变

有的情绪与行为障碍儿童有刻板思维、固定习惯,当生活中的固定习惯/事件突然受到限制或改变,他(她)们可能会无法控制自己的情绪,突然崩溃。例如,每天孩子都要自己先打开门,其他人才能进去,如果是其他人先打开门进去,

---

① 杨雄,刘程.慢养孩子:详细解读0～18岁成长密码[M].上海:上海人民出版社,2019:363.

孩子会大吵大闹地重复开关门的动作。所以，每当家长试图阻止或改变孩子的固执、刻板行为时，可能会立即引起孩子强烈的情绪反应。

4. 逃避任务

有的情绪与行为障碍儿童当面对超过能力范围的任务时，可能会用强烈的情绪行为来逃避任务。例如，当家长辅导孩子完成家庭作业时，孩子一看到题目就知道自己不会做，他就马上躺在地上、号啕大哭，以此逃避难度大的任务。

5. 家长没有运用恰当的教育方式

只要孩子已经具备相应的认知能力，他（她）就有成为一个"冷静的大人"的可塑性。但很多家长因为孩子年龄小，而忽视了对他（她）们的情绪管理，或是处理方式不当，如打骂、唠叨孩子、不听孩子的想法、不理不睬等。当孩子出现情绪问题，家长又无法和孩子有效沟通时，只要求孩子停止哭闹、讲道理，这样只让孩子更加情绪失控。

（二）科学应对情绪与行为障碍儿童的情绪问题

1. 找到情绪爆发的"导火索"

首先，家长要知道，孩子的情绪在爆发前是会经过酝酿阶段的，如果在酝酿阶段，孩子的情绪"小"问题没有处理好，那孩子可能会进入情绪"大"爆发阶段。也就是说，孩子的情绪爆发是有"导火索"的，由于一些主客观因素影响，"导火索"逐渐被点燃，然后就"爆"了。

案例

　　小明在家写作业，觉得肚子有些不舒服，他就趴在桌子上，用自言自语的方式表达自己的不舒服，但是妈妈没有觉察出来，反而批评小明："小明，你怎么又不好好写作业了？你就不能认真一点吗？"小明听到了妈妈的批评就忍不住大哭。妈妈安抚完后，小明稍微平静了一些，这时小明想要上厕所，但恰巧奶奶正在用洗手间，这时小明的情绪还没有完全平静下来，爸爸发现小明在客厅晃来晃去，便呵斥小明让他马上回房间写作业，这个时候小明的情绪就彻底崩溃了（躺在地上大哭、打滚，把自己的裤子扯掉）。接下来的一天，小明都无法有平静的心情写作业，家庭关系也因为小明的情绪爆发而变得紧张。

表现：小明的情绪崩溃；
起因：肚子不舒服（导火索）；
经过：社会、人为影响；
后果：形成一连串的行为问题。

所以，当家长发现孩子情绪不对劲时，家长需要想想为什么孩子会情绪爆发，需要仔细且快速观察到孩子情绪爆发的"导火索"，然后在情绪逐渐平静的时候就要马上帮助孩子"灭火"和提供适合孩子的策略。

2. 保障安全，给孩子空间

当孩子处于情绪爆发阶段时，他（她）是不受约束的、冲动的，行为问题可能是外显的（如：尖叫、咬人、踢打、破坏财产或自伤等）或内隐的（如：退缩）。在此阶段，家长需格外关注孩子的安全。应对情绪爆发的最好方法是让孩子在单独的空间、不受打扰地待着。家长要注意的是：这个空间不是被视为奖励或惩戒的地方，而是被视为孩子可以重新获得自我控制的地方，家长要帮助孩子重新获得自我控制并保持尊严。

当孩子无论是在情绪酝酿期还是情绪爆发阶段，家长最重要的是不打骂、不唠

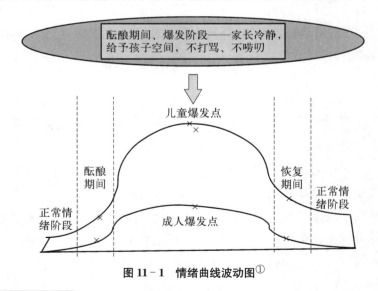

图 11 - 1　情绪曲线波动图①

① 参考 Brenda Smith Myles. *Cycle of Rage*，*Tantrums & Meltdown in Autistic Children*［EB/OL］. (2021 - 06 - 02)［2021 - 06 - 02］. https://www.medicacpd.com/news/brenda-smith-myles-3-stages-of-meltdown-in-autistic-children.

叨。家长越是一直说大道理,孩子反而越焦虑、越暴躁,因此这时家长的冷静很重要!

3. 情绪爆发时的应对策略

策略一:如果孩子伤人或自伤自残,家长要冷静地阻止,但不要评判、不要露出愤怒的表情——做个冷静的大人。

策略二:如果孩子要通过损害家里的用品来发泄情绪,家长要冷静地阻止,或者提供不重要的物件让他(她)发泄。

策略三:不要立即"投降"。有的家长看到孩子发生情绪问题,可能会下意识地去"屈就"孩子的要求,想赶紧把孩子哄好,但家长这样做其实在变相地鼓励、奖励孩子发脾气。孩子因此尝到了"甜头",他(她)下次还会以发脾气来达到目的。家长可以妥协,可以折中,可以商量,但这需要在双方冷静之后作为条件提出来,不要"不战而降"。

策略四:帮助孩子冷静。家长能教育孩子的时间是在孩子的情绪酝酿期间和情绪恢复期间,家长可以帮助孩子练习自我调节情绪。当孩子练习到一个非常流利的程度,这样才能帮助孩子在情绪爆发时有肌肉记忆,马上想起这时可以怎么做?比如:出去走一走、呼吸调节、数数、做另外一个活动……家长也可以马上拿出视觉提示卡提醒孩子能做什么。当孩子在努力调节情绪时,家长记得一定要具体地表扬孩子努力调节情绪的过程!

4. 儿童自我调节情绪的策略

根据皮亚杰的认知发展理论,7岁以前的孩子的思维处于前运算阶段,他们最大的特点是"以自我为中心",不会换位思考,对情绪的把控能力很不成熟。对于情绪行为障碍儿童来说,他们表现出情绪行为问题并不单纯是因为"以自我为中心",其原因是多种多样的,但家长可以通过教导孩子掌握自我调节情绪策略进行情绪控制。

策略一:情绪红绿灯

案例

　　小杰是一个三年级的孩子,有情绪与行为障碍,近期在家上网课,课堂作业必须通过线上平台完成。当小杰答错时,他想擦掉重新写,但是系统没有修改答案的功能,这让小杰非常难受,小杰不能接受这样的结果,他会使劲敲打平板屏幕甚至把平板摔到地上,或者蒙在被子里不停地哭泣。

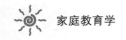

基于以上案例,家长可以通过"情绪红绿灯"来帮助孩子进行情绪调节。

步骤1:红灯之停止:当孩子出现情绪崩溃的情况时出示红灯的视觉提示,提醒他现在需要停止。

步骤2:黄灯之平静:黄灯时间是让孩子保持冷静的状态,才能听进去安慰或者策略。家长可以在一旁辅助孩子缓慢数数、深呼吸,或者只是告诉他"安静"(一定要坚持到孩子自己停下来),还可以使用生动的比喻:当我难受的时候,我的心里像是有一头大象在跑步,我会深呼吸、数数让它慢下来。此外,家长还可以让孩子在平复情绪的过程中通过自己摸心脏感受跳动从激烈到平稳的过程(注意:家长解决孩子的情绪问题时需要将刺激源拿开,或者带孩子暂时去一个安静的场合)。

步骤3:黄灯之行为复盘:等孩子情绪平稳后,家长可以针对孩子刚才的情绪做一个前因后果的简单回顾,具体可以参考以下提问/复盘方式:

"刚才为什么哭?"

"没有答对题目,你感觉怎么样?很伤心吗?"(注:家长可以辅助孩子完整表达感受:刚才因为题目没有做对,我觉得很伤心,就哭了,我想把题目做对,但是改不了,我很生气。)

"老师/爸爸/妈妈有没有因为你没做对批评你呀?"

"刚刚哭得那么伤心,问题有没有解决呀?答案能改变吗?"

"不能,所以哭能不能解决问题呀?"

行为复盘的主要目的:① 让孩子理解自己情绪的由来,为之后更好地控制情绪做准备;② 理解"哭解决不了任何问题"。

注意事项:在行为复盘的过程中,如果孩子哭闹行为出现反复,就暂停,等待孩子情绪平稳之后再继续。

步骤4:绿灯之提出解决策略:行为复盘之后,家长可以逐步提出一些解决问题的策略,具体可以参考以下表达方式:

"妈妈/爸爸觉得你刚才上课的时候很认真,非常棒!做作业的时候很努力,这都是很棒的!"(肯定孩子的付出与努力)

"妈妈/爸爸我如果做错事情了,也会觉得有点难受,但是妈妈/爸爸不会哭,因为哭解决不了问题。"(同理孩子)

"如果继续哭下去,就没办法做后面的题目了,你想错一道还是错很多道?"

（讲清楚情绪的后果——如果继续哭，还会错过很多知识，错的题目就会越来越多）

"现在有解决问题的方法，需要你认真听哦。我们可以把写错的地方记在本子上，然后等下课后拍照发给老师，这样也是修改答案的一种方式。"（给出解决策略）

注意事项：如果孩子的学习能力较差，越来越难跟上班级的学业进度，那么家长可以慢慢灌输"没有关系""不着急""不会做的时候就先放在一边，做会做的题目"等认知。

策略二：代币制

代币制是用象征钱币、贴纸、奖章等标记物（也就是"代币"）作为奖励手段来强化良好行为的一种干预方法。如何使用代币制促进情绪调节？比如，第一次10分钟就不哭了，给1个代币；第二次9分钟就不哭了，比上一次有进步，给2个代币；这一次8分钟就平静了，太棒了，给3个代币。攒够5个或者10个可以兑换奖励（孩子喜欢的活动、物品、游戏等）。

策略三：积极行为支持

家长可以运用积极行为支持的方式指导孩子完成任务，促进情绪调节。比如，如果孩子只能做A难度的数学题目，就给他A＋1的难度，孩子做错或者做不出来后用"刚才的算法很棒，再试一次吧""下次再仔细一点哦，就差一点了，加油"等表达方式鼓励孩子——让孩子习惯，遇到令自己无措的情况先思考办法而不是先宣泄情绪。

当家长引导孩子将以上策略运用到比较熟练的时候，家长就可以适当撤出，引导孩子使用以下的工作表，请孩子自行判断自己的行为有没有触发"情绪红绿灯"，通过工作表的顺序指导自己的行为。

（三）正确理解情绪与行为障碍儿童的行为问题

儿童的行为问题在表达了一种"寻求了解"的语言——期待他人能够了解其内在需求。如果我们能把儿童的行为也当作他（她）们运用的一种"语言"，当作他（她）们与成人和生活的世界进行沟通的方式，并且愿意"倾听"，愿意去理解他（她）们要表达的意图和情感，也许我们会比较能去理解他（她）们的行为。

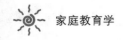

表 11 - 1　儿童的"情绪红绿灯"工作表①

红灯		黄灯		绿灯
我感觉很糟糕	如果出现任意一条，表示我遇到了红灯情况，我需要……	停下	我平静了！我可以平静地处理这件事情	我可以……
我的心脏跳动得很快		深呼吸		我可以再试一次
我的身体在发热		闭上耳朵		我可以找大人或者小伙伴帮忙
我哭/笑的时间很长		闭上眼睛		
我笑得很大声		关掉大脑		……
我大声地哭泣、开始咳嗽		慢慢数数1、2、3……		
有人劝我停下来		我平静了		

界定一个行为能否被称为"行为问题"，需要考虑以下几点：

（1）行为是否会伤害到儿童自身。

（2）行为是否会伤害或者干扰到其他人。

（3）行为是否会影响或干扰儿童的正常活动（学习和生活）。

需要强调的是：所有的行为都是合理的。也就是说，儿童的行为都是有原因的。我们要做的是，观察儿童，解读行为，关注行为背后的功能，而不要一开始就有主观判断，不要有偏见。

关于行为问题背后的功能，常见的四种功能是实物强化、注意力强化、逃避强化、自我强化。但实际中，行为问题的功能远远不止这四种，因为儿童的行为不是一个单一的孤立的，我们看到的只是冰山一角（冰山理论模型如图 11 - 2），行为跟儿童个体的状态、周围的环境、所从事的活动等都有关系。

（四）科学应对情绪与行为障碍儿童的行为问题

行为干预，就是改变行为，通过积极行为或者替代行为来替代行为问题。

① 参考朱霖丽，戴玉蓉.融合教育实践指南——写给班级教师的融合策略（小学版）[M].上海：复旦大学出版社，2022：139.

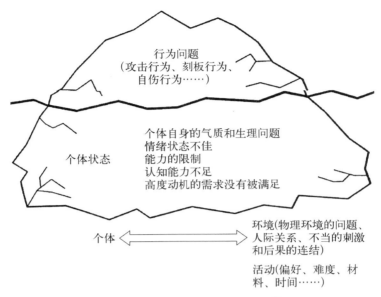

图 11 - 2 行为的冰山理论模型①

积极行为支持是关于行为干预的一种新思路也是适合家长使用的行为干预方法。

1. 积极行为支持的含义

理解情绪与行为障碍儿童的行为问题之后,我们需要"用对方法"去应对孩子的行为问题,这就需要到积极行为支持的理念和方法。钮文英认为:积极行为支持属于教育型的行为处理方法,强调不是相同的行为问题都可以使用同样的策略,拟定策略时须考虑行为问题的功能,先进行功能评估;主张尊重、正常化、预防、教育和个别化的处理原则,并且强调个体在行为处理过程中的参与,以及运用团队合作发展和执行行为支持计划;采用功能本位、正向、多元素而完整的行为处理策略,包含预防、教导、反应和其他四类处理策略,最后达到的目标不只在减少行为问题,更重要的是增加积极行为,提升生活质量,让孩子成为有(三 H)快乐(happiness)、价值(helpfulness)和希望(hopefulness)的人。

2. 科学实施积极行为支持

实施积极行为支持的基本思路是:首先定义行为问题;然后通过搜集相关

① 戴玉蓉,朱霖丽.融合教育实践指南——影子老师操作手册[M].上海:上海交通大学出版社,2018:52.

信息来找出行为的影响因素,分析行为背后的功能;因为行为背后的功能可能不是简单单一的,一个行为问题的背后可能不止一种功能,比如有可能同时包括寻求他人关注、逃避不乐意做的事、获取强化物等,所以在进行功能性行为分析时可以做进一步的解释;最后依据功能性行为分析的结果选择适当的干预策略。

1) 定义行为问题

在定义行为问题时,要尽量描述得具体、客观、明确,而且此行为的描述是可观察的、可测量的。例如"小红有自伤行为"是一个模糊的描述,每个人所界定的自伤行为可能不同,可以描述为"小红会用头撞墙"。

2) 功能性评估

功能性评估是一个收集信息用以发现和理解目标行为的目的的过程,主要目的是针对问题行为进行功能性的解析,用来帮助我们寻找问题行为发生的原因以及建立有效的支持计划。收集信息的方法有直接收集和间接收集。

直接收集法是指家长通过观察直接得到的信息。专业人员一般通过"远因—近因—行为—后果"的思路进行信息收集,如果家长想使用简易版的观察记录表,可以使用 ABC 观察记录表(表 11-2)。

间接收集法是指通过标准化评估工具或者检核表来收集信息。家长可以参考行为动机评估表(详见拓展阅读 11-1)来对孩子的行为进行评估。

表 11-2 ABC 观察记录表

日期/时间	活动/地点	前事(A) 描述行为出现之前 发生了什么	行为问题 (B)	结果(C) 行为出现后 发生了什么

3) 选择和实施行为干预策略

积极行为支持主张行为问题是个体与环境互动的结果,因此行为问题的干预应从对背景因素和行为前事进行调整开始(策略一),这是短期的预防措施,从更长远来看,教导孩子用正向行为替代或控制行为问题(策略二)、如何处理行为结果(策略三)也很重要。

策略一：对背景因素和行为前事进行调整

行为干预的最佳策略是预防行为问题的发生,也就是防患于未然,因为一旦有行为问题发生,造成的影响可能是无法弥补的或者深远的。对特定的背景因素和立即前事进行调整是一种有效的短期预防策略,一方面能够预防行为问题的发生,另一方面能够增加引发正向行为的特定立即前事和背景因素。

策略二：行为教导

对背景因素和行为前事进行调整虽然能预防行为问题的发生,但这是短期的预防措施,从长远来看,家长仍需帮助孩子逐渐面对导致行为问题的前事和背景因素,并且教导孩子用正向行为替代或控制行为问题。

孩子没有表现出家长期待的行为有可能是能力或动机的问题。如果是动机的问题,家长可以移除阻碍孩子表现动机的因素,提升孩子表现期待行为的动机。如果是能力的问题,家长可以通过示范、提示(包括自然线索、视觉提示、姿势/表情提示、言语提示、肢体提示……)、行为复盘、演练等方式教导孩子另类技能,另类技能也就是行为教导的主要内容。

另类技能包括替代技能、适应和容忍的技能、一般适应技能。替代技能是指与行为问题功能相同的替代技能,也就是教导孩子用替代行为取代目标行为问题的功能。孩子有时会面临无法避免的情境,或是孩子的需求无法立即被满足的情况下,家长可以教导他适应和容忍技能,包括如何应对愤怒、压力、焦虑等情绪,以及如何等待和自我控制等。一般适应技能包括沟通技能、社交技能、自我决策技能、休闲技能、日常生活技能、解决问题技能等,它虽然无法替代行为问题,但可以扩展孩子的能力,使其更能面对和处理问题情境,以预防行为问题的发生和支持行为的改变,以及提升生活质量。

策略三：结果处理

当孩子的行为问题发生后,家长如何反应(即家长用哪种结果处理策略)将影响孩子之后的行为表现。常见的结果处理策略包括：以解决问题为目的进行行为复盘、忽视、惩罚、隔离、正强化(如：给予孩子肯定、鼓励、表扬、奖励等)、差异性强化(如：孩子仍然有行为问题,但也有进步,那就奖励进步之处)、负强化(如：剥夺孩子喜欢的玩具、活动等)、赞美和提示其他人表现的正向行为等。

　　总之,在学习障碍、情绪与行为障碍等特殊需要儿童的成长过程中,作为家长,不应只是看到孩子的特殊表现,也应学会了解孩子出现学习、情绪与行为等障碍的原因,能从积极的角度来分析、评价和应对孩子所存在的问题,接受和理解孩子个体的独特性和学习方式的差异性,以积极的态度来应对孩子存在的问题,以积极、阳光的心态去面对孩子,尽可能地为孩子创造一个和睦、平等、轻松、友爱的家庭教育环境,高度重视家庭心理环境的建设,加强对孩子的关心,不断提高自身的教养水平和加强自身的心理健康,对孩子进行科学的教养,从而降低儿童学习障碍、情绪与行为障碍的发生率,让每一位特殊需要儿童得以健康、快乐、茁壮地成长。

拓展阅读 11 - 1

行为动机评估表①

受评者_____　　　性别_____　　　年龄_____(或_____年级)

评估者_____　　　评估日期_____年____月____日

目标行为:_____

此目标行为持续多久:□一个月内　□三个月内　□半年以内　□半年以上

题　　项	1 从不如此	2 很少如此	3 半数如此	4 经常如此	5 总是如此
1. 当他(她)一个人独处时,他(她)会出现这个行为。	□	□	□	□	□
2. 当有人要求他(她)做事时,他(她)会出现这个行为。	□	□	□	□	□
3. 当您转移注意和别人说话时,他(她)会出现这个行为。	□	□	□	□	□
4. 当他(她)得不到想要的事物时,会出现这个行为。	□	□	□	□	□
5. 他(她)经常一再地表现这个行为。	□	□	□	□	□

---

① 戴玉蓉,朱霖丽.融合教育实践指南——影子老师操作手册[M].上海:上海交通大学出版社,2018:
　　55 - 57.

续　表

题　　项	1 从不 如此	2 很少 如此	3 半数 如此	4 经常 如此	5 总是 如此
6. 当遇到困难(或较需花时间)的工作时,他(她)会出现这个行为。	☐	☐	☐	☐	☐
7. 当您不注意他(她)时,他(她)会出现这个行为。	☐	☐	☐	☐	☐
8. 当他(她)心爱的事物被移走时,他(她)会出现这个行为。	☐	☐	☐	☐	☐
9. 即使周围没人在,他(她)也会出现这个行为。	☐	☐	☐	☐	☐
10. 当您要求他(她)时,他(她)会出现这个行为,引起您注意或生气,以反抗您的要求。	☐	☐	☐	☐	☐
11. 当您停止注意他(她)时,他(她)会出现这个行为来让您生气	☐	☐	☐	☐	☐
12. 当您给他(她)想要的事物,或满足他(她)的需求时,他(她)会停止出现这个行为。	☐	☐	☐	☐	☐
13. 他(她)出现这个行为时,常不顾他人的存在。	☐	☐	☐	☐	☐
14. 当您停止要求他(她)时,他(她)会停止出现这个行为。	☐	☐	☐	☐	☐
15. 他(她)似乎会以这个行为来引起您的注意,并花一点时间与他(她)在一起。	☐	☐	☐	☐	☐
16. 当您不让他(她)做他(她)有兴趣的活动时,他(她)比较会出现这个行为。	☐	☐	☐	☐	☐
行为动机评估表计分说明 一、感官刺激(自娱) 题数——1、5、9、13 二、逃避 题数——2、6、10、14 三、引人注意 题数——3、7、11、15 四、要求明确的东西 题数——4、8、12、16					

以 1 至 5 分计,得分愈多表示频率愈高。

总分=题数得分和　平均数=得分和/4　等级=四项平均数之间的排序

243

	感官刺激	逃　避	引人注意	要求明确的东西
	1. _____	2. _____	3. _____	4. _____
	5. _____	6. _____	7. _____	8. _____
	9. _____	10. _____	11. _____	12. _____
	13. _____	14. _____	15. _____	16. _____
总分：	_____	_____	_____	_____
平均分数：	_____	_____	_____	_____
等级：	_____	_____	_____	_____

第 十 二 章
家 校 共 育

2018 年，习近平总书记在全国教育大会上指出，"办好教育事业，家庭、学校、政府、社会都有责任。"①2021 年 10 月，《中华人民共和国家庭教育促进法》规定"家庭教育、学校教育、社会教育紧密结合、协调一致"。2022 年 4 月，全国妇联、教育部等 11 个部门印发《关于指导推进家庭教育的五年规划（2021—2025年）》，把"健全学校家庭社会协同育人机制、促进儿童健康成长"等确立为今后家庭教育发展的根本目标。可见，家、校、社协同育人的重要性受到了前所未有的认可和肯定。在家、校、社协同育人中，家庭和学校的协同合作最为重要。

本章主要分析家校共育的概念、共育应遵循的原则，在此基础上，探索家校共育的途径与方法。

第一节　家校共育的概念与原则

家校共育的基础是合作。本部分首先分析什么是合作，什么是家校共育，然后进一步分析家校双方在共育中应遵循的原则。

❤ 家校共育的概念

（一）合作的概念

合作是社会互动的基本形式之一，是不同个体或者群体之间为了达到共同

---

① 本书编写组.习近平总书记教育重要论述讲义［M］.北京：高等教育出版社，2020：85.

的目的而互相配合的互动方式。① 美国学者弗里恩德和库克（Friend & Cook）提出合作具有以下几个特征：一是合作是自愿开展的，二是合作要建立在平等的基础之上，三是合作者之间要有共同目标，四是合作者应共同参与重大问题的决策，五是合作者要共同为决策所产生的后果担责，六是合作者之间的共享资源，七是合作者之间要相互信任、相互尊重。② 我国学者认为合作需要具备一定的条件：一是合作者之间希望达成的目标应具有一致性；二是合作者都愿意贡献自己的能力为达成共同目标服务，并且合作者之间所贡献的能力具有互补性；三是合作者之间有基本互信。③

因此，本书中的合作是指个体之间、群体之间、个体与群体之间为达到共同目的，彼此联合联动、协调配合的互动方式，合作者之间的目的一致性、能力互补性和共赢互惠性是合作得以开展的前提。

（二）家校共育的概念

家校共育的概念比较宽泛，类似的表达有家校合作、家校合育、家校联系、家校沟通等。这些概念的内涵大致相同。例如，黄河清认为家校合作是"家长参与学校教育，学校指导家庭教育，互助互惠的双向合作活动"④。洪明认为，家校合育是"学校与家庭为促进学生全面发展而开展的各种合作教育实践活动，是迎接时代挑战、深化教育改革、提升教育质量的协同行为"⑤。单志艳认为，家校合育是学校、家庭和社会为了实现促进儿童健康发展的目标而开展的各种协同活动，合作是手段，共育是目标。⑥

综上所述，家校共育可以理解为：第一，家校共育的目的是共同育人，"育"指培育，意指人才培育。相对于"教"而言，"育"更侧重于受教者，在家校共育中，意指学生发展是中心，家庭和学校是作为参与者、指导者和帮助者，为其提供最适宜的物质条件和精神条件，促进学生全面健康发展；第二，合作是家校间为达

---

① 王思斌.社会学教程(第五版)[M].北京：北京大学出版社,2021：69.
② Friend M, Cook L. *Interactions: collaboration skills for school professionals*[M]. *White Plains，NY: Longman*，1992：5.
③ 王思斌.社会学教程(第五版)[M].北京：北京大学出版社,2021：69-70.
④ 黄河清.家庭教育学[M].上海：华东师范大学出版社,2014：202.
⑤ 洪明.家校合育论[M].北京：教育科学出版社,2021：33.
⑥ 单志艳.家庭教育学[M].桂林：广西师范大学出版社,2021：213.

成理想育人效果采取的方式和手段;第三,家校共育主要包括"家长教育"和"家长参与"两种途径。

本书认为,家校共育是指家庭和学校以努力促进少年儿童的健康成长、全面发展为共同目标,在育人过程中形成教育共同体,发挥各自的职能和优势,学校主动指导家长进行科学的家庭教育,家庭主动参与和支持学校教育,通过各种协同行动,发挥育人合力。

二　家校共育的原则

基于合作的条件及特征以及家校共育的概念,在家校共育的过程中,家校双方应遵循以下几条基本原则。

(一) 平等尊重原则

家校共育的平等尊重原则指的是共育双方主体地位和主体权利平等,并且共育双方相互尊重。具体体现在:首先,家校双方高度认同彼此的育人主体地位,明确对方在育人功能上的不可取代性,相互理解、相互尊重、求同存异;其次,家庭和学校共育过程中,双方在管理上没有隶属关系,而是平等的协作关系;最后,在共育职责分配上,学校与家庭之间不是控制关系,而是按照合作章程各司其职的协同配合关系。在家校共育的发起阶段,学校应利用其专业化优势,发挥其主导作用,引领家长参与;在家校共育的设计阶段,学校应充分征询家长的意见,家长充当协商策划者与共同执行者的身份,双方共同设计活动方案,制定行动计划;在家校共育的实施阶段,家校双方共同参与活动,同频共振、协同配合、分工协作、共担责任。

(二) 权责明确原则

单志艳认为,"家校共育中学校教育和家庭教育的权责边界主要是指两者在学生教育中各自的权利和责任"。[①] 厘清家校共育中家庭和学校的权责边界,才能避免因两者缺位、越位、错位和退位而导致具体工作无法落实。家庭教育与学校教育承载不同的教育责任,履行不同的教育任务。学校教育的主要任务是教

---

① 单志艳.家校共育的权责边界[J].北京教育学院学报,2020,34(06):1-8.

授科学文化知识,家庭教育的主要任务在于品德培养和人格塑造。在家校共育过程中,家校双方应在权责明晰的状态下,完成各自教育权责范围内相应的任务。学校要适当放手,赋予家长权利,使家长能够享受教育的知情权、参与权、决策权、监督权;家长要主动参与并支持学校管理,但不得干扰学校正常教育教学;教师应发挥专业优势,指导家长进行家庭教育,但不能代替家长履行家庭教育职责。家校双方在保留各自独立的教育空间基础上弹性合作,相互配合、相互支持、相辅相成、进退有度,实现共育效果最大化、最优化。

(三)双向沟通原则

家长和学校教师之间的彼此信任是家校共育事业可持续发展的核心。建立互信的基础是相互理解,而家校之间的彼此理解仰赖于良性、常态、有效的双向沟通。事实上,家校共育中有许多典型的单向沟通,例如,学校老师给家长发信息、通知、信函,家长就他们关切的学校教育事务发建议到校长信箱或投入意见箱等。虽然单向沟通很重要,但是双向沟通更为必要,因为真正的家校共育伙伴关系需要增加双方的参与感。家长会、家访、家长到校拜访教师、教师-家长座谈会、教室参访等活动都是典型的双向沟通,能增进家校双方彼此的理解和相互信任。此外,在信息时代,理想的家校共育体系应建设和完善供双方交流与反馈的平台。校方应主动地在平台上宣传学校教育动态,保障家长的知情权,同时及时收集整理家长的赞美或建议,回应家长的合理诉求,为达成家校共育的双向沟通消除时空障碍。

(四)优势互补原则

家庭和学校作为两个重要的育人主体各具特色、功能有别、不可替代。家庭教育具有生活化、灵活性、感染性、终身性、持久性等优点,但也有封闭性和随意性等局限;学校教育具有专业性、系统性、稳定性、计划性等优点,但也存在难以因材施教的问题。学生进入学校教育阶段后,家庭和学校由两个独立的育人主体变成相互依存的教育共同体。家长要为学校教育其子女提供必要的条件和资源,创设良好的家庭生活和学习环境,教会孩子必要的生活技能和社会规范,作为现成的人力资源和社会资源主动参与学校教育,为孩子的健康成长提供保障;学校利用专业化的人才、资源和场所优势,指导家长科学育儿,提高家长的家庭教育素养。家校双方资源共享、能力互补,发挥整体效应,形成教育合力,实现"1+1>2""5+2>7"的教育效果。

(五)全面协作原则

学校教育和家庭教育都以培养全面发展的未来社会成员为目标,基于此,家校共育也应体现出全面性。首先,在共育内容上,家校共育不仅应关注智育和德育,还应注重"五育并举",在促进少年儿童的德智体美劳协调发展上全面协作。例如,劳动教育就非常需要家庭的参与,学生除了在学校学习、练习劳动技能,还需要在家庭中参与家务劳动实践,体现出劳动教育的持续性、生活化;其次,在共育途径与方式上,家校双方要与时俱进,创新运用多种手段与方法,追求共育途径与方式的多元化和多样性,全方位、立体化、多角度地增强共育实效。

第二节 学校指导家庭教育的途径与方式

家校共育的基本途径之一是"家长教育",即学校指导家庭教育。学校教育有着组织化、系统化、专业化的优势,在家校共育中起主导作用。《中华人民共和国家庭教育促进法》第 39 条中提出"中小学校、幼儿园应当将家庭教育指导服务纳入工作计划。"可见,学校承担着指导家庭教育的法定责任与义务。学校要将家庭教育指导作为常态化的工作,每学年制定相应的计划,完善工作制度,由专门的部门负责(一般由政教处或者德育处分管此项工作),推动家庭教育工作的开展。

学校指导家庭教育的途径主要有以下几种:家长学校、家长会、家访、家校联系簿、家教专刊小报、学校公众号家教专栏以及网络或电话联系等。

一 家长学校

家长学校是我国社会出现的新型学校,于 20 世纪 80 年代初萌芽,随后在教育部等相关部门的推动下,在全国各地蓬勃发展,是目前家庭教育指导最有影响力的途径之一。

（一）家长学校的主要任务

当前,在学校内建立家长学校已是普遍现象,尤其是在广大城镇学校。在学校内建立家长学校有其天然优势:首先,学校与家长目标一致,即育人成人,一切为了孩子,双方容易沟通达成共识;其次,学校可以提供固定的场所,有各类教学设备设施,便于家长学校各项活动的开展;最后,学校了解学生,有较为固定的有经验的师资队伍。

家长学校的主要任务包括以下四个方面:第一,面向广大家长宣传党的教育方针、相关法律法规和政策,宣传科学的家庭教育理念、知识和方法,引导家长树立正确的儿童观和育人观;第二,组织开展形式多样的家庭教育实践活动,增进亲子之间的沟通和交流,使家长和儿童在活动中共同成长进步;第三,通过多种形式为家长提供指导和服务,帮助解决家庭教育中的难点问题,提升家长教育培养子女的能力和水平;第四,增进家庭与学校的有效沟通,为儿童的健康成长营造良好环境。

学校通过家长学校课程培训,提高家长的家庭教育素养,反向促进学校教育质量的提升。家长学校的兴办,对家校双方是"双赢"的效果。

（二）家长学校开展活动的要点

家长学校开展活动要取得良好的效果,应注意以下几个要点。

1. 组织实施计划性

凡事"预则立,不预则废"。家长参加家长学校学习利用的是业余时间自愿参加,为了保证家长在有限的时间内学有收获,学校要提前计划,精心组织。具体来说,可以在每学期开学初制定周详且有一定弹性的计划,要涵盖时间安排、人员组织、教学方式和组织形式等内容。在时间安排上,家长学校一般每月安排一次学习活动,也可以视情况进行增减和调整;在人员组织上,可以邀请全体家长参加,也可以只邀请部分家长参加;在教学方式上,有讲授、解答问题、案例分析、经验介绍、角色扮演等不同方式;在组织形式上,可以现场教学,也可以线上学习与分享。

2. 学习内容实用性

家长学校的学习内容应兼具实用性和系列性特点,给家长以系统性的家庭教育指导。一般有教育政策系列、儿童学习力提升系列、亲子沟通系列、心理健康系列、综合主题系列等。教育政策系列主要宣传党的教育方针、相关法律法规和政策，有助于家长正确理解现行教育政策法规，树立正确的教育观念，如"双减"政策、《义务教育法》《家庭教育促进法》等，让党的教育政策"飞入寻常百姓家"；儿童学习力提升系列是家长感兴趣的话题，如"学习专注力训练""学会时间管理"等；亲子沟通系列、心理健康系列是家长急需获取的知识，如"亲子沟通与亲子管理""怎样对孩子说不"等；综合主题系列涵盖的面比较繁杂，凡是与家庭教育相关的话题均可，如怎样给孩子选择课外班、中小学生涯规划，以及进行家庭教育书籍推荐与分享等。

3. 解决问题针对性

大多数家长是带着问题、困惑和期待来参加家长学校学习的，因此学校老师要从家长面临的种种具体问题和困惑入手，把教育学、心理学、生理学等多门学科知识与家庭教育中的实际问题结合起来，为家长答疑解惑，提供解决问题的具体思路和方法。如新生入学前帮助家长解决"如何帮助孩子过好入学关"，对高年级学生家长则进行"青春初期儿童心理问题及对策"讲座，还有常见的"早恋问题"。学校还应搭建交流探讨的平台，采取沙龙研讨、话题访谈等方式，让家长与授课教师之间，家长与家长之间，相互交流家庭教育的方法、经验，提出家教中的问题和困惑共同探讨，畅所欲言发表自己的教育观点。往往越是"接地气"的话题，越是指向解决问题的内容，越是受家长欢迎，家长从家长学校中得到启发，能解决家庭教育的实际问题，这样就调动了家长参与研究家庭教育的积极性，形成了家校合作的良性发展。

❤ 二　家长会

家长会是有组织的面向家长进行集中指导的途径之一，是最传统最常用的"家长教育"方式，也是教师与家长、家长与家长之间联系交流的重要渠道。家长会的目的让家长充分了解学校、了解教师、了解班级、了解孩子，明确当下的学习阶段如何与学校保持一致。

（一）家长会的任务

家长会可以分为全校家长会和班级家长会，两种家长会的任务各不相同。

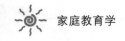

1. 全校家长会的任务

学校主要负责人向家长汇报学校的办学情况和未来展望,激发家长热爱学校,关心学校发展的情感;还要分析当前的教育政策与办学形势,做教育引领,引发家长家校共育的愿望。

2. 班级家长会的任务

班级家长会由班主任或班级负责人主持,主要有四个方面的任务:一是介绍班级基本情况、班级管理要求、目前存在的问题,布置工作等;二是介绍学生一段时间以来的学业水平情况、综合素质发展等;三是介绍个人教育理念、教学风格、取得的教学成绩,还可以介绍班级其他任课教师情况;四是听取家长的意见,对家长提出有益的教育建议,特别强调家长与教师需要配合之处,明确学生好习惯的培养、课外学习的引导、家庭亲子阅读要求、家长榜样的树立等内容。

(二)家长会的组织安排

1. 安排时间

家长会每学期至少召开一次,学期初、学期中、学期末均可召开,召开的时间及次数根据学校情况、班级建设的需求来确定。

2. 明确规模

家长会的规模有全校性家长会、年级家长会、班级家长会。还可以根据实际需求召开不同类型的家长会,如新生家长会、毕业班家长会、针对解决某个问题的部分家长参加的家长会、特定群体的家长会。

3. 落实流程

全校性家长会流程一般为,先全校家长集中,由校级领导主讲,再分成年级或班级,由班主任和科任教师主持召开,最后教师与个别家长进行深度交流。班级家长会的流程,根据实际情况由班主任确定。

4. 确定地点

家长会举办的地点一般在学校校园,班级教室里;特殊的情况下,家长会可在校外特定的场所召开,如可以通过网络召开"云家长会"。

(三)家长会前的准备

开家长会不是一件简单的事情,要做好充分准备。

1. 发放通知

家长会前拟好通知，做好通知发放，讲明开家长会的时间、地点、参加人员（一般为学生父亲或母亲或监护人）、注意事项等，通知由家长会的组织者下达。

2. 布置会场

家长会要提前布置会场，一方面环境布置整洁，体现学校、班级特有的文化气息，在适当的地方张贴（书写）富于情感的标语，营造温馨、热烈的氛围；另一方面满足家长的需求，在会场中准备好与儿童在校学习活动相关的照片、视频、作业本、优秀作品等，供家长现场观看，从而多方面较为直观地了解自己孩子的情况。总之，会场的布置要人性化，让家长感觉既隆重又温馨。

3. 安排接待

老师提前到场，热情接待家长，关注车辆停放、入校进班路线指示、签到等细节，让家长能准确、快速、愉悦地进入会场中。

4. 明确分工

班主任与科任教师之间要互相配合，事先分工，分配好家长会所讲的内容，落实发言顺序，做到统一观点，互相补台。此外分工收集好家长会的材料，如签到表、家长意见收集卡、家长会照片等。

5. 准备发言

召开家长会对教师来说是不小的考验，尤其对新教师。因此教师要准备好发言稿或提纲，做到言之有物、言之有序、言之有据，还要做好课件并提前调试。

（四）家长会注意事项

1. 注意语言艺术

教师开家长会一定要着眼于学生的发展，注重谈话技巧，内容中肯，实事求是，肯定学生的优点，对学生的缺点错误提出建议，但不能当众批评、讽刺学生及家长，切忌把家长会变成"批斗会"。要让家长感受到教师对全班同学一视同仁，发自内心对自己孩子的关怀。在家长会上，面对个别家长的质疑，不要当众发生冲突，可以会后交流。

2. 联合各方力量

家长会不要让教师一人唱独角戏，可利用各方资源，做好"借力"，众人唱好一台戏，丰富形式，增强效果。巧用学生之力，有时可适当让学生参加家长会，以

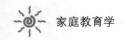

个人或小组的形式展示学习成果；借用家长之力，家长会上可以表彰班级优秀家长，让家长之间介绍自己家教的成功经验，还可以组织讨论某些倾向性的问题，共同探讨班级管理策略，形成共识；妙用领导之力，如有必要，可以邀请学校领导参加班级家长会，表彰班级取得的成绩，帮助班级教师树立威信，解决班级实际问题。

三 家访

家访是学校对家庭教育进行个别性指导的一种有效途径。成功的家访有利于促进教师因材施教，有利于家庭教育优化，有利于形成学校与家庭良好的协作关系。家访过程中，教师身临其境，面对面地与学生、学生家长近距离接触、促膝长谈，由此产生的亲和力往往能收到事半功倍的教育效果。

（一）家访的类型

1. 全员普访

开学初，班主任根据学生的学习情况和家庭情况，制定家访实施方案，在未来的学期或学年中，做到有目的、有计划、分批次、全覆盖的普访。

2. 随机家访

在教育教学过程中，教师发现学生情绪出异常时，学生成绩往下滑时，后进学生需要帮助时，家访就要及时跟上，随时随机家访，与家长共商共议，齐抓共管。

3. 任务家访

一般为对某一类特定学生家庭进行的家访，带着明确要达成的任务。如探访留守儿童、随迁儿童，为了完成控辍保学的任务，劝学生返校的家访等。

（二）家访的目的和任务

1. 了解学生的家庭情况

学生的家庭情况包括家庭生活环境、家庭经济水平、家长的职业、家庭成员文化水平、家庭成员关系、父母对孩子的教育投入、家庭教养方式、学生在家庭里的表现、家庭成员之间的教育理念是否一致，能否互补，还是相互矛盾等。

2. 反映学生的在校表现

将学生在校的学习习惯、文明守纪、课堂表现、作业完成情况、同伴关系，以及德智体美劳各方面发展的情况与家长沟通，对学生取得的成绩给予表扬，对学生的进步给予肯定、鼓励,对存在的问题严肃指出。通过分析孩子在校表现,引导家长认识到言传身教的重要性,反思家教的成败之处。

3. 了解家长的意见建议

真诚了解家长对学校、班级教育的建议和意见,当家长积极主动提出建设性意见时,及时采纳;家长态度冷淡或者不满时,也要做好记录,加强改进。

4. 解决现实的教育问题

教师家访的最大目的就是解决现实问题。一般流程为:发现孩子的问题—寻找根源—提出改进家庭教育的方式—探讨家校协同解决问题的对策和措施。比如,发现孩子经常不完成家庭作业,教师通过家访了解孩子的成长环境、父母的教育理念,分析孩子不完成家庭作业的原因以及家长教育存在的问题,共同寻找对策解决问题。

5. 总结成功的家庭教育经验

对于在校表现优秀的孩子,教师通过家访,可以向家长了解家庭教育方法、分析孩子成长的有利因素以及家庭教育起到的作用,总结家庭教育成功的经验,加以推广。

(三) 家访的注意事项

1. 注意倾听与交流

家访取得良好的效果,要讲究交流艺术。一方面要认真倾听。倾听是学问,也是美德,有时家长会东拉西扯,此时教师要耐心倾听,积极回应,适时收集信息,让家长感受到被尊重,从而更愿意与教师交流。另一方面要真诚交流。登门家访不要变成上门告状。以情感心,以理服人,营造一种和谐的气氛,先把学生的优点向家长讲足讲全,再把不足要努力的方向提出来,请家长给予配合,使家长在愉悦的谈话氛围中转变教育观念,理解老师的苦心,领悟到教育子女的方法,从而达到家访目的。

2. 注重礼仪习俗,廉洁安全

教师家访,既要入乡随俗,尊重当地生活习惯,又要谨守师德规范,更要注意安全。注意做到:一是预约家访,要事先与家长取得联系,约定好时间,家访的时间最好是在家长的休息时间内,一般不搞突然袭击,使家长有思想准备,表示出对家长的尊重;二是廉洁家访,不在学生家里吃饭,不得借家访之名收取家长

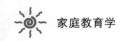

送的贵重物品,做出违反师德之举;三是安全家访,注意交通安全、人身安全,年轻女教师最好结伴家访。

3.注意做好记录与总结

家访后做好家访记录,教师要把家访过程、家访达成的共识,家访中受到的启发及家访中发现的问题记录下来,进行综合分析,制定新的教育方案和措施。对于家长提出的意见建议,能解决的马上解决,有建设性的积极采纳,暂时不能解决的进一步研究。如有必要,家访后还可以进行回访反馈。

四 其他途径

(一)家校联系簿

教师与家长通过家校联系簿互相留言,反馈孩子的学习生活情况,交流教育心得。家校联系簿在教师、学生、家长三方间不断传递,起到沟通桥梁的作用。

(二)校内家庭教育期刊报纸

学校可针对家庭教育中存在的共性问题和热点问题,家庭教育的动态,创编家庭教育系列材料,分期发给家长。这些资料积累起来可以持续发挥指导作用。

(三)学校微信公众号

在网络时代,不少学校开通了微信公众号,设立家庭教育专栏,具有广泛宣传家庭教育的效果。

除以上的指导方式以外,还有家庭教育咨询、家教论坛,个性化的家长成长手册等丰富多彩的新形式。当前,随着90后、00后家长的出现,家长获取信息的方式更为多样化,对教育的理解也越发多元化。因此,学校、教师需要与时俱进,不断提升家庭教育指导能力,对不同层次、不同需求的家长给予全面的、个性化的指导。

第三节　家庭参与学校教育的途径与方式

家校共育的基本途径之二是"家长参与",即家长参与学校的教育与管理事务。家庭教育不是教育的"孤岛",而是与学校教育一体化的"岛链"。家庭教育要取得好的成效,离不开与学校教育的通力合作。《家庭教育促进法》第 19 条明确要求"未成年人的父母或者其他监护人应当与中小学校、幼儿园、婴幼儿照护服务机构、社区密切配合,积极参加其提供的公益性家庭教育指导和实践活动,共同促进未成年人健康成长"。所以,父母积极主动地参与学校教育生活,形成有序的家长参与常态机制,有利于形成家校育人的合力,提高学校办学质量。

 一　家长参与的原则

家长参与是家长与学校之间的双向互动,是家校共育的重要组成部分。家长参与学校教育,既是家长行使知情权、参与权、监督权、评议权的途径,又是家长履行相应教育义务的体现。但是,家长参与并不代表家长可以随意干涉学校教育与管理,家长参与要注意遵循以下几条原则:

(一) 规范性原则

建章立制,家长要在学校的指导下规范参与。学校制定必要的制度,包括《家长参与学校管理制度》《家长委员会章程》《家长义工管理办法》等。有了制度,家长才能明确自己的权责,不越界不错位,规范地参与学校教育和管理。

(二) 全员性原则

学校积极动员每一位家长参与,保障全体家长都有参与学校教育的权利和机会。具体来说,学校可以设置便于家长参与的岗位及活动,让每位家长都能找到自己发光发热的岗位,例如家长护学岗、家长帮帮团,家长教师等,保证"人人有事做,事事有人做"。

(三) 自主性原则

家长参与行为应该遵循自觉、自愿、自主原则。学校对家长委员会、家长义工组织给予指导和帮助,激发家长组织的自主意识,提高其自我管理能力,但不能代替家长做决策。

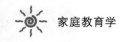
二 家长参与的途径与方式

家长参与学校教育与管理,服务学校,可以是组织层面的参与,也可以是个人层面的参与;可以在校参与,也可以校外参与。家长委员会和家长志愿者是两种最重要的家长参与组织。

(一) 家长委员会

"家长委员会是由家长代表组成的代表全体家长和学生参与学校教育和管理、实行教育监督权和评议权的一种群众性组织,是密切家校关系的桥梁和纽带,是实现家校共育的重要组织形式。"[①]2012 年颁布的《教育部关于建立中小学幼儿园家长委员会的指导意见》(以下简称"指导意见")提到"建立家长委员会,对于发挥家长作用,促进家校合作,优化育人环境,建设现代学校制度,具有重要意义。"

1. 家长委员会的基本职责与工作内容

《指导意见》中规定家长委员会的职责为参与学校管理、参与教育工作、沟通学校与家庭。具体工作内容有:① 参与学校的决策。包括对学校重大事项展开讨论,为学校未来发展出谋划策等;② 参与班级管理。包括与班主任主动交流,配合班主任共同管理班级,组织其他家长搞好班级建设,策划、负责班级的活动等;③ 做好监督。包括督促学校规范办学,配合学校构建完善的管理系统等;④ 做好沟通交流,包括协调学校与家庭、教师与家长之间的关系,收集家长对学校管理及教师教育教学等方面的意见或建议,并及时予以反馈等;⑤ 加强校内外连接,包括利用家长自身资源优势,争取社会对学校工作的关心和支持,努力为学校教育营造良好的外部环境等;⑥ 共建校园安全防范体系,包括关注校园安全,向学校反馈安全隐患,提出防范措施,并尽可能为校园安全提供必要的帮助等。

2. 家长委员会组建

家长委员会一般分为学校家长委员会、班级家长委员会,规模较大的学校还可以设置年级家长委员会。在家长自愿的基础上,选出代表全体家长意愿的在

① 陈立永.学校家长委员会建设范式的转型[J].教育科学研究,2011(7):46.

校学生家长组成家长委员会。班级家长委员会的组建,一般由家长自荐,教师推荐组成,年级家长委员会从同年级班级的家委会中产生;校级家长委员会从全校班级的家委会中产生。三者之间是递进的层级关系。校级家长委员会为全校服务,班级家长委员会为班级服务。

无论哪个级别的家长委员会,都要选好家长委员会的牵头人,落实成员分工。班级家长委员会的规模一般为 5～7 人,校级、年级家长委员会的规模根据学校实际需求设置。家委成员可以连任,也可以中途换人。

家长委员会成员,推选有正确的教育观,有较强组织管理和协调能力,热心学校教育工作,作风正派,责任心强,富有奉献精神,在家长中有一定的威信和影响,还要有业余时间的家长参加。

3. 家委会参与学校管理的流程与方式

家长委员会成员一般每学期参加至少 2 次的会议,与学校、班级进行广泛交流,听取校方工作汇报,对学校重大问题出谋划策,代表家长反馈意见建议。值得注意的是,家长委员会应在学校的指导下履行职责,家委的工作是监督、配合学校工作,在行使权利时注意不越界,学校日常管理的主动权还是学校。一般而言,家委会参与学校的流程有自上而下、自下而上两种方式。

(1)自上而下:校方提出规划、方案、问题——家委会讨论、出谋划策——学校调整修改——实施。

> **案例**
>
> 　　A 小学原订餐配送公司合约到期后,学校就是否续约征求了家委会代表的意见。学校组织了订餐公司法人代表与全校班级家委会代表进行座谈。会上,家委会成员听取了配送公司法人代表的汇报,也就续约问题进行了充分的讨论,提出改进意见,最后进行投票表决。在家委会一致决定与订餐公司续约后,学校根据家长的建议与订餐公司重新签订合同,并报上级教育有关部门备案。

(2)自下而上:家委会收集家长意见建议——向校方递交提案——校方回复、反馈——整改问题或采纳建议。

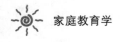

> Y小学位于狭窄的社区最深处,学生需经过一段长达100米的狭窄道路才能入校,平日里机动车、电动车和步行人群混杂,极易酿成学生碰擦、摔倒等安全事故。家委会向学校提出了与交警大队协商"上学放学期间禁止机动车、非机动车在校门道路通行,采取限时通行"的提案,并提出孩子上学、放学期间家长轮岗值守制,组成"护学队"。学校采纳了建议,由家委会向学校全体家长发出倡议,得到了家长的积极响应。

案例

(二)家长志愿者

家长志愿者是活跃在校园内外开展志愿服务的家长队伍,承担学校教育的部分工作。家长志愿者的工作是公益性的。家长志愿服务是家长参与学校的重要形式,不仅能帮助学校解决人手问题,为学校分忧,还能丰富学校教育资源。相对于家长委员会,家长志愿者队伍比较庞大,有广泛性、灵活性、临时性、主动性、全员性的特点。家长都可以按能参加、按需参加,出发点和落脚点都是助力学校开展教学,为孩子服务。

1. 家长志愿者的主要服务内容

1)出工出力,辅助学校日常管理

在学校最需要人手的时候,开展服务活动。目前最普遍的是家长"护学岗"。家长"护学岗"成员在学校统筹下,每天在上学、放学的高峰时间,轮流在学校周边维持秩序,疏导交通,防范伤害事件。家长"护学岗"很好地弥补了重点时段、重点岗位学校人手不足的弱点,发动起人人参与学校管理的力量,对学校的安全管理起到了重要作用。其次充当大型活动助手,学校各种节庆活动、典礼、运动会往往人手不足,家长志愿者协助会场布置、化妆、排练节目、摄影、维持秩序、采购及管理物品等工作,减轻了教师工作负担,保证活动得以顺利开展。

2)开发课程,担任家长教师

学校利用校本课程的有效空间,挖掘各行各业家长的优势资源,让家长参与学校课程的开发与建设,丰富学校的课程内容。家长开设的课程以家长的职业、生活经验为主要内容,偏向于课本以外的知识,注重实践操作。充分发挥家长的特长,将自己的专业知识和技能传授给学生。课程开设前,对家长职业、专长摸底,再根据不同年龄的学生特点,确定主题,内容涉及烹饪、种植、养殖、理财、时装、保健、摄影、青春期教育等。班级可以根据本班家长的实际情况建设班本课程,由家长担任主讲,在班级开展授课。一般在班队活动课、社团课以及课后开展。

3)校内外融通,开展校外实践

家长来自各行各业,有着丰富的社会资源。家长可以将资源引进校内,服务于学校,服务于课堂,还可以提供资源,负责联系和组织校外实践活动、研学活动。例如南宁市燕子岭小学开展的"寻访欣欣行业,学习优秀党员"研学活动,各班家长利用自身资源,联系了电视台、环卫站、派出所、研究所、医院、外地驻邕办事处、物业等单位,组织本班少先队员了解新时代各行各业的特点,学习行业中优秀共产党员的精神,很有意义。

2. 家长志愿者的运行与管理

为充分发挥家长志愿者的作用,需做好家长志愿者的运行与管理,走好家长志愿者管理四部曲:宣传与招募——建立资源库——确认志愿服务岗位——管理与评价。

1)宣传与招募

广而告之,让家长知晓家长志愿者是怎样的队伍,有哪些岗位,平时怎样开展活动。以家委会为龙头,向各个班级发布家长志愿者倡议书,提出参与要求。由家长向班级老师提出申请,填写《家长志愿者登记表》,交给班主任。申请卡一般填写好家长的基本信息,专业特长,拟参加的服务项目,预订参与时间和联系方式等多个方面。一般而言,建议每个家长至少参加其中一项志愿服务活动。

2)建立家长志愿者资源库

班主任掌握班级家长申请情况,建立班级志愿者队伍。学校德育处(政教处)负责人和校级家委会负责人根据各班申请家长的具体情况进行筛选、归类、汇总,建立学校家长志愿者信息资源库。

3)确认志愿服务岗位

根据学校的需求,设立志愿服务的岗位。可设置管理岗(如食堂管理员、图书管理员、晚自习管理员)、服务岗(如护学岗、故事员)、课程开发与教学岗(如家

长教师、家长教练)等。这些岗位还分为临时岗和固定岗,临时岗多为每次活动临时需要的人员。

4）管理与评价

第一,建章立制,将家长志愿者工作纳入学校整体管理体系之中,规范管理志愿者队伍;第二,给予指导,志愿者每次活动上岗前,由学校政教处安排进行相应的岗前培训,说明活动要求与意义,指导开展工作;第三,做好小结,每次活动结束进行小结点评,提出下次活动的要求,将好的活动经验不断传承;最后,设立奖励机制,对家长志愿者的志愿服务工作做好评价,通过各种途径,如学校微信公众号、学校内部刊物等进行宣传,每学期评选优秀家长志愿者,对有特殊贡献和表现突出的志愿者给予表彰奖励。

（三）其他途径与方式

家长还可以通过学校开放日、亲子活动、主题活动等途径,走进学校、参与学校教育活动。

1. 家长开放日

家长开放日是学校主动面向家长开放展示学校管理成效,教育教学成果的活动。学校邀请家长走进学校,共同参与教育教学活动,一般安排有参观校园、观摩教师课堂教学、参观学生作品、参加学校组织的主题活动、活动后填写问卷提出意见建议等内容,时间一般为半天或者一天,不宜过长,以免影响学校正常教学。有时家长开放日也将亲子活动、家长学校培训活动融入其中。一般情况下,家长开放日面对全体家长开放,也有面对特定年级开放的家长开放日,如新生入学不久,专门为新生家长开放的开放日。家长开放日涉及了学校方方面面的工作,参加的人数众多,需要学校和老师做好计划,策划好活动项目。

2. 亲子活动

亲子活动是父母与孩子一起参加活动,有利于促进家长与孩子增进情感交流。校内一般有亲子同台演出、亲子讲故事、亲子运动会等,校外有亲子阅读、亲子远足、亲子研学等各类活动。以学校或者班集体牵头开展的亲子活动,更具有目的性、集体性,例如,校园运动会中设置亲子运动项目,植树节开展亲子植树养绿行动,在小区内举行"小手拉大手"、亲子宣传"垃圾分类"等活动,深受家长、学生欢迎。

3. 校园主题活动

　　家长参与丰富多彩的校园主题活动也是家校共育的一部分。学校的主要任务是立德树人，家长是学校育人的"同盟"，是增援部队，家校共育需要家长的沉浸式参与，让德育效果增效。例如，禁毒教育主题活动、校园系列文化节活动、科技活动、传统节日活动；孩子特殊时刻的活动，如入学仪式、入队仪式、成长礼、毕业典礼等。

　　通过参与学校活动，家长可以更加了解校园文化、学校育人理念，增加认同感，由此明白如何配合学校、支持学校，与学校形成教育共同体，发挥育人合力。

第十三章
构建覆盖城乡的家庭教育指导体系

构建覆盖城乡的家庭教育指导服务体系，不仅可以更有效地提升家庭教育水平，也将有效提高学校教育品质，有效推进全社会的家庭建设，培养家国情怀，助推实现中华民族伟大复兴的中国梦。构建覆盖城乡的家庭教育指导体系对国家、社会，乃至整个民族都有重大的意义。

第一节　覆盖城乡的家庭教育指导
体系的概念与意义

2019 年 10 月 31 日在中国共产党第十九届中央委员会第四次会议中，集体讨论通过了《中共中央关于坚持和完善中国特色社会主义制度推进国家治理体系和治理能力现代化若干重大问题的决定》（简称《决定》）。在《决定》的第八部分"坚持和完善统筹城乡的民生保障制度，满足人民日益增长的美好生活需要"中，明确提出了健全国家基本公共服务制度体系的总要求，即"健全幼有所育、学有所教、劳有所得、病有所医、老有所养、住有所居、弱有所扶等方面国家基本公共服务制度体系"。作为基本公共服务制度体系的重要组成部分，《决定》对教育领域也提出了相关目标，"构建覆盖城乡的家庭教育指导服务体系"①就是其中

---

① 中国青年报.中共中央关于坚持和完善中国特色社会主义制度 推进国家治理体系和治理能力现代化若干重大问题的决定[EB/OL].[2019 - 11 - 06]http://news.cyol.com/app/2019 - 11/06/content_18226210.htm.

一项重要内容。那么,如何构建覆盖城乡的家庭教育指导服务体系呢? 为此,首先需要明确覆盖城乡的家庭教育指导体系的概念及其具有的重要意义。

 一　覆盖城乡的家庭教育指导体系的概念

早在 1999 年中共中央、国务院颁布的《关于深化教育改革全面推进素质教育的决定》以及 2010 年中共中央、国务院印发的《国家中长期教育改革和发展规划纲要(2010—2020 年)》(简称《教育规划纲要》),都把家庭教育指导服务体系的建立作为教育改革的重要内容,如《教育规划纲要》在"现代学校制度"部分,就明确提出了"建立中小学家长委员会"的要求。此后,围绕这一内容又有一些重要的文件出台,如:2010 年 2 月,全国妇联与教育部、中央文明办、民政部、卫生部、国家人口计生委、中国关工委联合颁布了《全国家庭教育指导大纲》(简称《大纲》);2011 年全国妇联、教育部、中央文明办颁布了《关于进一步加强家长学校工作的指导意见》;2012 年 2 月,教育部颁布了《关于建立中小学幼儿园家长委员会的指导意见》;2015 年 10 月,教育部颁布了《关于加强家庭教育工作的指导意见》,一直到 2021 年 10 月 23 日第十三届全国人民代表大会常务委员会第三十一次会议通过了《中华人民共和国家庭教育促进法》。

综合上述法律法规的精神,我们可以看到家庭教育指导体系作为国家公共服务制度体系的一部分,构建覆盖城乡的家庭教育指导体系就成为国家基本公共服务制度体系的内在要求,但在具体的制定上,要考虑到家庭教育具有私密性和公共性的双重特性。

所谓家庭教育指导体系,就是指一个国家或者一个地区进行家庭教育知识的大众化普及、相关理论的学习、方法的正确指导以及资源服务的整体系统,是家校协同育人重要的组织机构和实施载体。[①]

家庭教育指导体系有"四大支柱"。第一,治理体系。家庭教育的指导、推广需要一定的法律制度,构建适应现代化要求的家庭教育指导服务机构评估和资质鉴定制度。第二,网络体系。现代信息网络体系是家庭教育现代化的重要技术支撑。第三,供给体系。家庭教育作为供给侧结构性改革的突破口,强化政府对于家庭教育指导的主导责任,儿童需要个性化的发展,家庭教育指导体系应该

---

① 高书国.覆盖城乡的家庭教育指导服务体系构建策略[J].教育研究,2021,42(01).19-22.

以个性化来满足家庭的需求。第四,人才体系。要推广覆盖城乡家庭教育指导,就必须加强对家庭教育人才队伍的建设,培养大批具有先进家庭教育理念的服务队伍。

城乡家庭教育指导服务体系总体是围绕一个中心点来进行的:以协同育人为中心。[①]"十四五"期间,已经初步形成了以政府推动家庭教育为主导,多部门共同参与、支持的服务体系,到 2030 年形成一个城乡家庭教育体制健全、制度完善、资源丰富的指导服务体系。家庭教育指导一般是指根据家庭以外的社会组织及其机构组织的相关指导,以有孩子的家庭为主要对象。家庭教育指导服务体系的构成需要政府、社会共同努力来推进,是一个对城乡家庭教育指导服务的有机整体。推进城乡家庭教育指导体系需要多方面的基本要素进行:对象、目的、内容、方法、设施、组织、人才和技术,以及配套的指导服务标准、运行机制和监督制度等。[②] 覆盖城乡的家庭教育指导体系需要各方资源的互补:国家、政府、社会、学校、家庭多方面的努力来进行资源共享互补,把有关各方资源进行整合推广,形成多种组合形式,为孩子的成长提供更多更广阔的发展空间。

二 覆盖城乡的家庭教育指导体系的意义

著名教育家蔡元培先生说过:"家庭者,人生最初之学校也。"让整个社会清醒地认识到家庭教育的重要作用,让科学的家庭教育观念覆盖城乡,对于我们每个人、每个家庭乃至整个社会都具有十分重要的意义。

(一) 有利于儿童青少年的身心健康发展

促进儿童青少年健康全面发展是覆盖城乡家庭教育指导体系的立足点也是最终目的。[③] 所以,我们在进行家庭教育指导体系推广的时候,更应该尊重儿童的生长发展规律。在进行覆盖城乡的家庭教育指导体系建设时,可以适当参考一些发达国家对于家庭教育服务指导体系的制定规律,例如以美国"家长教育计划"为例,这一计划是面向新生儿父母和即将成为父母的家长提供培训,提供产

---

① 高书国.覆盖城乡的家庭教育指导服务体系构建策略[J].教育研究,2021,42(01),19 - 22.
② 李杨,任金涛.我国家庭教育指导服务保障体系现状与展望[J].成人教育,2012,32(11),54 - 57.
③ 边玉芳,张馨宇.新时代我国家庭教育指导服务体系:内涵、特征与构建策略[J].中国电化教育,2021(01):20 - 25.

前到产后三个月的如何养护孩子的课程、如何建立良好的亲子关系、适合婴幼儿的玩具有哪些等相关的内容，以帮助新生儿父母更好更快地融入父母这一角色，也能更科学有效地养育孩子。覆盖城乡的家庭教育指导体系，在城乡一体化的时代下，能精准地帮助父母了解幼儿、儿童每个阶段的发展特点和关键任务，更精准地把握家庭教育的指导内容及重点内容，让家长在面对孩子成长路上的问题时能更得心应手，有效促进孩子的身心成长。城乡家庭教育的推广是建立在构建科学的家庭教育服务体系之上的，只有拥有了正确的科学的家庭教育服务体系，才能推广到城乡，使之覆盖城乡家庭教育服务，为作为家庭教育第一责任人的家长提供指导性服务内容，对该模式的研制有一定的重要依据。

（二）有利于满足时代性的需求

建立覆盖城乡的家庭教育理论体系必须要符合本国国情，满足这个时代发展的要求，并且也要考虑并适应当前我国社会整体的发展水平，要具有时代性，在有时代性的同时，也要看向未来，引导家庭教育服务体系未来的发展方向。国家的公共服务体系在每个时间段、每个历史时期的侧重点都是不一样的，需要解决和回答公众疑惑的问题也有所不同。覆盖城乡的家庭教育服务体系作为公共服务体系的其中一个部分，必须立足国情，适应当前的社会主义现代化的发展趋势和发展水平，顺应这个时代的发展。在这个经济飞速发展的时代，社会发展得越来越好，会出现很多社会现象，例如都市化、少子化，这些问题的突出都会对家庭教育的开展造成一定的阻碍，所以在制定覆盖城乡的家庭教育指导体系的时候，我国在立足于本国的国情，反应"实然"状态的同时，还应引导家庭教育指导服务向"应然"状态发展，[①]且必须要根据中央的导向、国家颁布的相关政策通知，根据当前的时代性，能反映社会发展的方向趋势。建立覆盖城乡的家庭教育，有利于满足时代性的需求，一个完善的科学的服务体系能为家长的教育提供导向，科学育儿。

（三）有利于推动政策性与科学性相结合

要普及覆盖城乡的家庭教育指导体系的关键之一，就是要对政策方向有

---

① 边玉芳，张馨宇.新时代我国家庭教育指导服务体系：内涵、特征与构建策略[J].中国电化教育，2021（01）：20-25.

正确的解读,并且在运用中又能服务于政策。国家颁布了相关的家庭教育指导体系的指导性文件,从政策上肯定了构建城乡家庭教育指导体系的必要性。覆盖城乡的家庭教育指导体系是家庭教育中的一部分,如果不具备科学性,将会误导众多的家长,大部分家长是没有学习过相关的教育知识的,并不能分辨其是否具有科学性,在进行覆盖城乡家庭教育的指导体系推广的时候,一定要注重科学性与政策性相结合。政策是推动城乡家庭教育服务体系的前提和要求,这一服务体系既具有科学性又有质量和保障,因此两者结合使得城乡家庭教育服务体系更为完善,信效度更高。两者统一,才能使家庭教育既紧扣当前党和国家的相关政策部署,还能保证家庭教育指导体系真正满足人民大众的需求,让家庭教育的观念扎扎实实落地,切实解决家庭教育中出现的突出问题,更有效地提升城乡家庭教育的现状,有助于推动政策性与科学性相统一。

(四) 有利于统一规范性与实用性

城乡家庭教育本身就具有理论意义和实践价值,但是城乡家庭教育最终还是要服务于人民,服务到各个家庭当中,为家庭教育指导工作和提升家庭教育的质量。城乡家庭教育的实用性有利于儿童青少年的健康成长,有利于为家长提供规范的指导意见,因此推动城乡家庭教育指导体系这一任务就尤为重要。但我国领土面积广大,每个地区都有自己的地区特色,各个地区的育儿观念也会有所区别,这就需要我们在对城乡家庭教育进行推广的时候,注重地方差异性,不同地区、不同层级的家庭教育指导要点应有所不同,需更具针对性。在推广城乡家庭教育指导服务体系的时候,应注意主体的不同,从而制定出更为个性化的实施方案,这更有利于规范性与实用性的统一。确保城乡家庭教育服务体系真正落地,避免出现一些理解偏差等导致的政策实施错误的现象,就要求家长遵守规范化的家庭教育指导体系,这一服务体系服务于城乡家庭的家长,更应考虑到"实用性"这一方面,内容不能难于理解,操作起来烦琐会导致很多家长不愿意去了解学习。城乡家庭教育的受众群体很大,个体差异也是不能消除的因素,因此,城乡家庭教育指导一定要让相关的宣传人员、工作人员等在实际生活中落到实处且能高效地使用,让我们整个社会的家庭教育更加规范与实用。

第二节　构建覆盖城乡的家庭教育
指导体系的理论依据

任何研究都离不开科学的理论支撑,构建覆盖城乡的家庭教育指导体系主要涉及的相关研究理论包括家庭教育学、心理学、社会学以及维果茨基的文化-历史发展理论,本节就这几个理论视角与构建覆盖城乡的家庭教育指导体系之间的联系进行阐述。

 一　家庭教育学的相关理论

赵忠心在《家庭教育学——教育子女的科学与艺术》一书中指出:家庭教育是指在家庭生活中,由家长或家里的长者(其中主要是父母)对其子女和年幼者实施的教育和影响。这种教育实施的环境是家庭,教育者是家里的长者,受教育者是子女或家庭成员中的年幼者①。随着中国经济的发展,人们的基本生理需求已经得到满足,人民有精力、有时间追求自己的精神文化需求和子女的教育需求。

但是,往往由于自身的文化学历水平或者是原生家庭的教育环境因素,家长自身能力有限,没有方法和渠道满足自身对于孩子的教育需求。特别是农村的家长,其能够提升和学习的渠道较少,更需要一些外部的力量给予支持。因此,研究如何构建覆盖城乡的家庭教育指导体系至关重要。有体系、有专业指导教师的家庭教育体系,可以满足他们对于想要有更高质量的家庭教育能力的需求。

二　心理学相关理论

发展心理学广义上指研究对象主要为人或动物的生命体,研究其从受精卵形成到死亡的整个生命过程中的身心状态变化和成长规律,目的在于通过探求生物生命和身体发展的一般规律。狭义上指个人从胚胎到诞生直至死亡的整个心理发展、心理变化的规律②。基于此,将心理学的理论作为本研究的理论依

---

① 赵忠心.家庭教育学——教育子女的科学与艺术(第三版)[M].北京:人民教育出版社,2017:4.
② 桂艳萍.对发展心理学学科性质的初步认识[J].福建论坛(人文社会科学版),2007,(S1):229-230.

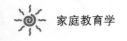

据,对于构建覆盖城乡的家庭教育指导体系有重要的意义。

(一) 儿童发展心理学

在人的发育过程中,心理发展最明显的时期往往是在幼儿、青少年时期,所以大多数的发展心理学教科书都集中在儿童和青年时期。所以,学前幼儿发展心理学是发展心理学中的一个重要分支,它主要是从婴儿期到学龄期的生理与心理机制的演变。幼儿发展心理学在探索幼儿的认知、情感、自我意识和社会化等方面,探索了幼儿发展的一般规律。

由于儿童处于神经系统的成长发育阶段,外部环境的刺激对其影响更大,儿童具有更高的可塑性,但是心理的发展受到个人所在的环境和所经历的经验等多方面的影响,从而也使得不同的个体拥有其不同的生活发展道路。在现在的儿童观中,儿童从诞生就是一个独立的个体,但是在生理因素和环境因素的双重影响下开始了社会化过程,包括学习本民族的语言、文化以及所处社会的社会标准、价值、观念等。在个人社会化的过程中,家庭作为个人最开始就进入的小团体,能够给予儿童情感上的支持以及技能的传授等。所以从儿童发展心理学的观点出发,家庭及其成员对于儿童心理发展的影响是至关重要的。

(二) 人类发展生态学理论

1964 年,一位年轻的心理学家带着使命出现在美国国会中,当时大多数人认为穷人之所以贫穷是生物学的问题,也就是中国俗语里所谓的"龙生龙,凤生凤,老鼠的儿子会打洞",并非与他们的成长环境有关系。心理学家布朗芬布伦纳试图改变这一观点,提出了人类发展生态学理论。根据布朗芬布伦纳的发展生态理论,个体的发展与周围的环境之间相互联系构成了若干个系统,即微观系统、中介系统、外在系统以及宏观系统。[①]

第一,微系统(micro systems),主要指个人直接接触、参与、创造经验,与之有着密切联系的关系环境。这个系统将会直接影响儿童的成长发展。在微观系统中,各种因素会对个人的发展产生或正面或负面的影响。比如不同的家庭结构会带来不一样家庭教育的教养方式,或是不同的父母教养风格也会影响到个

---

① 车广吉,丁艳辉,徐明.论构建学校、家庭、社会教育一体化的德育体系——尤·布朗芬布伦纳发展生态学理论的启示[J].东北师大学报(哲学社会科学版),2007(04).

体的身心发展。良好的家庭环境和亲密的亲子关系会为个人的意识形态性格和身心的健康发展创造良好的条件。除此之外,学校、同行群体等都是影响个体发展的微系统。

第二,中介系统(meso systems),指学校、家庭、家庭、邻居等儿童周围人群之间交往带来的间接影响,如:家长与老师的交往,老师与同学的交往。中介系统对于个人身心发展产生影响则主要取决于微系统相互产生联系的数量、质量。所以,儿童乃至青少年能够得到健康、科学的身心发展就离不开其各个微系统之间的科学、紧密合作。家庭、学校、社会等微系统之间良好的互动,以及对于教育的高度统一,也能给儿童带来良好的间接影响。构建覆盖城乡的家庭教育指导体系,就能够使得学校、社会这些微系统能够与家长产生良好的互动,带给儿童更科学的家庭教育。

第三,外部系统(exo systems),指的是在儿童的发展生态环境中,不直接参与儿童的社会关系,但可能直接或间接影响儿童的系统。比如:父母和上司、教师和校长。比如,如果教师和校长拥有一样的教育观念,并能够协同一致地开展教育,对于孩子在学校中的教育会更加顺利,同时所获得教育会更加高质量。或者是父母如果能够在工作之余,获得公司所补贴的休息时间或者是物质福利,在一定程度上,儿童能够与父母拥有更健康、更亲密的亲子关系。微系统的交往往往通过一些法规、政策或不良行为来影响学生的思想发展。这就是我们经常提到的"隐性路线"或"潜在路线"的影响。

第四,宏观系统,也是个人的成长和意识形态背景,即网罗所有的文化,如宗教、社会规范的文化、社会规范等,上述三个生态系统都存在于这个宏观系统中。包括社会的多元价值的现状和主流的价值观系统,民族的习惯和道德,人们的教育价值观和生活方式等都组成宏观系统。在中国社会变革进程中,家庭教育经历着巨大转变,传统的家庭教育观念已经向现代的家庭教育观念转变;从以家庭为中心的概念逐渐向以儿童为中心转变。

总而言之,布朗芬布伦纳的人类发展生态学理论强调个人的发展离不开多种系统的多方面影响。理论强调儿童的发展,不仅微系统会对儿童的发展产生影响,学校、政府、社会等所有相关的子系统都与之相关并产生或大或小的潜在作用。厘清人类发展生态学理论无疑有助于对如何构建城乡一体化的家庭教育指导体系提供启示。构建覆盖城乡的家庭教育指导体系需要多个系统共同运

作,《指导推进家庭教育的五年规划(2016—2020 年)》这一政策就有对我国如何推进家庭教育、各个不同的系统、不同的组织的分工进行了明确的说明:各级的妇联组织,包括全国妇联乃至地方妇联组织以及各级的教育部门应作为牵头组织,负责主要的组织、指导和推进家庭教育。文明办则应该成为协调枢纽,协同各个相关部门共同建构一个能够将家庭、学校、社会三个系统结合的教育体系。

三 社会学的相关理论

教育现象交织于亲子关系、家庭互动、家庭文化、家庭生态系统等复杂社会现象中的教育因素,对两者加以系统整理与挖掘,试图从中找出有规律性的认识。通过社会产品理论与社会支持理论,分析社会对构建覆盖城乡的家庭教育指导体系的影响,社会与家庭教育指导体系的关系。

(一)社会产品理论

根据萨缪尔森于 1955 年提出对公共产品的定义,社会产品是指"为社会所有个人带来利益的目的,无论个人是否愿意购买"。整体的社会产品分为公共产品、私人产品和准公共产品三个类别。公共产品,也被称为公共财产,它与个人产品相比较,无论个人是否愿意购买,它都是一种造福于所有社会成员的产品。

公共产品的两个特点在于它的非竞争性与非排他性,因此,有这两种特性的商品和服务都是公共产品。与公共产品相反,私人产品是具有竞争力的产品,如服装等日常生活必需品。介于公共产品和私人产品之间的产品或具有两者特性的产品是准公共产品。

教育是一种公益性质,它是一种分配资源的机制,而不是在市场之外,它的性质决定了它是一种非营利性的,它所提供的产品和服务都是一种典型的公共物品。家庭教育是教育中的一项重要内容,它应当是一种公共物品,它需要更多的市场之外的机制来分配教育资源。这不但促进了我国的家庭教育水平的提高,而且促进了社会的稳定与和谐以及社会政治、经济、文化水平的发展。

(二)社会支持理论

20 世纪 70 年代,社会支持(social support)一词被提出并作为学术概念在社会学中有了正式的定义,是指一定社会网络运用一定的物质和精神手段对社会弱势群体进行无偿帮助行为的总和,并区分了四种不同的社会支持类型:情感支持、工具支持、信息支持和评估支持。

在构建覆盖城乡的家庭教育指导体系中,就涉及农村部落的家长,他们作为社会中的弱势群体,想要得到更好的家庭教育和个人的素质发展,就需要得到社会对其的精神支持和物质支持。政府、社会、学校、个人作为覆盖城乡的家庭教育指导体系的主体,通过给个体家庭提供物质支持、情感支持、信息技术支持等方面的帮助,以满足家长的家庭教育指导需求,达到提高涉及城乡的不同地域不同阶层家庭的家庭教育质量和社会和谐稳定的目的。

社会支持是一种积极的心理功能,可以帮助父母和母亲在生活中的多种需求中抚养孩子。然而,当涉及父母的压力时,社会支持的类型和来源很重要。那些为他人提供支持的人通常为这个人所知道或熟悉的人(家人、朋友、同事),但他们也可能是受助人不熟悉或还不为人知的专业人士(自然灾害援助人员、医生、治疗师、社会工作者等)。

社会支持研究还压倒性地展示了与他人的互动如何帮助人们应对压力和日常生活事件和决定。由于社会支持为个人提供了有益的信息,这应该让他们相信自己受到重视、得到照顾。社会必须鼓励和积极影响那些负责培养下一代成员的人。工具支持是一种社会支持,衡量人们以服务或实物援助的形式相互提供有帮助和重要援助的程度。以面对面或虚拟互动的形式提供的社会支持不仅仅是时间、实际援助工作或资源,同时它也在建立基于分享生活中许多经历的情感联系。

四　教育学的相关理论

维果茨基文化-历史发展理论指出,一般情况下,个人的学习总是涉及一个内化的过程,到个人内部或精神内部层面,这是在与他人的互动中首先体验到的,即在人际或精神层面的体验。比如说亲子关系、友谊关系、师生关系。维果茨基文化-历史发展理论社会交往在个人发展中的作用。对于一个孤独的认识论主体来说,是无法直接从与非社会环境的互动中学习的。亲子关系是一种权威服从关系,是儿童成长过程中最为重要的一个关系。儿童从出生开始的孑然一身到跟父母建立一种依恋关系。儿童通过与父母的交往,发展出的素养、教育能力、教育思想参差不齐,各不相同,教育的效果差别相当大。

儿童的发展主要受到遗传因素与外部因素的影响,而外部因素又主要分为

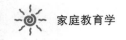

环境因素与教育因素。遗传素质是儿童身心发展的前提,而环境因素与教育因素则会对人在之后的发展中起着重要,甚至决定作用。我们的生活经验也能发现,从小开始教育并不是那么困难的事,但长大成人开始矫正缺点却是很困难的。因此,家庭教育对于把好第一关,打好教育基础非常重要。其中,家庭成员作为儿童最开始的引路人,家庭教育也往往充当着对于儿童身心发展最初级也是最基础的教育。往后的学校教育和社会教育都是以家庭教育为基础进行的。所以,为了我国的教育能够得到更高质量的发展,就要充分发挥家庭教育在个人发展中的作用和在社会生活中的作用,构建覆盖城乡的家庭教育指导体系以提升我国家庭教育的总体质量。

第三节　我国构建覆盖城乡的家庭教育指导体系的实践探索

自新中国成立以来,我国从治理体系、工作平台、支撑资源及人才供给等方面的实践,促进家庭教育指导体系的建立和完善,推动家庭教育指导覆盖城乡。

一　家庭教育指导体系治理模式的探索

建立法律法规和管理制度,完善现有的家庭教育指导服务管理模式,才可以更有效地推进覆盖城乡的家庭教育指导体系的建设。从建国初期的家庭扫盲运动到改革开放后积极推进家庭教育和服务体系的建设,我国家庭教育指导体系呈现出从"摸着石头过河"的稚嫩探索到逐渐成熟完善的过程。在我国出台的文件中,从《中国儿童发展纲要(2010—2020)》到《中国教育现代化 2035》,家庭教育指导服务功能逐渐丰富。我国的教育在基本实现现代化之后,迈入了高质量发展的新时代,而家庭教育成为教育高质量发展、教育水平提高的重要一环。因此,建立和完善家庭教育的指导和管理模式至关重要,而我国从完善相关法律政策、设立相关职能部门等方面不断探索,促进家庭教育指导体系建设。

(一)家庭教育相关法律政策的健全

新中国成立以来,我国不断地制定与颁布与家庭教育相关的法律、政策,推动家庭教育指导的制度化与法制化。2021 年修订的《中华人民共和国教育法》、2018 年修订的《中华人民共和国义务教育法》以及 2020 年修订的《中华人民共和国未成年人保护法》对家庭教育相关的条文在原先的基础之上不断地细化与完善，这几部法律的颁布与完善共同为家庭教育提供了基本的法律依据。早在 1999 年，我国颁布的《关于深化教育改革全面推进素质教育的决定》中就明确的提出教育改革的重要内容之一是推动家庭教育指导服务体系的建立。全国妇联、教育部等国家相关部分也出台了多项关于家庭教育的文件，如：《全国家庭教育指导大纲》《关于建立中小学、幼儿园家长委员会的指导意见》《关于加强家庭教育工作的指导意见》等，这些文件的出台，为家庭教育指导体系的构建提供了基本依据。我国有关部门系统地制定了一系列关于家庭教育、家庭教育指导服务以及家校协同教育的配套政策，为家校协同教育提供法律和政策支持，也为家庭教育的健康发展提供了明确的指导。

（二）家庭教育职能部门的确立

中国致力于在国家和地方各级建立家庭教育指导机构（委员会），促进建立覆盖城乡地区的家庭教育指导体系。家庭教育指导机构由教育部、妇联和其他机构组成，负责协调社会资源，以支持和提供家庭教育服务，并构建现代组织系统。2016 年发布的《关于指导推进家庭教育的五年规划（2016—2020 年）》中明确了家庭教育指导服务体系的相关职能部门，并详细阐述了各部门分工：各级妇联和教育主管部门负责指导和推动家庭教育；文明办协调各部门努力建立学校、家庭和社会三级教育网络；教育部门加强对幼儿园、中小学家长的引导和管理；卫生和人口计划部大力开发新婚夫妇学校、孕妇学校和人口学校等公共服务机构，为家长提供关于子女教育的科学知识；计划生育部还负责促进 0～3 岁儿童的发展，并逐步将他们纳入公共服务的范围之内。此外，妇联、民政、教育、人口计生和中国关心下一代工作委员会等部门要共同承担城乡家庭教育的指导、服务和管理工作，大力宣传普及家庭教育知识，促进家庭教育全面发展。① 可以看出，妇联和教育部门是构建覆盖城乡家庭教育指导体系的主要牵头机构。

---

① 教育部.关于指导推进家庭教育的五年规划（2016—2020 年）[EB/OL].（2016－11－02）[2022－07－06].http://www.moe.gov.cn/jyb_xxgk/moe_1777/moe_1779/201702/t20170220_296761.html.

二 家庭教育指导服务体系工作平台的搭建

《关于指导推进家庭教育的五年规划（2021—2025年）》中明确提出的家庭教育指导服务工作平台，主要包括覆盖城乡的家长委员会、家长学校和社区家庭教育指导站三个方面，其中最能够贴近人民生活的，最常见的家庭教育指导服务平台是"家长委员会"和"家长学校"。

（一）家校合作委员会

家长委员会是我国家校合作委员会的最初形态。我国首次明确提出家长委员会的建设是在1998年颁布的《中学德育纲要》中，该文件中提到将家长委员会、家访等其他形式作为家校合作的重要平台。家校合作委员会应体现多主体之间的合作与共育，家庭、学校和社区的代表必须参加家庭学校合作委员会，而不是只有家长参加的"家长（监护人）委员会"。只有多责任主体共同参与，才能全面促进各方面工作提升，营造和谐且良好的家校合作生态环境。[①] 目前，多个地方的中小学都在积极地探索建立家校合作委员会，如浙江省东阳市吴宁第一小学坚持"家庭、学校、社会三结合"的教育原则，积极构建家校合作共育平台，形成了较为成熟的家校教育共同体模式。尽管家校合作委员会逐渐得到重视和大力推进建设，但有的学校在建立家校合作委员会时会忽略社区代表的参与，狭义的认为仅由家长与学校双方的合作建立即可。由此可见，家校合作委员会的良性构建还需要多方的共同努力与探索。其次，从家校合作委员会的领导结构来看，家委会的主要负责人应由家庭、学校和社区三方的代表共同推选产生。

（二）家长学校

《五年规划（2021—2025年）》明确指出，要加强和发展学校家庭教育指导，倡导中小学、幼儿园建立家长学校，每学期至少组织两次有系统、有计划、有步骤的家庭教育指导和服务活动。家长学校的办学宗旨是严格遵守国家法律法规的有关规定，贯彻党的教育方针，组织学生家长接受系统、专业的家庭教育

---

① 朱永新.构建覆盖城乡的家庭教育指导服务体系[J].人民教育，2020，（Z3）：45-50.

培训,提高家长教育水平,以家长学校为家校合作教育的坚强后盾,共同营造良好的教育环境。[①] 此外,各级教育行政部门、妇联等主体可以依托城乡社区、文明实践站、妇女儿童之家等综合服务,普遍建立家长学校,规范和加强社区家庭教育服务,指导家长开展家庭教育。家长可以为家庭教育提供良好的服务,如定期举办讲座,有计划地组织家长参加家长学校学习,传授家庭教育知识,与家长交流经验,提高家长对子女的管理和养育质量。或者,开展针对家长的学校教育活动,通过集中教育、分散教育和在线教育相结合的方式,可以定期聘请有经验的家教老师向家长宣传科学的家庭教育知识和科学的育儿方法,让家长树立正确的教育观念。学校还可以开展以好家庭、好家教、好家风为主题的教育活动,促进青少年良好的品德形成。

三　家庭教育指导服务体系支撑资源的开发

当前,我国家庭教育进入现代教育发展的新时代,家庭教育需求旺盛与资源供给不足、不平衡的矛盾尤为突出。家庭教育指导服务资源的供给应基于现代家庭教育发展的需求。

(一) 资源分配的公平性

重视家庭教育资源供给的公平性。教育本身是消除社会差距、促进社会公平的均衡器和助推器,资源公平是实现教育公平的关键。农村儿童接受良好教育是改变自身命运、家庭命运乃至农村面貌的根本希望。实现教育公平的出发点应该是教育资源配置的公平。国家高度重视对贫困地区和家庭的家庭教育指导服务,加大政府公共教育资源对家庭学习和家庭教育指导服务的支持力度,把教育扶贫精准延伸到贫困家庭的家庭教育,为贫困家庭的孩子提供公益性的高质量家庭教育指导和服务。

(二) 资源供给的多样性

家庭教育资源的供给要注意多样性。结合家庭教育的发展需求和现代信息网络技术的发展趋势,在教育公平的基础上促进家庭教育资源的多元化供给。

---

① 教育部.关于指导推进家庭教育的五年规划(2021—2025 年)[EB/OL].(2021 - 04 - 13)[2022 - 07 - 06].http://www.moe.gov.cn/jyb_xwfb/s5147/202204/t20220413_616321.html.

《决定》中提出："鼓励和支持社会力量创新公共服务提供方式,兴办公益事业,满足人民群众各层次多种需要,让改革发展成果更多公平惠及全体人民"。[①] 坚持人才教育原则,进一步改革家庭教育供给模式,通过政府、市场、第三方等不同供给主体,在公共产品、私人产品、准公共产品的基础上开发多种形式的家庭教育服务产品,努力为全社会提供丰富、规范、优质的家庭教育指导服务。

四　家庭教育指导服务体系人才供给的保障

我国家庭教育,特别是家庭教育指导服务体系建设的突出短板是家庭教育人才的短缺。我国目前存在的情况是,研究家庭教育的学者多是"半路出家",而家庭教育管理机构的工作人员很少是"全职全责",从事家庭教育指导服务的工作人员大多是"一知半解"。[②] 家庭教育现代化是国家教育现代化的重要组成部分。只要家庭教育不现代化,中国的教育就很难完全现代化。但是,从目前我国家庭教育人才短缺的情况来看,我们很难实现家庭教育思想、家庭教育管理和家庭教育指导服务水平的现代化。因此,突破家庭教育人才建设瓶颈,是构建覆盖城乡的现代家庭教育指导服务体系的关键。

(一) 将家庭教育人才培养纳入高等教育体系

为了解决家庭教师短缺的问题,中国正在积极推动正规高等教育来培养家庭教师。首先,协助主管高等学校积极发展家庭教育相关学科,制定人才培养计划,完善相关课程,提高家庭教育人才质量,促进家庭教育融合发展。其次,支持符合条件的高等院校,使家庭教育中等教育机构能够根据自身特点和社会经济发展需要自主设置,培养该领域高技能人才。目前已有一些从事研究和实践的高等院校,如南京师范大学,根据其教育学博士点开设了独立的中学家庭教育课程。最后,利用高等教育和科研机构的专业人才优势,组织家庭教育领域的重要研究课题,提高家庭教育的研究水平,为家庭教育服务提供学术支持,促进家庭教育人才的培养。未来,我国将继续推动和支持有能力的高等教育机构,以加强

---

① 人民网.中共中央关于坚持和完善中国特色社会主义制度 推进国家治理体系和治理能力现代化若干重大问题的决定[EB/OL].(2019-10-06)[2022-07-06].http://cpc.people.com.cn/n1/2019/1106/c64094-31439558.html.
② 高书国.覆盖城乡的家庭教育指导服务体系构建策略[J].教育研究,2021,42(01):19-22.

家庭教育学科和项目的发展,促进资源共享,制定优质教育计划,培养更多的教育专业人才,同时加快制定法律和政策,完善家庭、学校和社会教育的联动机制,解决家庭、学校和社会缺乏合力的问题。

（二）加强对中小学教师有关家庭教育的培训

在家校协同育人的理念下,学校是与家庭紧密联系的主体,中小学教师也是最贴近家长的教育专业人员。学校应加强对中小学教师关于家庭教育知识、技能和指导方法的培训,并将家庭教育指导的意识与能力纳入新教师入职考核的内容,使中小学教师成为优秀的家庭教育指导人员。另外,充分发挥家长委员会在家校协同育人的重要作用,搭建起家庭与学校合作教育的桥梁,推动家校合作教育机制的形成,构建起家校协同育人的和谐生态,如浙江省湖州市安吉县根据当地的基本情况及教育需求,探索出了适宜当地的"本土专业的家庭教育指导者"的培养模式,邀请著名大学的专家学者到当地授课与指导,截至目前参与培训的教师已达到 500 人。[①] 家庭、学校和社会在教育上要达成一致的目标,积极交流,资源共享,构建三位一体的协同教育模式,努力培养出新一代的社会主义建设者。

第四节　我国构建覆盖城乡的家庭教育指导体系的现状与建议

科学的家庭教育服务体系,可以为家庭教育提供系统规范的指导服务。然而,现今我国构建覆盖城乡的家庭教育指导体系仍需加以完善,在取得一定成果的同时面临着一定的困境和难题。因此,突破家庭教育指导服务体系面临的困境,是政府现阶段重要的工作任务。

一　我国家庭教育指导体系构建的基本情况

目前,我国大部分地区的家庭教育服务体系已初步建立,设置了基本的组织

---

① 孙水香.“六个一体化”构建安吉“家校社合育”的大教育圈——构建“城乡一体化”家庭教育指导服务体系的实践探索[J].中国教师,2021(02):25-27.

管理机构和指导机构及确定体系的服务对象,将组织管理、指导、机构服务和家庭需求四者构建成有机结合体系。指导服务机构网点的数量不断增多,规模不断扩大,并通过多渠道及利用多样化的服务形式对不同的家庭实施有针对性的教育和指导。人们对家庭教育越来越关注,家长能够积极主动利用多种途径学习家庭教育知识和育儿经验,提高自身的教育素养,为未成年人营造健康良好的成长环境。然而,我国构建覆盖城乡的家庭教育指导体系的路途坎坷,仍面临一定的困境。

二 构建家庭教育指导服务体系的困境与难题

纵观全国各个地区对家庭教育指导服务体系的推进仍处在不断探索的阶段,其探索过程中存在较多难题。

(一)管理机构设置不健全,统筹协调不顺畅

《家庭教育促进法》中指出各级政府要指导家庭教育工作,教育行政部门、妇女联合会协同推进家庭教育指导服务体系建设,公安、民政等有关部门履行自身职责,积极做好家庭教育工作。[①] 然而,目前一些省份没有设立独立的家庭教育指导部门,服务机构配置不够完善,缺乏科学的专项管理制度及专项的家庭教育指导培训基地。[②] 相关部门尚未形成职责分明、统筹分明的管理运行机制,不同部门各项工作相对独立、分散,难以形成合力,管理运行机制有待完善。

(二)指导服务内容缺乏专业性,无法满足家庭需求

家庭教育指导服务的内容不够系统专业。城乡家庭教育指导服务内容丰富多样,但普遍不够规范。商业教育机构提供的家庭教育指导服务内容侧重于孩子兴趣的培养,违背了家庭教育指导体系中的相关理念。其次,服务内容难以满足家长需求。调查显示,"家庭教育知识与经验"和"处理和解决儿童心理问题和特殊问题"是家长期望指导的重要内容,而"同龄儿童常见问题及其解决方法"是目前我国家庭教育指导服务的主要内容,实际供给情况和家长的实际需求具有

---

① 华伟.《中华人民共和国家庭教育促进法》的立法宗旨、法律内涵与实施要求[J].南京师大学报(社会科学版),2022(03):58-67.
② 李艳敏,孙红.家庭教育指导服务体系建设的思考和研究[J].教育现代化,2016,3(35):257-358.

一定差距,这在一定程度上容易影响家长对家庭教育指导体系的指导服务的满意度。

(三) 指导服务人员欠缺专业素养,影响指导服务的科学性

家庭教育指导服务人员的专业素质直接影响指导服务体系的工作质量,相关调查研究显示,指导服务体系中存在机构专职人员不足的问题,其学历以专科为主,高学历人才数量较少。指导服务人员得不到系统的专业学习,无法掌握科学的工作方法和教育技巧,仅靠有限的经验为家庭提供指导与服务。服务指导机构的人员构成单一,以原单位编制人员为主,社会志愿服务者及专家学者相对较少。

承担家庭教育指导工作的人员在掌握专业的理论知识的同时还需要具备丰富的实践经验。专业人才的缺失和服务人员队伍的建设缓慢,会容易导致家庭教育指导工作质量的降低,影响指导服务的科学性与专业性。[①]

(四) 指导服务对象供给不平衡,拉大城乡家庭教育间的发展差距

当前阶段我国不同地区的家庭教育指导服务进程存在一定差距,同时还出现了家庭教育需求旺盛与资源供给不平衡的现象。城市家长的综合素质较高,家庭教育知识普及率普遍在90%以上,而农村家庭教育知识普及率只有70%,家庭教育指导服务站点在农村特别是贫困山区、少数民族地区仍有空白之处。同时,家庭教育指导服务的对象更多面向一般群体并对其开展普适性教育指导,相比之下,对孤儿家庭、离异家庭、留守儿童家庭等特殊家庭群体的指导和教育明显不足,这违背了家庭教育指导服务体系的实质性要求。[②]

(五) 政府财政投入不足,指导服务工作开展经费短缺

通过相关学者调查研究发现,目前我国很多地区的家庭教育指导服务机构都存在经费不足这一问题。在经济发展相对落后的中西部省份及农村经费短缺问题更加突出。虽然大部分省份已将家庭教育指导服务工作经费纳入省财政预

---

① 李艳敏,孙红.家庭教育指导服务体系建设的思考和研究[J].教育现代化,2016,3(35):357-358.
② 边玉芳,张馨宇.新时代我国家庭教育指导服务体系:内涵、特征与构建策略[J].中国电化教育,2021(01):20-25.

算当中,但是基层经费来源仍以自筹为主。短缺和不稳定的经费严重制约了指导服务工作的进程,设立家庭教育专项资金可以有效地保障家庭教育指导服务工作的顺利开展。

(六)监测评估机制不成熟,监管评估效力低

当前我国缺乏成熟的家庭教育指导服务体系监测评估机制,管理机制不健全,缺乏有效的行业监管制度和专门的监督机构对家庭教育市场进行监管,需要形成政府主导的监督机制、动态管理方法和绩效评价机制,保证家庭教育指导服务效果。[①]

综上,目前我国在探索如何构建家庭教育指导服务体系的过程中,仍面临管理机构设置、政府财政投入、指导服务人员的专业素养、指导服务内容、指导服务对象供给、监测评估机制等方面的诸多困境与难题。

三 构建覆盖城乡的家庭教育指导体系的建议

如何破解构建覆盖城乡的家庭教育指导体系的难题,走出困境,需要基于现今存在的问题,调整思路,寻求解决的有效方法。

(一)强化政府主导者角色,完善家庭教育管理运行机制

政府对家庭教育指导服务体系的持续规范发展起着重要作用,强化政府主导作用,完善政府各级部门管理运行机制,对实现家庭教育指导服务的价值至关重要。家庭教育指导服务是公共服务,政府应当积极承担起其引导管理的主要职责。《家庭教育促进法》规定,教育行政部门、妇联要统筹社会资源,共同推进覆盖城乡的家庭教育指导服务体系,按照职责分工负责家庭教育指导日常工作。教育、民政、卫生健康、市场监督管理等有关部门应当在各自职责范围内,依法对家庭教育服务机构和工作人员进行指导和监督。明确国家、乡镇(街道)到村(社区)各级组织的职责边界,以及明确政府内部主导力量和具体责任实施部门,引领全体社会成员积极投身于构建覆盖城乡的家庭教育指导体系当中。

---

① 刘黎红,胡琳丽.政策执行视角下家庭教育公共服务体系建设问题考察——基于青岛市社会调查资料的分析[J].东方论坛,2015(02):114 - 120.

（二）规范家庭教育指导内容，提高指导教育的质量

家庭教育指导内容要充分体现科学性、思想性、时代性、创新性和可操作性，以立德树人根本任务为重点，突出社会主义核心价值观的价值引领，弘扬中华优秀的传统文化。家庭教育指导机构应该依据儿童的年龄发展特点、成长规律及生长环境，组建专家学者研发具有针对性的家庭教育指导内容，形成系统化、专业化的家庭教育指导内容体系，满足不同层次、不同类型家庭的教育指导需求。例如：根据家长的需要，增加对"如何与孩子进行有效沟通、如何帮助儿童处理情绪、情感、社交问题"等方面的指导。又如面向一般家庭、高文化素质家庭时，可以以家庭教育理念知识、儿童身心发展规律等作为主要的指导教育内容；面向孤儿家庭、单亲家庭、留守儿童家庭等特殊家庭时可以开展针对性和预防性的专题内容，对"严重身心问题或违法行为"儿童的家庭开展干预性的指导教育内容。[①]

（三）加强家庭教育队伍建设，提升人员的专业素质与能力

专业化的教师队伍是家庭教育指导工作有效规范化运行的基本条件。首先，政府要创新教师补充机制，完善相关的制度政策，吸引更多专业人才的加入，设立指导人员培训基地，邀请相关专家开展主题讲座，加强指导人员对理论知识的理解和把握。同时，以城乡社区和基层家庭教育指导人员为重点，定期对其进行专项培训。其次，政府可以跟地方高校开展教育学科合作，定向培养所需的高素质应用型人才，提高指导人员的整体专业素养。再次，可以制定家庭教育从业人员职业资格认证制度，设立专职的家庭教育指导教师，完善家庭教育指导人员的准入机制，提高家庭教育工作队伍专业水平。最后，政府应建立人员考核机制，设立专业的考核目标对指导服务人员进行考核，打造高素质的家庭教育指导服务队伍。

（四）发展精准多元的家庭教育指导模式，推进城乡家庭教育指导全覆盖

我国要构建覆盖城乡的家庭教育指导体系，需要向基层拓展，向农村覆盖，向偏远地区和处境不利的群体倾斜。目前东部发达地区家庭教育资源较丰富，

---

① 边玉芳，张馨宇.新时代我国家庭教育指导服务体系：内涵、特征与构建策略[J].中国电化教育，2021
（01）：20－25.

283

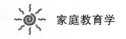

而中西部的农村家庭教育资源严重不足,学校、社区的家庭教育意识相对也较为薄弱。因此,政府要重点关注边远山区的家庭教育指导工作的进展并对其进行必要的补偿,以弥补其缺陷和不足,提高其整体的家庭教育指导水平,体现家庭教育指导服务的普惠性。另外,政府应针对留守儿童、单亲儿童、残疾儿童等特殊家庭开展多元化、精准化的家庭教育指导。同时,政府应该对不同的家庭教育指导服务对象进行划分和界定,从而更有效地建立健全精准多元的覆盖城乡的家庭教育指导服务体系,推进城乡家庭教育指导服务的全覆盖。

(五)增加家庭教育指导服务经费的投入,加强其经费保障与管理

各级政府要统筹规划财政收支,保障对家庭教育指导部分的经费投入。首先,政府要为家庭教育指导体系的构建设立专项资金,向社会购买服务,支持公益性家庭教育指导组织建设。其次,政府要重点关注经济和教育水平较低的中西部地区和偏远乡村并加强对其的财政投入,保证这些地区家庭教育指导服务工作顺利有效的开展,改善其家庭教育指导的现状。最后,因家庭教育指导服务体系推进进程需要耗费大量资源,政府的财政能力有限,政府要发挥主导作用,积极联合企业、非政府组织等社会力量,多渠道募集经费,调动社会资源,将社会资源引入家庭教育指导服务市场。

(六)构建科学的家庭教育指导的质量监管体系,完善对其的监督与评估

家庭教育指导服务的监督与评估是保证其有效实施和发展的重要一步。首先,政府要提高信息透明度。政府要以家庭教育指导服务的组织管理为社会导向,既让具备条件的社会力量及时了解掌握信息,又要让社会群众明晰政府在家庭教育指导服务过程中的行为,监督政府行政权的运行。其次,政府可以引入第三方监管评估机构。通过引进专业的监管评估机制,从而对家庭教育指导服务机构的各方面进行科学评估,保证其充分发挥家庭教育的指导和服务功能。最后,政府也可以引入家长监督机制。政府要积极为家长打造参与监督通道,对家长提出的合理诉求做出及时反馈,促进家庭教育指导的有效发展。

总之,构建覆盖城乡的家庭教育指导体系需要政府、家庭、社会等共同发力,从而实现家庭、学校、社区资源的共享互补,把有关各方资源进行多种组合,为学生成长提供更加宽广的空间与可能。

参 考 文 献

一、中文专著

［1］中共中央党史和文献研究院.习近平关于注重家庭家教家风建设论述摘编［M］.北京：中央文献出版社，2021.

［2］马克思.摩尔根《古代社会》一书摘要［M］.北京：人民出版社，1965.

［3］马克思,恩格斯.马克思恩格斯全集：第4卷［M］.北京：人民出版社，2009.

［4］上海社会科学院社会学研究所.社会学简明辞典［M］.兰州：甘肃人民出版社，1984.

［5］王兆先等.家庭教育辞典［M］.南京：南京大学出版社，1992.

［6］彭立荣.婚姻家庭大辞典［M］.上海：上海社会科学院出版社，1998.

［7］王思斌.社会学教程［M］.北京：北京大学出版社，2015.

［8］马克思主义理论研究和建设工程咨询委员会《社会学概论》编写组.社会学概论［M］.北京：人民出版社，2011.

［9］张人杰.国外教育社会学基本文选［M］.上海：华东师范大学出版社，1989.

［10］顾明远.教育大辞典［M］.上海：上海教育出版社，1990.

［11］中国大百科全书编委会.中国大百科全书·教育［M］.北京：中国大百科全书出版社，1985.

［12］中华人民共和国家庭教育促进法［M］.北京：中国法制出版社，2021.

［13］赵忠心.家庭教育学(第3版)［M］.北京：人民教育出版社，2017.

［14］［日］筑波大学教育学研究会.现代教育学基础［M］,钟启泉,译.上海：上海教育出版社，1986.

［15］陶春芳、段火梅.简明妇女学辞典［M］.北京：大地出版社，1990.

［16］倪文杰等.现代交叉学科大辞典［M］.北京：海洋出版社，1993.

［17］陈佑兰,焦健.当代家庭教育学［M］.北京：科学普及出版社，1994.

［18］吴奇程,袁元.家庭教育学［M］.广州：广东高等教育出版社，2002.

［19］杨宝忠.大教育视野中的家庭教育［M］.北京：社会科学文献出版社，2003.

［20］单志艳.家庭教育学［M］.桂林：广西师范大学出版社，2021.

［21］习近平.在纪念马克思诞辰 200 周年大会上的讲话［M］.北京：人民出版社,2018.

［22］毕诚.中国古代家庭教育［M］.北京：商务印书馆,1997.

［23］赵忠心.中外家庭教育思想简史［M］.北京：中国妇女出版社,2021.

［24］赵忠心,周雪敏.中国家庭教育发展史［M］.南昌：江西高校出版社,2020.

［25］黄河清.家庭教育学［M］.上海.华东师范大学出版社,2014.

［26］马镛.中国家庭教育史［M］.长沙：湖南教育出版社,1997.

［27］吴航.家庭教育学基础［M］.上海：华东师范大学出版社,2022.

［28］孙培青.中国教育史［M］.上海：华东师范大学出版社,2000.

［29］何东昌.中华人民共和国重要教育文献 1949—1975［M］.海口：海南出版社,1998.

［30］中华全国妇女联合会.“四大”以来妇女运动文选(1979—1983)［M］.北京：中国妇女出版社,1983.

［31］中共中央文献研究室.十三大以来重要文献选编（上）［M］.北京：中央文献出版社,2011.

［32］全国妇联办公厅.妇女儿童工作文选(2004 年 1 月—2004 年 12 月)［M］.北京：中国妇女出版社,2005.

［33］新华社总编室.治国理政新实践——习近平总书记重要活动通讯选［M］.北京：新华出版社,2019.

［34］邓伟志.社会学辞典［M］.上海：上海辞书出版社,2009.

［35］顾明远.中国教育大百科全书［M］.上海：上海教育出版社,2012.

［36］金炳华.哲学大辞典（分类修订本）［M］.上海：上海辞书出版社,2007.

［37］林崇德,杨治良,黄希庭.心理学大辞典［M］.上海：上海教育出版社,2004.

［38］美国《世界百科全书》编写委员会.世界百科全书(第 14 卷)［M］.中文版《世界百科全书》编译委员会,编译.海口：海南出版社,三环出版社,2006.

［39］王伯恭.中国百科大辞典(5)［M］.北京：中国大百科全书出版社,2000.

［40］夏征农,陈至立.辞海（第 6 版）［M］.上海：上海辞书出版社,2009.

［41］中国大百科全书总编辑委员.中国大百科全书［M］（第 2 版）.北京：中国大百科全书出版社,2009.

［42］中国大百科全书总编辑委员.中国大百科全书［M］（第 1 版）.北京：中国大百科全书出版社,2002.

［43］中国社会科学院语言研究所词典编辑室.现代汉语词典(第 7 版)［M］.北京：商务印书馆,2016.

［44］杨治良.大辞海.心理学卷［M］.上海：上海辞书出版社,2013.

［45］［德］马克思,［德］恩格斯.马克思恩格斯全集(第 13 卷)［M］.中共中央马克思、恩格斯、列宁、斯大林著作编译局,编译.北京：人民出版社,1998.

［46］［德］卡尔·雅斯贝斯.时代的精神状况［M］.王德峰,译.上海：上海译文出版社,2013.

［47］［法］埃德加·莫兰.复杂性理论与教育问题［M］.陈一壮,译.北京：北京大学出版社,2004.

［48］［法］布尔迪厄.文化资本与社会炼金术——布尔迪厄访谈录［M］.包亚明，译.上海：上海人民出版社，1997.

［49］［美］金迪斯.理性的边界：博弈论与各门行为科学的统一［M］.董志强，译.上海：格致出版社，上海人民出版社，2010.

［50］［美］默顿.社会理论和社会结构［M］.唐少杰，齐心，等译.南京：译林出版社，2008.

［51］［美］威廉·J·古德.家庭［M］.魏章玲，译.北京：社会科学文献出版社，1986.

［52］［瑞士］皮亚杰，［瑞士］海尔德.儿童心理学［M］.吴福元，译.北京：商务印书馆，1980.

［53］大学·中庸［M］.王国轩，译注.北京：中华书局，2007.

［54］邓佐君.家庭教育学（第3版）［M］.福州：福建教育出版社，2013.

［55］荀子全译［M］.蒋南华，罗书勤，杨寒清，译注.贵阳：贵州人民出版社，1995.

［56］管子［M］.李山，译注.北京：中华书局，2009.

［57］国际21世纪教育委员会.教育：财富蕴藏其中［M］.联合国教科文组织总部中文科，译.北京：教育科学出版社，1996.

［58］论语［M］.张燕婴，译注.北京：中华书局，2007.

［59］王人恩.古代家训精华［M］.兰州：甘肃教育出版社，2012.

［60］吴铎，张人杰.教育与社会［M］.北京：中国科学技术出版社，1991.

［61］吴航.家庭教育学基础［M］.武汉：华中师范大学出版社，2010.

［62］张丽娟.家庭教育学［M］.北京：中国海关出版社，2008.

［63］郑宏峰.中华家训［M］.北京：线装书局，2008.

［64］周晓虹.现代社会心理学［M］.南京：江苏人民出版社，1991.

［65］朱永新，孙云晓.科学，让家庭教育更有魅力［M］.长沙：湖南教育出版社，2018.

［66］王道俊，郭文安.教育学［M］.北京：人民教育出版社，2009.

［67］费孝通.生育制度［M］.上海：华东师范大学出版社，2019.

［68］中国大百科全书编辑委员会，《社会学》编辑委员会.中国大百科全书·社会学［M］.北京：中国大百科全书出版社，1991.

［69］林文采，伍娜.心理营养［M］.上海：上海社会科学院出版社，2015.

［70］林家兴.亲职教育的原理与实务（第二版）［M］.台北：心理出版社，2007.

［71］徐瑞，刘慧珍.教育社会学（第二版）［M］.北京：北京师范大学出版社，2017.

［72］陆士桢，魏兆鹏，胡伟.中国儿童政策概论［M］.北京：社会科学文献出版社，2005.

［73］马和民，高旭平.教育社会学研究［M］.上海：上海教育出版社，1998

［74］孔子.论语·子路［M］.乌鲁木齐：新疆人民出版社，2003.

［75］常瑞芳.幼儿家庭教育与指导［M］.北京：高等教育出版社，2005

［76］廖建东.家庭教育学［M］.北京：高等教育出版社，2015.

［77］吴航.家庭教育学基础［M］.武汉：华中师范大学出版社，2010.

［78］王振宇等.儿童社会化与教育［M］.北京：人民教育出版社，1992.

［79］关颖.社会学视野中的家庭教育［M］.天津：天津社会科学院出版社，2000.

[80] 周念丽.学前儿童发展心理学[M].上海：华东师范大学出版社,2014.

[81] [美]琳恩·默里.婴幼儿心理学[M].北京：北京科学技术出版社,2020.

[82] 张家琼、李雪.亲子园知识问答[M].北京：科学出版社,2017.

[83] 木紫.3 岁前：好妈妈一定要懂得的育儿心理.北京：中国妇女出版社,2011.

[84] 王红.0～3 岁婴幼儿家庭教育与指导[M].上海：华东师范大学出版社,2020.

[85] [美]柏顿·怀特.出生到 3 岁[M].北京：北京联合出版公司,2016.

[86] [美]克莱尔.FPG 早教方案[M].管倚,王荣,译.上海：少年儿童出版社,2006.

[87] 顾明远.教育大辞典[M].上海：上海教育出版社,1999.

[88] 李晓巍.学前儿童发展与教育[M].上海：华东师范大学出版社,2021.

[89] 卢乐山,林崇德,王德胜.中国学前教育百科全书(教育理论卷)[M].沈阳：沈阳出版社,1995.

[90] 祝士媛,唐淑.幼儿教育百科辞典[M].上海：上海教育出版社,1989.

[91] [日]中野佐三.幼儿和家庭成员的关系[M].愚心,译.北京：人民教育出版社,1985.

[92] 袁爱玲,马莉.学前儿童家庭教育[M].长沙：湖南师范大学出版社,2016.

[93] 李生兰.学前儿童家庭教育[M].上海：华东师范大学出版社,2006.

[94] 丁连信.学前儿童家庭教育[M].北京：科学出版社,2019.

[95] 李洪增.学前儿童家庭教育[M].北京：高等教育出版社,2002.

[96] 吕建国.家庭生态与教育[M].太原：山西教育出版社,1992.

[97] 何俊华,马东平.家庭教育学[M].北京：清华大学出版社,2017.

[98] [美]乔希·西普著.解码青春期[M].李峥嵘,胡晓宇,译.长沙：湖南教育出版社,2019.

[99] [美]罗伯特·费尔德曼.发展心理学——人的毕生发展(第六版)[M].苏彦捷等译.北京：世界图书出版公司,2013.

[100] [日]森重敏.孩子和家庭环境[M].愚心,译.北京：人民教育出版社,1984.

[101] [苏]Ｂ·Ａ·瑟必科.夫妻冲突[M].陈一筠,戴凤文,译.北京：中国妇女出版社,1984.

[102] [美]劳拉·伯拉.伯克毕生发展心理学—从青年到老年(第七版)[M].陈会昌,等译.北京：中国人民大学出版社,2021.

[103] 林崇德.发展心理学[M].杭州：浙江教育出版社,2002.

[104] 朱永新等.这样爱你刚刚好,我的大学生孩子[M].长沙：湖南教育出版社,2017.

[105] 刘明波等.与孩子同成长·心理学教你做父母 5：大学生家庭教育指导[M].广州：广东教育出版社,2020.

[106] 朴永馨.特殊教育辞典(第三版)[M].北京：华夏出版社,2014.

[107] 刘全礼,邢同渊,毛荣建.特殊需要儿童家庭教育[M].北京：北京师范大学出版社,2020.

[108] 赵微.学习困难儿童的发展与教育(第二版)[M].上海：华东师范大学出版社,2020.

[109] 房娟.学习困难儿童的教育与转化[M].武汉：华中科技大学出版社,2018.

[110] 戴玉蓉,朱霖丽.融合教育实践指南——影子老师操作手册[M].上海：上海交通大学

出版社,2018.

[111] 李闻戈.情绪与行为障碍儿童的发展与教育[M].北京：北京大学出版社,2012.

[112] 钮文英.拥抱个别差异的新典范——融合教育[M].台北：心理出版社,2009.

[113] 钮文英.身心障碍者的正向行为支持[M].台北：心理出版社,2016.

[114] 杨雄,刘程.慢养孩子：详细解读0～18岁成长密码[M].上海：上海人民出版社,2019.

[115] 朱霖丽,戴玉蓉.融合教育实践指南——家校合作实务[M].上海：上海交通大学出版社,2021.

[116] 朱霖丽,戴玉蓉.融合教育实践指南——写给班级教师的融合支持策略（小学版）[M].上海：复旦大学出版社,2022.

[117] 王辉.特殊儿童教育诊断与评估（第三版）[M].南京：南京大学出版社,2018.

[118] 本书编写组.习近平总书记教育重要论述讲义[M].北京：高等教育出版社,2020.

[119] 洪明.家校合育论[M].北京：教育科学出版社,2021.

[120] 彭立荣.家庭教育学[M].长沙：湖南教育出版社,1995.

二、中文论文

[1] 高书国.论我国家庭教育知识体系的构建[J].南京师大学报(社会科学版),2022(01).

[2] 田璇.近代中国家庭教育思想研究[D](硕士学位论文).郑州：郑州大学.2010.

[3] 宋一,耿永辉.曾国藩家庭教育思想的特色[J].重庆工学院学报(社会科学),2009(2).

[4] 刘丛.从《曾国藩家书》看曾国藩的家庭教育思想[J].兰台世界,2012(3).

[5] 王艳红.浅析《学记》中"喻"的教育思想[J].山西高等学校社会科学学报,2002(12).

[6] 薛二勇,周秀平,李健.家庭教育立法：回溯与前瞻[J].北京师范大学学报(社会科学版),2019(6).

[7] 翟博.树立新时代的家庭教育价值观[J].教育研究,2016,37(03).

[8] 傅维利.家庭教育资本的本质属性及投资风险管控[J].教育学报,2021,17(06).

[9] 张戈平.论家庭教育的秩序支撑功能——从中国传统家训出发的理论考察[J].华东政法大学学报,2022,25(04).

[10] 徐莉炜.基于儿童道德社会化的家庭教育功能研究[D](硕士学位论文).重庆：重庆师范大学,2007.

[11] 李晗.青春期家庭教育——探析家长的角色定位[J].基础教育研究,2020(3).

[12] 王云峰,冯维.亲子关系研究的主要进展[J].中国特殊教育,2006(7).

[13] 方晓义,张锦涛,刘钊.青少年期亲子冲突的特点[J].心理发展与教育,2003(3).

[14] 朱业静,熊风,吴宗振,朱治国,唐玲.大学生熬夜现状调查与分析.数学学习与研究[J],2020(4).

[15] 程华玲,何琼,周启帆,张梦笑,朱鹏.大学生就寝时间与体质指数、腰围和血压关联的1年随访研究.卫生研究[J],2016,45(4).

[16] 薛栋,石学云.学习障碍儿童的家庭环境探析[J].乐山师范学院学报,2014,29(11).

［17］黄旭,静进,黎程正家,陈学彬,李艳芳,阮世晓,王云娥,罗平,何淑华.儿童学习困难及其家庭影响因素的研究［J］.中国儿童保健杂志,2001(05).

［18］肖德卫,鲁永辉,杨再兰,佘云珍,刘树清.58例儿童学习困难因素分析［J］.贵阳医学院学报,2012,37(01).

［19］单志艳.家校共育的权责边界［J］.北京教育学院学报,2020,34(06).

［20］陈立永.学校家长委员会建设范式的转型［J］.教育科学研究,2011(07).

［21］高书国.覆盖城乡的家庭教育指导服务体系构建策略［J］.教育研究,2021,42(01).

［22］李杨,任金涛.我国家庭教育指导服务保障体系现状与展望［J］.成人教育,2012,32(11).

［23］边玉芳,张馨宇.新时代我国家庭教育指导服务体系:内涵、特征与构建策略［J］.中国电化教育,2021(01).

［24］广吉,丁艳辉,徐明.论构建学校、家庭、社会教育一体化的德育体系——尤·布朗芬布伦纳发展生态学理论的启示［J］.东北师大学报(哲学社会科学版),2007(04).

［25］朱永新.构建覆盖城乡的家庭教育指导服务体系［J］.人民教育,2020(Z3).

［26］孙水香."六个一体化"构建安吉"家校社合育"的大教育圈——构建"城乡一体化"家庭教育指导服务体系的实践探索［J］.中国教师,2021(02).

［27］华伟.《中华人民共和国家庭教育促进法》的立法宗旨、法律内涵与实施要求［J］.南京师大学报(社会科学版),2022(03).

［28］李艳敏,孙红.家庭教育指导服务体系建设的思考和研究［J］.教育现代化,2016,3(35).

［29］刘黎红,胡琳丽.政策执行视角下家庭教育公共服务体系建设问题考察——基于青岛市社会调查资料的分析［J］.东方论坛,2015(02).

三、外文文献

［1］Laurence Steinberg. We Know some things: parent-adolescent relationships in retrospect and prospect［J］. Journal of research on adolescence, 2001, 11(1).

［2］Shek, Daniel. T. L. A longitudinal study of the relations between parent-adolescent conflict and adolescent psychological well-being［J］. Journal of Genetic Psychology, 1998, 159(1).

［3］Michael E. Lamb, Alexandra M. Freund. Dynamic Integration of Emotion and Cognition: Equilibrium Regulation in Development and Aging, Part II. Social and Emotional Development, The Handbook of Life-Span Development, 2020(9).

［4］Friend M., Cook L. Interactions: collaboration skills for school professionals［M］. White Plains, NY: Longman, 1992.